国家社科基金重点项目
"基于信息空间的国家主权理论研究"成果（16AKS006）

高德胜　季　岩◎主编

国家治理视域下的国家主权理论与实践

人民日报出版社

北　京

图书在版编目（CIP）数据

国家治理视域下的国家主权理论与实践 / 高德胜，季岩主编．— 北京：人民日报出版社，2024.2

ISBN 978-7-5115-8131-0

Ⅰ．①国…　Ⅱ．①国…②季…　Ⅲ．①国家－主权－研究　Ⅳ．① D992

中国国家版本馆 CIP 数据核字（2023）第 248118 号

书　　名：国家治理视域下的国家主权理论与实践
　　　　　GUOJIAZHILI SHIYUXIA DE GUOJIAZHUQUAN LILUN YU SHIJIAN

主　　编：高德胜　季　岩

出 版 人：刘华新
责任编辑：蒋菊平　徐　澜　南芷葳
版式设计：九章文化

出版发行：人民日报出版社
社　　址：北京金台西路 2 号
邮政编码：100733
发行热线：(010) 65369509　65369527　65369846　65369512
邮购热线：(010) 65369530　65363527
编辑热线：(010) 65369528
网　　址：www.peopledailypress.com
经　　销：新华书店
印　　刷：大厂回族自治县彩虹印刷有限公司
法律顾问：北京科宇律师事务所　010-83622312

开　　本：710mm×1000mm　1/16
字　　数：268 千字
印　　张：21.5
版　　次：2024 年 7 月第 1 版　　2024 年 7 月第 1 次印刷

书　　号：ISBN 978-7-5115-8131-0
定　　价：58.00 元

前　言

　　党的二十大报告指出，"当前，世界之变、时代之变、历史之变正以前所未有的方式展开。一方面，和平、发展、合作、共赢的历史潮流不可阻挡，人心所向、大势所趋决定了人类前途终归光明。另一方面，恃强凌弱、巧取豪夺、零和博弈等霸权霸道霸凌行径危害深重，和平赤字、发展赤字、安全赤字、治理赤字加重，人类社会面临前所未有的挑战。世界又一次站在历史的十字路口，何去何从取决于各国人民的抉择"。在全球治理体系和国际秩序深刻变革的情况下，如何构建新型的国际秩序与国际关系？百年未有之大变局下，快速崛起的中国如何维护国家利益？主权理论是国际关系理论的基石，主权原则是民族国家尤其是发展中国家维护民族生存与发展的底线，无论是应对人类共同挑战的需要，还是中国国家发展的需要，时代的变化与挑战都呼唤着主权理论的创新和发展。当今世界秩序仍然是主权与霸权的对抗，主权仍是广大发展中国家维护自身权益的理论工具，也是其必须坚守的生存底线。然而，传统主权理论的更新势在必行，需要从国家治理的角度切入，对主权的范畴从内容到形式做出相应的调整和变化，这既是出于解释各种国际现象和解决国家治理难题的需要，也符合民族国家时代利益的要求。

　　回顾主权理论的发展史和主权理论应用于国家治理中的实践史，主权理论是一个亘古常新的研究课题，具有旺盛的理论生命力。但主权理论的发展又几经波折，不断遭遇各种质疑和否定。文艺复兴时期，让·博丹正式提出了主权的概念，阐述了初始的主权内容与特征。霍布斯的君主主权思想是对让·博丹主权思想的发展，两者的目的都在于维护封建君主统治。1648 年欧洲三十年战争结束，欧洲各国正式签订《威斯特伐利亚和约》，确立了国家主权原则，奠定了近现代国际关系和国际法体系的基础。随着资产阶级的兴起与壮大，主权理论迎来了繁荣发展时期，反映资产阶级诉求的洛克的议会主权思想和卢梭的人民主权思想应运而生。然而 20 世纪以来，西方理论界出现了几次质疑和否定主权的高潮，民族国家终结论、主权共享论、主权弱化论、主权过时论等思想的相继出现，对主权理论构成挑战。从实践来看，全球化的发展改变了国家主权绝对性与封闭性的特征，信息技术的发展更是突破了传统国家主权的物理边界，理论与实践提出了一个相同的疑问，即主权理论是否已经过时？

从国家治理的角度看，出于资产阶级取得政权以及建立现代国家政治制度的需要，国家主权理论开始繁荣发展。而当资产阶级的统治地位得到稳固以后，资本无限扩张的特性推动资本主义国家在海外建立世界殖民体系，这与国家主权要求的独立平等原则相矛盾。主权理论已不再能满足西方国家侵略与扩张的需要，因此在西方国家和其理论界，主权理论遭遇了质疑和否定，在实践中主权理论也发生异化并且被滥用。这表现为一些西方国家在主权观上的双重标准，一方面坚持本国主权的至高无上和不可侵犯性，另一方面却以各种借口干涉和践踏别国的主权；也表现为否定主权的现象开始出现在除政治领域以外的其他领域，经济殖民主义、信息殖民主义、生态殖民主义相继产生。尽管主权理论遭遇挫折和挑战，但主权理论并没有过时。当今世界秩序仍然是主权与霸权的对抗，主权仍是广大发展中国家维护自身权益的理论工具，也是其必须坚守的生存底线。然而，传统主权理论的更新势在必行，需要对主权这一古老的范畴从内容到形式做出相应的调整和变化，这既是解释各种国际现象和国家行为的需要，也符合民族国家时代利益的要求。

　　本书综合运用政治学、法学等相关学科的知识和理论，尝试从国家治理视角对国家主权理论进行新的整体性构建，对国家主权的内容、逻辑结构、基本特征、基本功能、影响因素进行分析和阐述。首先，国家主权行为的根本指向是国家利益，是国家所要争取和获得的需求的总和，它推动着主权历史形态的变化和主权理论的变迁。其次，国家主权的逻辑结构包括主权权力、主权权能、主权权势三个方面。主权权力是一切国家权力的核心内容，是国家政权形成的基础与依据；主权权能是国家主权的具体运用和表现形式，具有"占有""使用""处分""收益"等方面的内容；主权权势是各国主权具有的不同的作用范围，是主权权力在国际上的延伸。再次，国家主权具有最高性、独立性、延展性的特征，国家主权的基本功能为构建功能、保障功能、拓展功能。最后，全球化和信息化、非国家行为主体、人权国际化实践和各类思潮都会对国家主权产生积极或消极的影响。希望本书阐述的主权理论能够为解决在国家治理进程中传统国家主权理论面对的困难和挑战提供帮助，也能够为解释一些复杂的国际现象和国家行为提供一种新的理论视角，如主权理论如何解释中国的"一国两制"？如何看待欧盟与国家主权的关系？逆全球化的浪潮会持续多久，对国家主权会产生什么样的影响？

　　国家主权是国家治理的根本依托，国家主权理论随着国家治理的实践而不断演进。理论来源于实践，进而又指导实践。新中国成立 70多年以来，中国共产党带领人民群众历经国家主权的艰苦维权时代和积极固权时代，而今迈入了伟大的兴权时代[①]。在这个过程中，中国共产党形成了具有鲜明特色的社会主义国家主权思想。取得的成就来之不易，我们应居安思危，看到新时代中国国家主权面临的风险和挑战。国家利益是所有国家主权行为的根本指向，随着国家利益向新的空间延伸，海洋主权、信息主权、极地主权、外层空间主权等问题也随之而来。海洋主权与传统的领土主权关系密切，中国的海域面积广阔，与相邻的多个国家存在海洋争端；以美国为首的西方国家凭借信息技术优势，长期对我国进行网络攻击，使我国的信息主权面临严重威胁；极地主权争端由来已久，南北极主权争端情况各有不同，都会影响到我国在极地区域的国家利益；外层空间是有待发展的主权空间，各国的主权范围既包括已经确定的人、物和其他利益载体，也包括还未确定的、尚未取得共识的外层空间的各类自然资源，外空武器化是当前我国主权面临的主要威胁。面对各类主权风险，只有坚守社会主义国家主权观的根本立场，以人类命运共同体理念为指导，尊重各国主权，反对霸权主义和强权政治；以总体国家安全观为遵循，积极主动应对各领域主权风险，才能够超越传统西方主权观，在新时代更好地维护中国国家主权和国家安全。

从主权结构的角度入手构建主权理论，是一个新的尝试。作为一本学术著作，本书不乏独特而新颖的观点，但也仅代表作者的个人看法。希望本书对广大读者系统地理解国家主权理论的历史演变和国家主权的逻辑结构，全面认识新时代我国面临的主权风险以及如何应对这些风险，能够提供一些有价值的参考或有益的启示。

[①]　维权、固权、兴权三个时代提法参见：高德胜、钟飞燕：《国之基石：社会主义中国国家主权理论的历时性考察》，《河南师范大学学报（哲学社会科学版）》2009 年第 1 期。

目　录
CONTENTS

第二篇　国家治理视域下国家主权的基础理论研究

第一篇

国家治理进程中
主权理论的历史发展

国家主权是国家治理的根本依托，国家主权理论会随着国家治理的实践而不断演进。在国家建构与发展的历史进程中，国家治理随之产生与发展，并逐渐成为影响一个国家兴衰成败的重要因素。国家主权与国家治理存在密切联系，国家治理的一大行动出发点是围绕国家主权的建立和巩固而展开，建构主权国家和维护主权安全是推进国家治理的重要基础和关键环节。在国家治理中，国家主权的主体地位是毋庸置疑的。国家治理的过程中会涉及一系列国家间的资源分配和权利划分问题，而主权原则始终是国家资源再分配与权利再划分所要遵循的基本准则。因此，从国家治理进程中研究国家主权理论的形成与发展尤为重要。本篇将国家主权置于国家治理形态演进的历史进程与具体实践之中来考察，以期在对国家形成、发展和扩张的历史梳理中把握国家主权理论发展的基本脉络。

第一章　主权思想及其理论的产生

国家主权这一概念并非凭空产生，而是经历了一个历史的演化阶段，有着历史发展和演进的必然性。通常来说，大多学者认为，当人类社会发展到原始社会末期后，氏族社会逐渐走向解体，并在解体的过程中开始向阶级社会过渡。主权观念正是在这一时期伴随着国家的产生与演化逐渐出现的。用国家主权来阐释国家最高权力的历史由来已久。早在古典时期就已经产生了有关国家权力的各种观点，并且，伴随着社会的发展，人们对于国家权力的认识也逐渐深化。自法国古典法学家让·博丹首次明确提出主权这一概念后，主权理论受到越来越多政治理论家的关注，国家主权的思想和内涵也越来越丰富。唯物史观为我们研究国家主权理论提供了科学方法，恩格斯曾指出："唯物史观是以一定历史时期的物质经济生活条件来说明一切历史事件和观念，一切政治、宗教和哲学的。"[①] 为了更好地理解国家主权理论的内涵和外延，我们要在马克思主义指导下，聚焦于当时特定的历史背景以及从现实生活的生产和再生产出发，进一步准确把握国家主权理论在不同历史时期的产生、发展和变化，进而厘清和界定国家主权的概念、内涵、特征等问题。

---

① 《马克思恩格斯文集第三卷》，人民出版社 2009 年版，第 320 页。

一、古典主权观念的萌芽

从历史源头来看，在人类社会最初的权力结构中就已经涉及公权力的划分和分层。最早的公权力更多体现为对部落与氏族的管理，部落与氏族首领先天就拥有对本部落和氏族的绝对管治权，并且会运用这种权力来发挥内政和外交功能，以规范和保护自身，促进内部社会的有序运行。原始氏族制度解体后，奴隶制社会逐渐成为人类社会的主要社会形态。伴随着氏族制的没落和奴隶制国家的不断兴盛，组织领导者对于公权力的发挥与运用也达到了一个新的高度，并且逐渐出现了阶级的分化与压迫。阶级对阶级之间的统治就表现为奴隶社会的最高权力为少数人所有。而这种对内的绝对管治权开始向外扩张后，主权观念最初的萌芽便开始逐渐形成。事实上，早在主权概念正式被提出之前，就已经有很多政治思想家对国家权力进行了不同角度的思考。尤其是随着社会发展的不断进步，国家权力呈现扩大趋势，人们对于国家权力的思考也开始逐渐加深。在这一时期，国家权力思想逐渐成为政治思想的核心。而诸多思想家们对于国家权力边界的探索不仅使得人们加深了对权力的认识和理解，还使得权力的观念和意识进一步得到确证。从渊源关系上看，这为主权概念的产生与成长提供了丰厚的土壤。

（一）古希腊时期：以地域和财产为基础的国家观念

回溯人类文明的曙光，早期各主要文明古国和地区的文明程度，都与权力的产生和演变程度息息相关，大都遵循从原始氏族部落的权力逐步发展到形成国家权力这一历史进程。如众所周知的四大文明古国，尽管它们采取的是不同形式的权力运行和统治策略，对权力的使用从内容到形式都有明显区别，但在一个相对稳定的统治时期，血亲关系或者说宗法制度都在其中扮演着重要的角色。一个以血统为基础的权力社会也为主权意识或主权观念的觉醒提供了契机。对权力的争夺也是早期社会出现纷繁复杂的政治斗争的原因之一。原始社会没有国家，也就不存在国家治理。古希腊城邦作为人类社会发展进程中的早期国家形态，开国家治理之先河，构成国家治理的"元形态"①。在古希腊时期，众多思想家、政治家和哲学家就已经开始关注国家权力，并且从不同的视角和领域阐述了国家理论，其中包含很多真知灼见，被后世的政治思想家们加以继承和发展，从而构成国家主权理论的重要思想源头。

在古希腊，法律被当作城邦的保护神，保护着城邦的安全。古希腊的城邦实行法治，公民大会制定的法律被视为一种特殊的治理形式，通过法律，调节城邦社会事务，化解矛盾和弊端。因此，在这样的社会中，法律作为处理社会各种关系的准绳，在城邦中处于至高无上的位置。在苏格拉底看来，城邦中的公民要服从法律，只有法律对城邦中的任何一个人都具有约束作用，人民才会自觉运用法律，崇尚法律，进而法律才能凝聚起城邦人民的力量，才能对维持整个城邦井然有序的运转起到重要作用。他指出，法律代表着正义和公平，所以，公民对待法律应该保持虔敬的态度，这既是城邦公民的本分，也是公民对于城邦应该尽到的责任。到最后，苏格拉底甚至不惜以自己的生命来捍卫城邦法律的至高无上。

在柏拉图看来，人的天性与本性生而不同，正因为存在这种差异，社会自然而然地包含了不同的人。社会中任何单个的人都无法做到自给自足，因此，需要大家联合起来，加强协作，从而使得各自的需求得

---

① 许耀桐：《国家治理：古希腊城邦的启示》，《治理研究》2018 年第 4 期。

到满足。并且，在此基础上，居住在一个地方的人为了同样的意愿和目标，相互帮助，便产生了国家。也就是说，在国家产生过程中，人类生活的需要是国家产生的重要因素。另外，在社会生产中逐步形成的社会分工，也加快了国家诞生的进程。人们长期的生活方式和社会生产模式是生产实践的总结，具有相对稳定性，它是探索国家起源的现实基础，也是研究国家起源的重要思路。关于城邦的统治，柏拉图认为，哲人王是城邦的最佳统治者，是善于治理国家的人。权力是由人的本性来决定的，哲人王由于天赋上具有国家治理的"技艺"，所以注定是城邦最佳统治者的人选。也就是说，"技艺"成为确定城邦统治者的唯一要素，并且，只有少数人具有这种天赋，适合做统治者。此外，他把"哲人政体"看作一种优越的政体。然而，在柏拉图的设想中，忽视了法律的作用。在他看来，哲人王天生擅长做的事情就是国家治理，而法律就像是强加在哲人王身上的脚镣或手铐，牵制着他的统治。因此，我们可以看出，柏拉图主张由哲学家来统治和治理国家，这种治理模式实质上是一种人治的政体。

关于国家的起源，亚里士多德从历史和现实出发，第一次把神的政治学变成人的政治学①。他提出国家（城邦）的起源、产生、兴衰的原因，以及政体的分类、变革、维持和如何构建理想城邦等。从人民生活需要的视角出发，他把国家的形成过程描述为，个人→家庭→村坊→城邦。亚里士多德指出，创建国家的宗旨就是为公民谋求幸福。但是，从根本上来说，亚里士多德的国家观并没有认识到国家的实质和功能，具有唯心主义色彩。尽管亚里士多德宣称城邦属于所有公民，但所谓"公民"在希腊城邦中具有严格的规定，只包括那些自由人和奴隶主阶级。因此，他的国家观具有强烈的阶级性，所谓国家治理是由少数人

---

① 徐大同：《西方政治思想史》（第一卷），天津人民出版社 2005 年版，第 345 页。

统治的治理模式。关于民主政体，他指出，一个好的民主政体的表现是城邦内法律具有最高权威，而一个坏的政体表现是城邦内的法律不具有权威。同时，他强调，在一个城邦中，民主政体意味着统治者是由许多好的公民组成的，可以被称作贵族政体。并且，相对于专制的君主政体，贵族政体能够有效避免腐败的滋生。在对权力的论述中，他主要强调了国家权力是一种最高权力。他还强调不能简单化地对待国家与社会的区别，并从政治权力的角度区分了国家与社会，指出国家具有统治权，而社会不具有。并且，国家中必定存在最高权力，而政府掌握着国家最高权力，这对于建立优良的城邦制度具有重要意义。此外，在他看来，建立和维护良好的社会秩序，离不开法律。

就此而言，在古希腊时期，人们已经开始注重对国家最高权力的论证。除了"希腊三贤"对国家权力和国家治理做出了自己的探索以外，古希腊政治家梭伦通过政治和经济改革也为构建民主政治体制奠定了基础。在经济改革上，梭伦实施解负令，使那些贫苦的公民可以不再遭受债务奴役的挟制，恢复自由。在政治改革上，梭伦以公民的财产多寡将全体公民划分为四个等级，并以此规定公民的权利和义务。梭伦对雅典城邦进行的政治和经济改革，在历史上率先打破了血统原则，这也标志着以血亲关系为基础的氏族制国家观念逐渐消亡。梭伦的改革在一定程度上提高了普通民众在国家中的政治地位。在此基础上，最高权力被转移到公民大会，各等级公民均享有出席公民大会和参加法庭陪审的权利。梭伦改革加快了以血统为核心的权力本位的被替代速度，不仅促进了雅典的经济发展，还推动了雅典民主制的发展。

由此可见，古希腊时期人们就已经开始了对国家权力理论的探索和实践。从积极意义来看，古希腊时期思想家们对于国家权力理论的探索在加速氏族制社会消亡的同时，也使得人们对国家权力归属问题的关注达到了新的高度，在一定程度上对后世国家理论的提出提供了理论参考。此外，古希腊思想家们将国家最高权力归属于国王、法律或上帝，也在一定程度上为后世国家君权与神权的权力斗争埋下了伏笔。在古希腊城邦国家中，众多思想家们更加重视如何治理城邦问题，对城邦的"良善治理、和谐治理、法治治理、民主治理"的认知，构成国家治理的四大规律[①]。在古希腊城邦政治实践中，推动建设民主制度，倡导公民参与政治生活，可以说，"城邦的政治主权属于它的公民"[②]。但是，从消极意义来看，古希腊城邦国家中仍然存在的落后部落社会结构与社会发展不相适应的问题，也在一定程度上对国家主权观念的产生带来了一些不利影响。

（二）古罗马时期：高于法律的最高权力

在古罗马时期，围绕国家最高权力的归属问题，曾出现过多次政治斗争。也正是这一时期频繁发生的政治斗争推动着国家最高权力逐渐发生演化，与之相对应的国家政治体系也发生了深刻变革，国家权力理论也随之不断向前发展。

在罗马国家频繁的政治斗争中，以血亲关系和氏族制度为基础的权力世袭制度走向没落，个人或利益集团掌握国家最高权力的现象逐渐出现。纵观罗马国家的历史变迁，最高权力的归属问题不仅是国家政治斗争的焦点，也是当时众多学者关注的焦点。比如，西塞罗提出，社会性是人的天性之一，无论在何种条件下，人们都更加向往聚居。"起初是为了提供住处，就有这样一种人类的集合体，……在一块确定的地方建立起来了；由于其自然环境和人们的劳作，这个地方强化了，人们称呼这样一个住宅的集合为城镇或城市，并为城市提供了神庙和一

---

① 许耀桐：《国家治理：古希腊城邦的启示》，《治理研究》2018 年第 4 期。
② 顾准：《希腊城邦制度》，中国社会科学出版社 1982 年版，第 10 页。

些集会的地方，这些都是公共财产。"① 并且，罗马国家为了实现长期发展，创设了相应的审议机构。而审议机构的权力则由一个人或者一些人或者一个组织机构来掌握。在此基础上，便形成了国家。因此，西塞罗认为国家是"人民的财产"。与此同时，西塞罗从社会阶层的视角出发，进一步提出了"分权"思想。他指出，不同的社会阶级具有不同的利益要求，无论何种权力机构都不可能代表全体人民的利益。因此，西塞罗认为最理想的政体结构应该是"混合政体"，主张权力机构之间的相互制衡，使来自不同社会阶层的人民能够共同参与国家社会治理，进而维护不同阶级人民的公共权力和权益，确保社会秩序稳定和政治稳定。

此外，西塞罗从古罗马历史变迁的角度出发，指出罗马国家的优越性是在听天命的基础上具备良好的"智慧和制度"，这是使一个国家成功的重要因素。他强调法律对国家的重要作用，同时指出，法律要听天命，顺应神明的意志。只有这样，法律才是正义的，并且，所有人都要坚守法律，依法而行。

在古罗马时期，国家政权的运行和更迭为国家权力概念的形成和发展提供了契机。这一时期的政治斗争表明，人们大多将国家最高权力置于法律之上，更多地强调权力的绝对性。但是，在战争连绵不断的大背景下，罗马帝国的国土面积不断扩大，这使得古罗马时期对于国家权力理论的思考更多地偏重于权力分配，一定程度上妨碍了国家主权理论的诞生。

简而言之，古希腊和古罗马的哲学家和政治家对"国家权力"进行了探讨，比较偏重于权力的实际运用，而关于权力的起源问题和权

---

① ［古罗马］西塞罗：《国家篇　法律篇》，沈叔平、苏力译，商务印书馆1999年版，第34—35页。

力的属性问题还缺乏思考。在古希腊和古罗马时代，国家逐渐产生并代替了氏族制度，不可避免地促进了"国家最高权力"理念的出现。正因如此，到了罗马时期，出现了相关的政治观念和统治思想。但是，伴随着宗教的出现，神权与君权之间何者具备"最高权力"的问题也日益凸显。神权与君权之间的斗争也使得"国家主权"观念的进化发展过程更为复杂。

（三）中世纪时期：是否存在最高权力是政教斗争的实质

到了中世纪时期，西欧国家在神权和王权之间围绕"国家最高权力"展开了长期激烈的政治斗争。欧洲的政教之争始于公元 313 年古罗马皇帝君士坦丁一世颁布米兰赦令[①]。米兰赦令对于基督教合法性的确证以及后续罗马帝国将基督教确立为国教的行为使得基督教掌握的权力逐年增加，"教权"与"王权"之争成为当时权力争执的新趋势。"教权"与"王权"相争，实际是争夺国家最高统治权。因此，西欧国家兴起时期，关于"教权"与"王权"孰高的研究趋势日渐高涨。其中，众多神学理论家们一致的观点是：神权高于王权。

奥古斯丁指出，人是由上帝创造的，人与人之间是无差别的，关系是平等的。并且，人类在被创造之初，社会中充满正义与和谐，但是，由于人类未能经受得住诱惑而出现了恶的行为，致使社会中出现控制和奴役等，人与人的关系不再是平等的，而具有了等级之分。他认为，当人类出现了恶之后产生了国家。正是在这种思想的影响下，教会宣称国家是罪恶的产物，也是邪恶的。他提出两国并存的理论，指出在长期的社会发展过程中，同时存在着"神国"和"王国"。在他看来，"上

---

① 肖佳灵：《国家主权论》，时事出版社 2003 年版，第 18 页。

帝之城"是社会组织的典范，是人类历史发展的归宿。[①] 他十分重视国家秩序与稳定，无论是"神国"还是"俗国"，也无论是社会还是个人，共同的目标都是追求和平与秩序，以便获得社会和个人的心灵安宁，法律正是维护和平秩序的必要工具。[②] 在他看来，世界上的万物全都是由上帝创造出来的，故而，万物都应该接受上帝的统治。并且，对世俗国家而言，应该受上帝的统治与管理，也就是说要听从教会的指示。此外，他指出，"世俗国家"无法真正做到完全正义，实现正义需要上帝进行调节。

在奥古斯丁看来，教权具有至高无上的地位，国家治理应当接受宗教的指导，这一思想带动了中世纪教皇专制的发展。而且，奥古斯丁主张的教会论的某些内容逐渐发展为强有力的教皇制的意识形态。罗马教皇正是在这种"神权最高性"的政治思想影响下持续提升它的影响力，罗马教廷也朝着完全的神权统治不断前进。尽管在整个中世纪，罗马教皇的统治地位得到进一步扩大、提高和巩固，教权逐渐上升达到高峰。但与此同时，在欧洲世俗社会中，世俗皇帝与教皇相互竞争国家权力的势头也日趋激烈。然而在当时的历史条件下，由于历史上教皇长期具有统治地位，再加上欧洲国家战乱频发，各国国力衰微，导致很难削弱教皇权威，这都决定了世俗皇帝掌握绝对统治权困难重重。

从公元 9 世纪到 13 世纪，在不同的时间和地区，频繁的国王王权与封建教权之争使得国王王权逐渐加强。在某种意义上，正是由于王权的增强，关于神权至高无上的反思逐步发展起来，更重要的影响是进一步推动了欧洲国家的统一进程。基督教的势力在中世纪得到进一

---

① 王沪宁：《国家主权》，人民出版社 1987 年版，第 4 页。
② 王哲：《西方政治法律学说史》，北京大学出版社 1988 年版，第 66 页。

步扩大，受宗教信仰的影响，很多神学家们认为，教会高于国家，教权高于王权。托马斯·阿奎那不仅继承了亚里士多德的国家理论，还进一步解释了中世纪教父哲学的创始人奥古斯丁的历史学说和政治学说。阿奎那的神学观将一切知识都纳入了他的神学体系之中，其中政权与教权的关系是他神权政治理论的主要内容。他除了为宗教教义辩护之外，还为神权辩护。从本质上看，阿奎那接受了亚里士多德的部分思想，并将亚里士多德的哲学纳入天主教的思想领域，目的是为基督教服务。

在阿奎那看来，上帝是至上的，王权要遵从教权，服从上帝的旨意。在当时的政治发展中，阿奎那的论述是为了维护天主教信仰。关于国家的产生，他指出，不同的人具有不同的利益要求，并且，人的活动方式具有多样性，因此，需要对人民进行一定的引导和管理。阿奎那指出，国家的产生来源于上帝的创造，故而国家的统治权应该归属于上帝，国家要接受上帝的统治。因此，他主张君权神授。此外，他认为，在国家形成后，除了要维护人与人之间的和谐关系，还要追求所有人共同的善。统治者不应当谋求个人私利，"应当以谋求他所治理的区域的幸福为目的"①，让更多人实现幸福。

关于政体，阿奎那推崇君主政体，认为君主政体是正义的政体，能够维护全体人民的利益。与之相反，其他政体是为了维护统治者的利益，是不正义的政体。此外，他指出，一个国家如果只有一个人来统治，更利于维护和平，构建幸福的社会。而如果由多个人进行统治，人与人之间的差异性难以调和，很难形成统一。同时，关于君主，他指出要从民间选举具有才能的人，来帮助君主统治国家。对君主来说，在统治国家的过程中要依法而行。然而，自然法包含着上帝的意志，依

---

① ［意］托马斯·阿奎那：《阿奎那政治著作选》，马清槐译，商务印书馆 2017 年版，第 48 页。

据自然法拟定人法就意味着自然法在人法之上，同理君主的权力要受到教权的制约。由此，我们可以看出，阿奎那所描绘的君主制是有限定的，王权要服从于教权。

阿奎那认识到政治实践活动应该是人民参与的进程，人民需要认同法律。这一思想对后世影响深远，因此，阿奎那被后人称为人民"原始主权"或"不可转让的主权"思想的先驱。[①] 但是，他的思想理论具有很大的局限性，他支持教权，本质是为了维护和发展宗教力量。

12 世纪后，英法等国相继建立了封建君主政体，神权统治逐渐受到了越来越多的世俗王权的挑战。随着西欧天主教内部危机不断增多，神权统治下社会矛盾和问题也日益凸显，更加动摇了神权统治的地位。在这一现实背景下，世俗王权的影响力不断增强，越来越多的人支持王权。具有代表性的例子是，以法国国王为代表的世俗王权不断扩张领土，为王权提供了支撑，使得王权不断加强。

14 世纪是教会势力由盛转衰的过渡时期。在法国教权与王权的斗争中，国王开始逐渐占据优势地位，这成为王权与神权斗争的分水岭。这一时期，法国国王菲利普四世取得了胜利，国王战胜教皇，结果导致罗马教廷的势力转移到阿维农。并且，在阿维农时期，教会势力发生巨大变化，教皇的权力不断被削弱，"教权至上"的呼声也慢慢销声匿迹。

中世纪，欧洲整体的信仰呈现一元化特征。基督教在西欧国家被广泛认同，影响着国家政治和人民社会生活的方方面面，在国家体系中独占鳌头，掌握着国家统治权。然而，教会与王权斗争贯穿始终，使得教权与王权的势力经历了此消彼长的历史进程。经历了长期的政教之争，人们根深蒂固的神学信仰体系开始逐渐瓦解，以致民众对最

---

① 肖佳灵:《国家主权论》，时事出版社 2003 年版，第 21 页。

高权威的看法正在发生改变。总的来说，在长期的政治斗争过程中，"最高权力"这一概念成为人们探讨的焦点，国家治理逐渐产生由"神学统治"向"王权统治"的重要变革，为近代主权概念的产生提供了支撑。

二、近代主权概念的提出与发展

（一）提出背景：世俗权力不断取得优势地位

15—16世纪，资本主义的发展推动欧洲民族国家加速形成。欧洲文艺复兴运动促进了欧洲文学、艺术和哲学领域的创造性发展。此外，宗教改革运动的发展，逐渐瓦解了教会拥有的至高无上的权力。这都不断转变了人们对教会神权和世俗王权的认识，增强了世俗王权的权威。在这一历史背景下，由于经济的发展和政治要求，近代意义上的国家主权的概念被提出来，并得到详细阐释。

首先，资本主义的发展。新的生产方式带动了商品经济，促进了国内外市场的形成，为国家主权理论的诞生提供了经济基础。与此同时，随着地理大发现和新航路的开辟以及海外殖民地的开拓，市场不断被扩大。在资本主义工场，手工业开始出现劳动分工，出现了早期的资产阶级分子和雇佣劳动者。与此同时，在新的生产方式和生产关系下，随着新兴资产阶级的成长，资产阶级的力量慢慢积蓄，逐渐登上历史舞台，导致社会秩序也在不断变化。由于经济地位不断提高，政治发展成为资产阶级的重要需求。

其次，世俗国家的发展。从中世纪欧洲的政治体系可以看出，神权专制贯穿于其中，并且教权高于一切。同时，思想文化领域同样受到宗教的控制，不论是统治者，还是普通人民，经过长期的宗教思想灌输，精神世界都受到教会的控制，从而形成了根深蒂固的神权观念。14世纪末，伴随着资本主义的发展，欧洲社会逐渐开始从封建社会向民族国家过渡。这一时期，王权与教权较量的结果是王权取得胜利，进而掌握了最高权力。并且，为了获得更多的利益，欧洲人通过航海探索扩大海外市场，旨在把资本主义发展到欧洲以外的世界。海外市场开拓后，欧洲人跨洋的商业活动变得越来越频繁，殖民主义和贸易保护主义逐渐出现。为了更好地开拓市场和积累财富，不但需要调整各个国家之间的关系，还需要国内力量的支持，这也是国家主权概念的提出和确立的直接动力，对国家主权理论的诞生提出了现实需要。

再次，文艺复兴运动的推动。文艺复兴运动呼唤新的思想观念，使得人们传统的思想观念受到了巨大的冲击，人们逐渐开始摆脱中世纪旧思想的禁锢。马基雅维利成为这一时期的思想巨人之一。中世纪以来，众多政治思想家深受神权观念的影响，神权至上是其政治理论的要点。与之相反，马基雅维利摆脱了教权的思想奴役。他推崇王权，主张最高权力应当归属于君主，并且，要约束和控制教皇的权力。他分析人性发展的进程对国家产生的作用，提出政治的根源就是人民对于权力和财富的追求。由此，我们可以得出，他的政治思想不再受宗教神学的制约。在他看来，君主制能够与教权抗衡，使用武装力量强行争夺权力。马基雅维利推崇强权政治，指出君主应当掌握最高权力，驱逐外国侵略者，实现意大利的统一。他更加彻底地摆脱了神学的束缚，指出国家起源于人的自私本性[1]。他主张，武力斗争应该作为意大利实现统一的方式。在政治哲学史上，马基雅维利首次把权力置于政治中心，开创了权力中心论的先河。然而，受时代和自身的影响，马

---

[1]　徐大同：《西方政治思想史》（第一卷），天津人民出版社2005年版，第345页。

基雅维利所关注的大多数是政治学中的表象问题，对权力的研究是表面的，对深层次权力的原理问题未进行深入研究与探讨，因而，注定他的权力理论不能被广泛认可。正如马克思对他的评价，"从近代马基雅弗（维）利、霍布斯、斯宾诺莎、博丹，以及近代的其他许多思想家谈起，权力都是作为法的基础的，由此，政治的理论观念摆脱了道德，所剩下的是独立地研究政治的主张，其他没有别的了"①。总的来说，文艺复兴时期的思想家们对神权至上理论开始动摇，在国家观上摆脱了神学的束缚，提出了世俗王权高于教会神权的思想，促进了人们从神权到王权的认同转移。

最后，宗教改革运动的推动。16 世纪，德国正在进行政治改革并开始向近代国家迈进，爆发了一场由维登堡大学的神学教授马丁·路德领导的宗教改革运动。马丁·路德认为人同时生活在这两个王国之中。其中，"上帝之国"是精神的，由耶稣基督所统领；而"人间之国"是世俗的，要由国家、政府来统领。马丁·路德认为，人在"人的王国"里，所有人都需要听从政府和统治者的领导。在他看来，政权和教权不能混为一谈，教皇没有权力干涉政府的统治。马丁·路德的宗教改革运动具有十分重要的意义，这一运动是民众参与的、自下而上的改革。这一运动是针对高高在上的罗马教廷，目的在于突破罗马教廷的控制，使教会不再干预政府的统治，并明确了政府的管理范围包含教会和宗教的事务。在这一运动的推动下，政府的权力进一步扩大，德国向近代主权国家发展的步伐也进一步加快。并且，受到德国宗教改革的影响，其他一些欧洲国家也陆续爆发了宗教改革运动，促进了民众的觉醒，使得教权至上的思想开始动摇，加快了欧洲国家的政治体系变革。15、16 世纪，西欧国家人民的思想观念在文艺复兴运动和宗

---

① 《马克思恩格斯全集第三卷》，人民出版社 1960 年版，第 368 页。

教改革运动中受到巨大冲击，发生了极大的转变，逐渐摆脱神权思想的控制。在这一历史时期，欧洲国家向资本主义社会过渡是时代发展大势，世俗权力不断取得优势地位，对民族国家和国家主权的确立起到重要的推动作用。

（二）概念提出：社会转型阶段的必然产物

近代以来，伴随着资本主义的产生，欧洲中央集权迅速发展，民族国家相继诞生，欧洲正处于社会转型阶段。这是近代国家主权形成的特定社会背景。可以说，近代意义上的主权概念的诞生，不仅是历史发展的需要，还是欧洲政治经济发展的结果，是近代欧洲国家完善国家治理的重要一环。

1. 让·博丹的主权学说

15 世纪初开始，法国中世纪的王权逐渐走向衰落。16 世纪，法国正处于从封建末期逐渐走向中央集权国家的过渡阶段，这是历史上最为动荡、变革最大的历史时期之一。当时的法国想要建立一个中央集权政府，但无休止的战争不间断。而战争频发的直接原因是高高在上的教权专横跋扈，而受制于教权的王权相对比较软弱。并且，战争实质上是为了争夺政治权力和经济利益。尽管封建王权目的在于摆脱罗马教廷的束缚和恢复强大的君主专制，但在以教廷为基础的教皇政治统治下，王权仍然十分软弱。因此，法国这一时期的主要任务是打破罗马教皇的至上权威、清除国内的封建割据势力和建立具有主权的统一民族国家。在这一时期，法国学界涌现了一批思想家，他们着眼于当时法国国内政治的需要，着力研究国家的发展方向和道路。在这一批思想家中，让·博丹在著作《论共和国六书》中首次明确地提出主权概念，并对主权的科学内涵进行了详尽的论证。

让·博丹揭示了国家的本质，认为家庭是国家的基础。他用古代社会家庭中的家长权力比喻国家的权力，在家庭中，妻子要服从于丈夫，子女要服从于父亲，因此，家长的权力具有最高权威性。同样，在国家中，国家的权力理应具有最高权威性。让·博丹指出，主权是指国家具有的"超乎公民和居民之上，不受法律限制的最高权力"和"在一个国家中进行指挥的……绝对的和永久的权力"①。在对于"主权是什么"的问题上，让·博丹是历史上最早论述主权核心观点的人。他指出，主权是一个国家中不可分割的、统一的、持久的、凌驾于法律之上的权力。②

让·博丹系统地论证了国家主权具有绝对性、恒久性、不受限制性和最高性的基本特征。首先，主权具有绝对性。在所谓绝对性中，国家主权不能由他人分散享有，主权者可以绝对地和完全地掌握整个国家和所有的人民的一切事务。其次，主权是不受任何限制的。对主权而言，任何人都不能对它进行限制。主权作为一种权力，与政府的权力是不同的。政府的权力是被赋予的，而这一权力是可以被收回的。因此，政府的权力是受限制的。而主权与之不同，它是一种不受任何限制的权力。再次，让·博丹强调主权是一种永恒的权力。主权是永恒的，它与国家政治制度无关，也不会随着时间的流逝而消失。并且，主权者依靠自身的权力而存在，是永恒的。最后，主权高于法律。主权创造法律，所有人都必须服从于法律。所以说，主权的地位高于法律，法律从属于主权的拥有者。并且，主权并非一种简单的具体权力，而是集其他权力于一身。

正是基于当时法国的国内外社会状况，让·博丹提出主权理论，推动了法国中央集权制的发展。可以说让·博丹通过提出国家主权理论，

---

① 何汝璧、伊承哲：《西方政治思想史》，甘肃人民出版社 1989 年版，第 92 页。

② 王沪宁：《国家主权》，人民出版社 1987 年版，第 8 页。

为法国寻求到了一种消除战争、恢复社会稳定、维护法国的民族和国家统一的途径和方法。他在继承了古典时期许多政治思想家的一些观点的同时，提出的关于主权的看法与认识，对近代国际法的形成和发展具有不可替代的推动作用。第一，让·博丹首先提出国家具有主权，第一次把主权与国家结合，与领土结合，揭示了主权的内容、基本特征以及各种属性，这对后世政治理论发展具有不可替代的重要意义。第二，就主权与其他具体权力的区别问题，让·博丹认为主权就是一种独立于具体权力形式而存在的最高权力，并将抽象的主权概念具体化、系统化。第三，让·博丹的国家主权思想动摇了当时长久存在的成文法和风俗习惯法的传统权威性。他的主权思想让君主摆脱了前人、先王的法律及诺言的约束。

让·博丹的主权理论对西欧民族国家产生了极大的影响，但不可否认的是，囿于历史发展的局限，他的主权理论中显然有不尽合理的部分。一方面，受历史条件的限制，让·博丹的主权学说还没有完全摆脱封建政治理论中"君权神授"的影响。虽然让·博丹对主权观念进行了有力的阐述，但并没有对君主主权权力来源进行系统的探讨和解释。他明确宣布世上的每个统治者都要服从上帝之法、自然法和国家法。[①] 显而易见，他具有反神权的不彻底性。另一方面，让·博丹的主权理论仅限于领土国家内部的最高权力，侧重阐释与分析主权的内部属性，基本上未涉及国家主权的外部属性。

2. 格劳秀斯的对外主权学说

格劳秀斯国家主权理论的产生与他所处的时代背景息息相关。在那一时期，罗马帝国正处于战乱状态，国内政治斗争风起云涌。与此同时，

---

① ［美］小查尔斯·爱德华·梅里亚姆著：《卢梭以来的主权学说史》，毕红海译，法律出版社 2006 年版，第 5—6 页。

宗教内部的斗争也日益凸显，天主教和新教之间更加针锋相对，斗争接连不断。此外，周边很多国家在资本主义发展的影响下，国家实力不断增强。正是因为格劳秀斯看清了战争是令广大人民经历一个又一个灾难的根本原因，所以如何避免战争的产生，也就成为促使其国际法思想产生和发展的重要因素。与让·博丹相比，格劳秀斯在著作《战争与和平法》一书中，首次将国际关系问题引入了政治学说，从而论述了国家主权的另一个重要方面——对外主权。

在格劳秀斯看来，暴力战争会给广大人民带来无穷无尽的灾难，同时，也不利于解决国家之间的争端。因此，格劳秀斯主张，当国家与国家之间出现争端时，可以按照国际法基本原则进行和平谈判，应当在最大限度上避免战争的爆发。他认为，人与人之间的分歧或纠纷，往往可以通过协商的方式解决。同理，国家之间的争端也可以根据一定的规章制度得到妥善解决。作为一个和平主义者，他注重研究如何规避战争问题，并提出了一系列的和平法规，维护国际和平。

格劳秀斯从对外视角出发，提出国家对外主权理论，论证了主权合理性和合法性，充分肯定了主权的意义。他通过探讨国际关系的法律基础，对自然法和实证法做了系统的区分。他指出，自然和人的理性形成了自然法，这种自然法是一种普遍法，与上帝无关。同时，对于社会秩序的稳定，自然法具有重要作用。自然法也为人类社会的和平、安全与幸福提供保障。并且，他指出，自然法构成了国际法的基础，并以国际法来调节世界上各个国家间的关系。在此基础上，他对主权的另一个方面进行了研究，提出了主权的另外一个本质特征——独立性，强调了国家的对外独立性。他主张从国际关系角度来考察主权国家，提出了处理国家之间关系的国际法概念。他强调，国际法对所有主权国家具有约束作用，在国际法面前，任何一个主权国家都是平等的，不存在享有特权的主权国家。

　　格劳秀斯的对外主权理论是历史发展的产物。当时，荷兰凭借先进的航海技术，在世界各地建立了殖民地和贸易据点，因而，基于调整各国在争夺海外市场过程中的利益和权力纷争，格劳秀斯的主权理论应时而生，这也为日后研究主权理论提供了新的视角。总的来说，格劳秀斯推动了让·博丹国家主权理论的进一步发展，使得近代意义上的主权概念更加完整，具有历史性的进步意义。

三、小结

　　国家主权这一概念并非凭空产生的，而是经历了一个历史的演化阶段，有着国家历史发展和演进的必然性，是国家权力与国家治理理论的重要组成部分。通常来说，大多学者认为，人类发展到原始社会末期后，氏族社会逐渐走向解体，伴随着国家的产生与演化，主权观念开始萌芽。在氏族社会发展过程中，对于部落、氏族进行管理，是国家权力运用的初级阶段。在这一时期，管理模式依靠血缘关系的纽带和氏族酋长的权威，权力的运用主要体现在规范和保护氏族自身，促进内部社会的有序运行。氏族制度解体后，各地开始进入奴隶制国家的统治形式。伴随着氏族制的没落，奴隶制国家的产生，国家权力的发挥与运用达到了一个新的高度，出现了阶级的分化与压迫，阶级对阶级之间的统治表现为奴隶社会的最高权力，也就是主权观念的萌芽。从国家主权的发展历史进程来看，近代主权理论发端于亚里士多德等学者的古典主权观念。本章从国家治理视域出发，以历史发展脉络论述了国家主权的形成与历史发展，考察了古典意义上的主权萌芽的产生和近代主权理论的形成，以及这一进程中国家治理模式发展与变革。

　　从古典时期到欧洲中世纪时期，权力概念的演进经过了从原始权威到最高权力、从宗教神权到世俗王权、从私有的最高权力到公共的最高权力 ① 的漫长而又渐进的演变过程。总的来说，从古希腊时期的城邦国家观念到罗马时期的城市国家观，再到中世纪具有神学色彩的国家观，尽管都并未直接出现"主权"一词，但是在古希腊和古罗马时期，关于最高统治权力与权威中心的问题，都曾展开了复杂多样的政治斗争。尤其是中世纪以来，神权和世俗王权的政治斗争，是近代主权概念产生的不可或缺的重要前提，是主权思想产生的实践基础。与此同时，古典时期和中世纪的多名著名学者对此进行了不懈地探索，已经就有关主权理论的一些基本问题形成了诸多成果，其中包含能够反映历史规律的真知灼见，具有积极的启示作用。这在近代引发了学者们的民族国家意识，为近代国家主权观念的形成与提出奠定了重要的理论基础。虽然古典时期的政治斗争对主权观念的产生意义重大，但古典时期的欧洲由于受到政治、经济和文化等历史条件的制约，同时也对形成现代意义上的国家主权观念产生了一定的负面影响。

欧洲中央集权制的发展阶段是主权理论形成的新时期。在欧洲当时的社会状况下，让·博丹和格劳秀斯是站在封建专制体制下的王权国家的立场上提出主权理论，目的在于为世俗的君主政权提供理论依据和合法基础。主权概念的提出，使得长期以来模糊不清的主权观念首次得到了具体的阐述，无疑为后世政治理论发展提供了借鉴，具有重要的意义。毫无疑问，法国学者让·博丹是明确提出国家主权概念的第一人，他指出主权是国家实现统一的必要前提，也是国家治理的重要前提。后来，经过众多政治思想家的发展，国家主权理论不断得到丰富与完善，推动了国家治理模式演进。之后，《威斯特伐利亚和约》

---

① 杨泽伟：《主权论——国际法上的主权问题及其发展趋势研究》，北京大学出版社 2006 年版，第 16 页。

作为国际上第一个以外交谈判解决国际争端的合约的签订，推动了新的政治体系的形成，在国际法发展史上具有重大意义。在国际关系中，主权这一概念获得了越来越多的认可，有效地保护了民族国家的存在与发展，有效地促进了国际和平与稳定。

第二章 主权理论在近代的演变

"主权"概念被提出后，受到越来越多政治思想家的关注。伴随着社会的发展，在不同的历史条件下，主权被赋予了不同的内涵与外延。17—18世纪后，随着社会分工的扩大，受资本主义革命的兴起以及启蒙思想传播的影响，后来的许多政治理论家围绕着主权问题从不同角度进行了广泛研究，尝试从不同的视角出发，明确国家主权的范畴，进而产生了各种各样的主权理论。近代主权理论更加全面深入地阐述了主权的本质、主权的属性、主权的对象、主权的意义与功能等，对指导资本主义国家政治建设，完善资本主义国家治理理论，确证国家权力的范围与尺度发挥了极为重要的作用。

一、托马斯·霍布斯与"君主主权论"

16世纪末至17世纪初，受英国资产阶级革命的影响，欧洲各国经历了历史性巨变，欧洲的社会形态也发生了深刻变革。伴随着资本主义的蓬勃发展，新兴的资产阶级力量不断壮大，并逐渐摆脱对王权的依赖，与以国王为代表的封建统治阶级之间的矛盾不断被激化。在这个国家跨越式发展的时代，社会正在经历整体性变革。在这一历史时期，英国资产阶级革命早期的哲学家、政治思想家托马斯·霍布斯在《自然法与国家法的原理》和《利维坦》等著作中阐述了他的国家学说和国家治理思想，提出"君主主权论"。

关于国家起源，霍布斯驳斥了"君权神授"学说，指出人类诞生后处在自然状态之中，以现实的人性为出发点，论述了国家构成的基本要素。他指出，人的本性都是利己的，人与人之间经常发生利益的斗争。同时，人们普遍向往和平舒适的生活，并在理性的促使下，彼此之间通过签订契约，形成一个更加强大的群体，目的在于惩治那些不遵守契约的人或者侵害他人权利的人。实际上，人民基于功利的目的加入政治社会。人们在订立契约后，实质上是每个人将自己的权力授权给他人，得到这种授权的人就是主权者，而那些放弃权力的人皆是臣民，这在一定程度上避免了战争的产生，保证国家和平，保障了人民的权利。

关于国家政体，霍布斯推崇君主政体。在他看来，国家之间的不同可以用主权者来区分。并且，可以根据主权者人数的多少来区分政体的形式。比如，君主政体、贵族政体和民主政体。他认为，如果将这三种政体形式进行对比，最好的政体是君主政体。原因在于，君主的利益与人民的利益是一致的，人民的利益决定了君主的利益，君主可以将公私利益有机结合起来。此外，他认为君主政体对于避免内战具有重要意义。他还指出制定法律是维护和平的重要方式。法律可以有效规范人民的"天赋自由"，引导人民之间互相帮助，并且，关键时期能够将民众组织起来共同抵抗敌人。

在霍布斯看来，"主权是国家的灵魂，灵魂一旦与身躯脱离后，肢体就不再从灵魂方面接受任何运动了"①。在霍布斯看来，人民在自愿的基础上将权力共同赋予主权者，这便是主权者权力的来源。人们既然已

---

① ［英］托马斯·霍布斯：《利维坦》，黎思复、黎廷弼译，商务印书馆1985年版，第172页。

经签订了契约，每一个臣民都是主权者一切行为与裁断的授权者[①]。也就是说，人们在共同签订契约后，建立了一个公共权力，而这个公共权力由某个领导者或者某个公共组织来掌握。他主张人们既然将自己的权力和力量交付出去，在国家建立之后，所有人都要认可统治者的所作所为，权力也应该全部集中在一个主权者手里。并且，在一个国家中，全部的权力是一体的，共同构成了国家最高权威，而如果权力受到分割，意味着主权"解体"，所有权力也将随之消失。主权权力作为缔结契约的结果，所有权力转移到主权者那里，人民不再具有权力，并且契约形成是基于臣民的自愿，故而是不可分割和撤销的。关于主权者的权力，他指出主权者掌握着最高的权力，人民不能反对，也不能进行诋毁，主权具有绝对性、不可分割性。

霍布斯指出，国家主权具有独立性。国家主权本身就体现着对外主权，国家的职能是要谋求共同安全和抵御外侮。只有国家主权在对内维护稳定的同时反抗外来侵略，这样才能体现出它的独立性。也就是说，一个社会或国家，只有同时具备生产发展和抵抗侵略的能力，才能维持国家的长久发展。因而，国家存在的意义就是对内维护稳定与对外反抗侵略的统一。

综上所述，霍布斯从人性恶的角度出发，指出人们之间为了避免斗争甚至战争的发生，会通过订立社会契约来保障公民权利。在他看来，在无政府的社会中，人与人之间往往呈现互相争斗的局面，"一个群龙无首的放荡世界，没有法律的拘束，没有强制的权力以缚住人们的手，使之不从事侵害与报复"[②]。正是基于这一状况，他论证了政府存在的必要性和重要性。霍布斯的主权理论进一步深化了人们对主权和

---

① ［英］托马斯·霍布斯：《利维坦》，黎思复、黎廷弼译，商务印书馆 1985 年版，第 136 页。

② ［美］威廉·邓宁：《政治学说史》（中卷），谢义伟译，吉林出版集团有限责任公司 2010年版，第 148 页。

国家权力的认识，对后来政治学的发展有着重要的影响。他的主权学说批判了教会，主张王权高于教权，突破了"神授主权"的禁锢，具有一定的进步意义。

然而，霍布斯的主权学说赋予主权者的权力是一种不受任何限制的最高权力。他主张，主权者的意志是至高无上的，在任何情况下，臣民都只能听从，绝不能出现抵抗的行为，任何反抗的行为都是"不义"的。但是对主权者来说，即使在某些情况下主权者的行为出现偏心，也并非不义的。在他看来，任何情况下，主权不受人民的任何限制，人民没有权利进行抵抗，尽管主权者出现了违背社会契约的行为，臣民也不能因此发生叛变。他不仅反对任何形式的分权，认为人民无权参与国家治理，还忽视了广大民众的正当利益诉求。此外，霍布斯还主张君主主权具有绝对性，这无疑加大了资产阶级与君主的矛盾，也必将引起日益壮大的资产阶级的反抗。

二、约翰·洛克与"议会主权论"

让·博丹、格劳秀斯和霍布斯等政治思想家提出的主权学说，是主权理论的发展之基。但是让·博丹、格劳秀斯和霍布斯等政治思想家的主权学说多是立足于封建专制王国统治的基础之上，主张王权高于教权，强调君主主权的合理性。但是，伴随着资本主义的发展和资本主义制度的确立，封建君权同资产阶级国家主权之间的论争逐渐成为推动国家主权发展的动力源泉。其中英国著名哲学家约翰·洛克提出的"议会主权"便反映了这一时期国家主权理论的发展方向。

从洛克生活的时代背景来看，正值欧洲封建社会逐渐走向衰亡，资本主义快速发展，新兴资产阶级的经济实力不断提高，在政治上的影响力也越来越高。这一时期，落后的封建生产关系制约着国家与社会发展，亟须对之进行变革。尤其是在"光荣革命"后，君主立宪制的地位受到了极大的动摇，资产阶级和新贵族渐渐掌握了国家政权，扩大了议会权力。在这一政治现状下，许多政治思想家们对国家政体建立提出了自己的理论构想。英国政治思想家约翰·洛克正是在这样的时代背景下，提出了"议会主权"的思想。洛克的政治思想对于西方现代政治制度的产生和确立起到了十分重要的作用。

在国家起源问题上，洛克对世俗国家诞生的起源进行了诠释，同时也对君权神授学说进行了驳斥。洛克认为人们都是处在一种自由的自然状态之中，"一切权利和管辖权都是相互的，没有一个人拥有多于他人的权力"①，除了"自然法"以外，人们不受任何东西的约束。虽然这是自由的状态，却不是放任的状态。②他认为当人们通过社会契约自愿放弃其自然法的执行权，并将之授权于社会交给公众，人们便脱离自然状态，进入一个有国家的状态。

关于政府的权力，洛克指出，政府的权力不是天生就有的，而是人民为了维护自身的权益，通过签订契约，将自己的权利授权给政府之后，政府才掌握了权力。在国家一切权力中，洛克指出最高权力应当归属于能够代表"大多数人"的议会，也就是由议会掌握国家最高权力。他指出，人们之间通过共同签订社会契约建立国家，国家主权是由全体人民共同享有的。但是，在国家建立后，对于社会的管理，实现由所有人民共同行使国家权力是不现实的。在这种情况下，应当由人们推选出一部分代表，由代表代替全体人民成立立法机构，进而代替所有人民行使国家权力。他还指出，既然政府的权力来源于人民，政府就理应保障人民的利益。因此，针对政治社会发展过程中政府权

---

① ［英］洛克:《政府论》，杨思派译，中国社会科学出版社 2009 年版，第 148 页。

② ［英］洛克:《政府论》（下篇），叶启芳、瞿菊农译，商务印书馆 1964 年版，第 4 页。

力不断扩大而导致的人民权利受损的问题，洛克提出有限政府论，通过限制政府的权力，使人民和政府之间始终能够建立起一种平衡的关系，进而保障人民的权利和利益。所以，在政府功能的问题上，他主张政府的主要职能在于保护这个国家里大多数人的生命、健康和自由不受侵犯。

在权力分配的问题上，洛克认为要制定法律限制国家权力。为了防止国家权力的无限扩张，他从"三权分立"观念出发，提出了分权学说。他指出，"在一切场合，只要政府存在，立法权就是最高权力"①。他指出立法机关是法律的源泉，是社会意志的代言人，必须始终是保护和维持人民生命和财产的权力机关。同时，他强调立法机关由人民设立，议会权力是有限制的。对政府而言，实现分权更有利于促使政府权力做到为民所用。其中，借助法律有效制约政府的权力，这正是立法机关的作用。此外，他指出，议会是经过民众的选举而形成的，能够代表民众的意愿，因此，应该由议会来掌握政府，拥有国家最高权力。与此同时，应当由立法机关来行使权力。立法权是受人民的委托而产生的权力，立法机构是由人民推选出来的，代表了人民的利益和意愿，因此必须要以维护人民的利益为立场，如果这一立场改变，人民可以废除立法权。同立法权一样，执行权同样受到约束，不能任意执行。

此外，洛克还非常强调法律对政府的约束作用。以法律对政府权力进行约束，可以避免专制政府的产生。同样，这也可以有效避免政府出现欺公罔法的行为。并且，洛克认为只有代表人民意志的机构才有权制定法律，法律的制定也必须严格遵照规范的程序，从而保证法律具有规范性，能够切实代表公平与正义。洛克还指出，无论是政府的权力还是

---

① ［英］洛克:《政府论》（下篇），叶启芳、瞿菊农译，商务印书馆 1964 年版，第 92 页。

人民的权利，在受到法律保护的同时，也都受到法律的限制。

简言之，洛克所提出的议会主权思想是立足于当时英国政局动荡的大环境所提出的一种新的国家主权理论，标志着国家主权理论演变进程迈进了新的阶段。洛克的议会主权理论摒弃了霍布斯提出的君主专制思想，为资产阶级争取政治权力提供了理论指导，对西方政治体系的发展也产生了深刻的影响。洛克提出分权学说，为君主立宪制的建立奠定了理论基础，进一步巩固了资产阶级的政治权力。并且，相较于高高在上的教权与王权，"议会主权论"具有重要的进步意义。但是，从现代国家治理的角度来说，洛克对于国家主权的理解和国家权力的分配仍然停留在理论本身，只是在形式上提出了人民主权的概念，而广大民众并没有掌握国家权力，因此具有一定的局限性。

三、让·雅克·卢梭与"人民主权论"

18 世纪，法国资产阶级在社会发展中具有越来越重要的地位和作用，但是受制于当时的国家政治体系，资本主义在法国的发展状况并不良好。为改变这一状况，法国资产阶级掀起了一次浩浩荡荡的思想解放运动——启蒙运动，其目的就是打击封建专制制度和天主教会势力，为自身争取政治权力提供契机。在法国启蒙运动的影响下，封建专制制度和天主教会势力逐渐衰弱，资产阶级进一步掌握了国家权力，保护了自身的利益。

正是在这一时期，法国启蒙运动时期的思想家、资产阶级民主主义者让·雅克·卢梭提出了人民主权理论。卢梭在其著作《社会契约论》中，首次系统完整地阐述了人民主权理论。在他的政治理论中，卢梭认为"共和国"或"政治体"的出现是建立在统治者和被统治者签订契约的基础之上，人们通过签订社会契约的方式确保自身的利益不受损害。并且，卢梭还进一步指出，人类历史从自然状态进入社会状态后，人民生来具有的权力就变成了政治国家中的公民权力。因此，卢梭提出必须按照合理的方式建设国家制度，也就是按照人民主权原则建立国家制度。

在卢梭的人民主权学说中，卢梭认为任何人之间都是平等的，因此社会契约应当包含所有人，应当代表全体人民的共同意志。这也就意味着在卢梭的理论中，全体人民都是国家主权者的一分子。此外卢梭还提出了"主权即公意"的思想。这里卢梭所说的"公意"指的是所有公民意志的统一，能够代表所有公民的共同利益。但是卢梭也指出，"公意"不同于"众意"，二者最大的差别在于众意注重个人或者一部分人利益的得失，而公意则是为了维护公共的利益。他还指出，如果公意不是公共的，不属于全体人民，那就一定是只属于一部分人，自然就不能再称其为公意。因此，卢梭认为，公意代表着正义，在任何时候，公意都是正确的，也是绝对的，所有人都要对其绝对服从。在卢梭看来，当人们签订社会契约后，就意味着舍弃个人权利，共同组成能够代表全体人民意志的主权。因此，主权与"公意"之间有着必然的逻辑关系，主权就是所有人民公意的化身。与此同时，因为公意是所有公民意志的统一，所以卢梭认为主权也应当为全体人民所共享。也就是说，不论是国家的政治生活，还是社会生产生活，国家的最高权力都应当属于全体人民。此外，主权代表着国家最高权威，是任何个人或集团都不能侵占的。因为一旦主权被任何个人或集团侵占，最直接的影响是损害人民的共同利益。

关于主权，卢梭指出，主权是绝对的、高高在上的，并且不能对主权做出任何限制。卢梭反对主权由代议制政府行使，认为主权具有不可转让的原则。他指出，"既然主权是公意的运用，那它就永远是不可转让的；主权者既然是一个集体的存在，那就只有它自己能代表它自己。权力可以委托他人行使，但意志不能听任他人支配"①。所以卢梭认为，任何国民都没有权利对主权进行转让，如果主权发生了转让，国家权力属于某个人或者某些人，在个人私利的影响下，主权者势必会将自身利益放在首位，这无疑会对其他人民的利益造成损害。因此，国家全体人民作为一个共同体，必须共同掌握国家主权，主权不可也不能转让。只有全体人民才是主权的行使者，也就是主权者。

此外，主权无法被代表，因为对意志来说，如果不是自己的意志，那就是别人的意志，世界上不存在中间的意志。而且，议员的作用是为公民办事。若主权被所谓"中间力量"——议员或代表去代理，将会使人民的公共利益被舍弃。因此，卢梭认为想要实现人民主权，全体人民就必须切实地掌握立法权。他指出，人民是国家的主权者，法律应该由人民来制定与批准。人民不仅有权选举政府，还能够任命政府官员。一切公共事务都要经过人民的同意，只有这样，才能保证人民主权不受到侵占。

在卢梭看来，人民作为国家的主权者，政府只是代替人民进行国家治理的机构。更确切地说，政府是人民进行国家治理的中介。但是，政府不是自然生成的，而是由人民创造出来的。因此，对于政府，人民有权利对其进行约束或干涉。一般而言，人民会通过集会的方式时常提醒和表达公意，以此来选举和监督政府②。并且，人民将权力托付给政府，政府只是在执行人民的命令，这也就意味着当政府违背了人民的意志时，人民可以收回托付给政府的权力，推翻政府的统治。这在一定程度上能够进一步约束和限制政府的权力，防止权力滥用现象的滋生与蔓延。

---

① ［法］让·雅克·卢梭：《社会契约论》，李平沤译，商务印书馆2011年版，第29页。

② 张建霞：《卢梭人民主权思想价值和局限性研究》，山东大学学位论文，2013年。

在政府与人民的关系问题上，与以往政治思想家相比，卢梭的人民主权思想具有明显的进步性。在以往的政治思想家看来，国家权力是由少数的统治阶级或者精英掌握和行使。而卢梭则认为国家权力属于人民，应该由人民行使权力。简言之，卢梭开创了人民主权的先河，他的政治思想不仅对法国发展的历史进程造成了重大影响，还对西方近代政治制度的建立产生了重要影响，同时也在西方政治思想史中留下了浓墨重彩的一笔。卢梭的人民主权思想在民主理论方面的贡献是毋庸赘述的，其不仅推动了国家主权理论的发展，还对西方政治思想的发展历程产生了积极作用。但是，对长期遭受剥削和压迫的底层人民来讲，卢梭的人民主权是一种虚而不实的思想，具有一定的空想性。其关于政府运行模式的构想，理想主义色彩浓重，在国家政治实践中是难以实行的。

四、奥尔格·威廉·弗里德里希·黑格尔与"国家人格君主主权论"

18世纪末，经济落后的德国正在经历着政治分裂，这一时期，尽管资产阶级正在逐渐壮大，但面对根基雄厚的封建势力，其力量仍然是不堪一击。对德国人民来说，首要的任务就是建立统一的资本主义国家。德国古典哲学家格奥尔格·威廉·弗里德里希·黑格尔在《法哲学原理》序言中指出，哲学不再只是作为私人艺术而存在，而是为国家服务存在的。在这一特殊的历史背景下，他在其著作《法哲学原理》《历史哲学》等中系统阐述了他的国家治理思想及国家人格君主主权思想。

关于国家，黑格尔将国家视为一个团体，为了实现保护其财产的目的，建立一定的军事和非军事机构和制度，这就是这个团体具有的唯一根本权力。国家统一是民族意志的体现，也可以说，国家是具有民族意志的国家。主权归属于具有民族意志的"国家","国家"成为与君主和人民并列的法律人格①,也就是形成了国家人格学说。

在黑格尔看来,从法律上来说,国家不仅仅具有独立人格,还是权力主体。因此,无论是君主还是人民都不是主权者。主权者是具有独立人格享受主体权力的"国家",也就形成了国家人格君主主权论。在黑格尔的主权理论中,国家主权的来源不再是"人民",而是"民族国家"。他主张关注民族精神和国家有机体,最终把"国家"看作民族精神的产物。在他看来,国家是为了解决主人与奴隶之间的冲突而产生。因此,黑格尔拥护君主立宪制度,主张王权具有最高的地位,一切都要服从王权,这为君主立宪政体奠定了哲学基础。黑格尔把一个国家的权力金字塔筑成这样:王权→行政权→立法权。②黑格尔赋予王权以三项权力中的最高位置,并把立法权置于最低位置。他主张用"伦理"国家修正传统"契约"国家。他认为,国家是伦理理念的现实③,而并非建立在生产方式和经济基础之上,市民的种种权力需要通过"伦理"国家来实现。黑格尔的主权理论指出主权是国家的基本架构,以保障国家的存在。国家是君主主权的基础,君主是国家的人格。④黑格尔指出,国家是"客观精神",并在此基础上,将国家与君主的关系神化,把君主看作国家的"代言人",来体现国家的最高权力。现在看来,这是一种极端化的表达。

关于国家对内主权和对外主权,在黑格尔看来,如果将国家看作一个人,国家的对内主权就是人的身躯,因此,国家的对内主权具有稳定性。而且,国家主权要处理国内的一切社会矛盾,维护公民的安全。

---

① 李婷:《论人民主权思想的发展脉络》,南京师范大学学位论文,2014 年。
② 王沪宁:《国家主权》,人民出版社 1987 年版,第 33 页。
③ [德]黑格尔:《法哲学原理》,范杨、张企泰译,商务印书馆 1961 年版,第 288 页。
④ 陈安国:《全球化进程中的国家主权》,中国矿业大学出版社 2002 年版,第 48 页。

同理，每个人相对于其他人而言，都是自由的个体，因此，国家的对外主权具有独立性。国家的独立自主是"现实精神的自为的存在，所以独立自主是一个民族最基本的自由和最高的荣誉"[①]。国家的独立性体现在，各个国家之间是相互承认的，并在此基础上，国家之间相互尊重。

总的来说，由于受到阶级和时代的限制，虽然黑格尔的主权理论奠定了君主立宪政体的哲学基础，对西方政治学的发展产生了一定的影响，但归根到底，他的国家主权理论是为了维护资产阶级的利益而服务的，具有阶级局限性。

五、小结

正如恩格斯指出："古希腊罗马时代的国家首先是奴隶主用来镇压奴隶的国家，封建国家是贵族用来镇压农奴和依附农的机关，现代的代议制的国家是资本剥削雇佣劳动的工具。"[②] 伴随近代以来国家体系的不断发展，国家主权最终被指向了国家利益，这也成为民族国家的构建基础与要素。国家主权的概念始终与时代的发展变化相同步，在某种程度上也是时代发展与社会变迁的见证者，是政治社会演进的亲历者。自让·博丹首次提出"主权"这一概念后，主权便备受关注，成为众多政治思想家关注的焦点。并且，各国政治思想家们从不同的视角，发展了主权的内涵与外延，产生了多种主权理论。

本章重点回顾了几种有代表性的近代主权理论：第一，霍布斯"君主主权论"。他的主权学说的最大进步在于彻底地否定了"君权神授"的观念，但是，他推崇君主专制制度，这与日益壮大的资产阶级想要

[①] ［德］黑格尔：《法哲学原理》，范扬、张企泰译，商务印书馆1961年版，第384页。

[②] 《马克思恩格斯选集第四卷》，人民出版社2012年版，第188—189页。

获取政治权力的这一现实是相悖的，无疑加大了资产阶级与君主的矛盾，也必将引起日益壮大的资产阶级的反抗，注定得不到资产阶级和广大人民的支持。第二，洛克"议会主权论"。他的主权学说进一步巩固了资产阶级的政治权力，意味着国家主权不再由封建统治阶级掌握，而是由资产阶级掌握。尽管洛克的主权理论具有不彻底性，但可以说是君主主权向人民主权发展的重要分水岭。第三，卢梭"人民主权论"。他的主权学说不仅对法国民主建设产生了巨大影响，还对西方近代民主政治建设具有重要影响。但是，对长期遭受剥削和压迫的底层人民来讲，卢梭的人民主权是一种虚而不实的思想，具有空想性。并且，其所构想的关于政府的运行模式理想主义色彩浓重，在国家政治实践中难以实行。第四，黑格尔"国家人格君主主权论"。他的主权学说具有一定的创新性，但从其根本来看，是为了实现民族国家统一的愿望和维护统治阶级的利益，具有历史局限性。

通过研究国家主权理论的产生与发展，我们可以发现，"主权"这一概念经过几个世纪的发展与完善，越来越受到重视，并逐渐成为国家理论的基点。尽管国家主权的概念是复杂的，但通过对主权理论发展史的梳理，不难发现，依照对国家权力归属理解的不同，众多思想家、政治家和哲学家对于国家主权概念以及国家治理主体指向的理论建构也不尽相同。尽管主权内涵难以把握，但在各国国家主权实践的历史进程中，国家主权理论不断得到强化与完善。从国家主权的历史演化进程，我们还可以看到，随着现代国家的发展，学者和人民对于国家主权内涵的认知也不断深化。并且，在政治理论中，国家主权作为一个基石性范畴的出现，很快成为西方政治理论的研究热点，直接影响着西方国家政治体系的构建与政治社会的发展。

第三章　马克思主义经典作家的主权理论

一、马克思恩格斯的人民主权思想

17、18 世纪，在欧洲和北美，封建国家陆续爆发了资产阶级革命，使得封建主义制度受到连续冲击。18 世纪中叶，由一系列技术革命引发的工业革命，迅速从英国蔓延到整个欧洲大陆和北美。由于工业革命在创造了大量社会生产力的同时也造成严重的贫富分化，社会出现了两大阶级：工业资产阶级与工业无产阶级。在工业革命和海外殖民扩张的影响下，个体手工业生产逐渐被大规模的工厂化生产取代，一大批失去土地的农民到城市资本家的工厂工作。虽然农民们不再是封建地主阶级的奴隶，但又立即受到资本家的剥削和压榨。资产阶级革命和工人运动这一社会背景，是马克思主义人民主权思想产生的重要现实基础。

（一）理论前提：古典理论与时代理论思潮的影响

一个理论的形成既离不开特定的时代背景，也离不开时代理论的影响，更离不开社会实践。青年时期的马克思恩格斯深受古希腊思想史的影响。马克思推崇古希腊城邦产生的民主，认为"希腊和罗马就是古代世界各民族中具有极高'历史文明'的国家。"[1] 马克思还十分赞

---

[1] 《马克思恩格斯全集第一卷》，人民出版社 1995 年版，第 212 页。

赏和推崇伊壁鸠鲁的"肯定自我意识的自由"①自由观思想，这一时期，马克思的自由哲学世界观认为，人实现主体的自由、价值与尊严，不能单纯地依赖对现实的批判，而是要以实际行动来改变世界。马克思的自由观思想蕴含着马克思主义人民主权思想的萌芽。大学时期，黑格尔的辩证思想也曾对马克思产生了重要影响。尽管黑格尔哲学思想具有一定的消极性，但是，也包含着一些重要思想观念。马克思科学地批判了黑格尔的唯心主义思想，实现了哲学观从唯心主义到唯物主义的转变。此外，尽管欧洲空想社会主义思潮具有强烈的理想化色彩，但是，也蕴含一些天才设想，是马克思主义主权思想的重要理论来源之一。

与此同时，卢梭的人民主权思想对马克思主义主权思想的形成具有重要的借鉴意义。一方面，卢梭的人民主权思想在欧洲反封建斗争中发挥了重要作用。卢梭指出，人民是权力的来源，人民是国家的真正主权者。马克思恩格斯在充分肯定卢梭的人民主权思想的基础上继承并发扬了卢梭人民主权思想的合理内核。在资产阶级的民主主义革命阶段，马克思恩格斯坚决地站在无产阶级的阵营中，始终以人民主权为立场，参与民主革命。另一方面，马克思恩格斯也指出了卢梭关于国家起源的社会契约学说的缺陷，指出其只是一种带有历史唯心主义色彩的理想主义的设想。他们认为，在卢梭构想的抽象化的国家中，不可能存在"公意至上"下的由全体人民行使的国家主权。因为在具有阶级差别的社会中，无法形成真正意义上的"全体人民"这样的整体。在马克思和恩格斯看来，卢梭的人民主权思想在实践中名不副实，成为阶级差别的"外衣"。因此，马克思和恩格斯对其进行了批判和改造，使主权在民思想真正赋予人民，从而可以为广大无产阶级所用。

---

① 《马克思恩格斯全集第四十卷》，人民出版社1982年版，第45页。

　　总而言之，从古希腊罗马时期到近代欧洲，众多的政治思想家的民主思想对马克思恩格斯的人民主权思想的产生具有无可替代的作用，它们是马克思恩格斯人民主权思想的理论源流。

（二）理论生成：阶级立场转变与人民意识觉醒

　　马克思恩格斯的人民主权思想的形成并非一蹴而就，而是在一定的社会政治活动中产生的，经过马克思恩格斯艰辛的理论探索和实践不断地得到充实和完善。

1. 萌芽时期——《莱茵报》时期人民主权思想

　　1842 年，马克思毕业后在《莱茵报》担任编辑。在这期间，马克思更加直接广泛地参与反封建专制的社会政治活动。刚走出校门的马克思认为自由是人类的本性，在《评普鲁士最近的书报检查令》中猛烈抨击了德国的君主专制制度和封建势力，申明人民具有言论、发表、出版自由的权利。此时，马克思基于人民的视角，要求赋予人民言论的自由，并指出人民主权与言论自由的关系是紧密联系、不可分割的。马克思要求国家权力民主化，认为在民主国家内，公民应该具有言论自由的民主权利。与此同时，他指出人民主权是公民拥有民主权利的前提条件，如果人民对国家没有主权，就不可能拥有公民的权利。也就是说，在一切的政治权力中，所有权力构成了一个系统，而人民主权是最基本的权力，与其他政治权力息息相关，也是限制和约束其他政治权力的先决条件。

　　在《关于出版自由和公布等级会议记录的辩论》一文中，马克思对人的自由本性进行了充分论述，并且提出了人民民主的代议制问题。一方面，马克思论证了人的自由本性是在长期的历史活动中产生，它是人的主观能动性的根基。他指出："报刊——目前精神的最自由的表现"①，认为出版自由是人的自由的首要体现，真正自由的出版物尊重理性，这是人类改造主观世界的理论前提。另一方面，马克思指明了等级制议会具有的内在缺陷，指出，"在形形色色反对新闻出版自由的辩论人进行论战时，实际上进行论战的是他们的特殊等级"②。社会各方因为不同等级（或阶级）间的利益不同，所以对自由持有不同的态度。因此，他指出，普鲁士的省议会是等级制的议会。马克思指明了资产阶级议会的等级性的实质，并且，站在广大人民的角度，主张建立人民民主代议制的真正民主制国家。后来，他在《关于林木盗窃法的辩论》一文中，揭开了普鲁士政府的本来面目，指出这一森林立法是为了保护林木占有者的利益。并且，他强调，在一个国家中，不论是资产阶级还是贫苦农民，政府应该同等对待。

2. 基本形成——《黑格尔法哲学批判》到 1848 年《共产党宣言》中的人民主权思想

马克思在《黑格尔法哲学批判》中提出了人民主权与民主制的主张。一方面，马克思抨击了黑格尔的国家观，指出一个国家的存在是由市民社会决定的，并为市民社会成员所共有。只有从市民社会出发，认识他们的生活与生产，才能真正了解国家政治与历史。另一方面，马克思阐述了民主制和君主制是相互对峙的关系，二者是水火不相容的。民主制是人的本质的实现，真正民主制的每一个环节实际上都是整体人民的环节，是人民主权；而君主制是君主主权，君主主权由君主来实现。因此，君主制与民主制是两个相互对立的概念。他指出，人创造了宗教，同理，人民创造了国家制度，因此，国家的权力是人民赋予的，人民理所当然具有主权。他强调"主权，国家的理想主义，作为人，作

---

① 《马克思恩格斯全集第一卷》，人民出版社 1995 年版，第 153 页。

② 《马克思恩格斯全集第一卷》，人民出版社 1995 年版，第 155 页。

为'主体'而存在，自然是作为许多人、作为许多主体而存在的"[1]，"行政权……在更大程度上属于全体人民"[2]。可见，在马克思看来，主权具有唯一性，同样，主权者也具有唯一性。国家的主体是多数人，这里的人民是指无产阶级和劳动人民。因此，主权是属于全体人民的。此外，马克思批判了黑格尔的"共存论"，他已经意识到相对于少数的资产阶级而言，占国家人口绝大多数的无产阶级，其在社会发展过程中发挥重要作用，应该占据主体地位。进而，他提出只有消灭君主主权才能实现人民主权。

马克思在《论犹太人问题》中指出，犹太人的解放属于犹太人的现实问题，而不是宗教信仰下的神学问题。同时，马克思没有完全否定资产阶级革命，指出它推翻了封建统治，使得资产阶级获得了政治解放，同样具有重要的历史意义。但是，在资产阶级建立的民主制国家中，资产阶级作为市民社会中的一小部分人，打着全体人民利益的旗号，将自身的利益混同于人民的利益，真正解放的不是人民，不是人类，只有资产阶级自身。因此，虽然资产阶级的政治解放使得资产阶级获得解放，但这对大多数无产者来说，"它不是一般人的解放的最后形式"。

马克思在《〈黑格尔法哲学批判〉导言》一文中，不仅对无产阶级和无产阶级革命进行了充分论述，还对人民实现解放的途径进行了分析，并指出了德国人的普遍解放道路。马克思指出，资产阶级革命具有不彻底性，原因在于革命的目的只从少数资产阶级出发，具有局限性。与此同时，他对无产阶级的形成、地位及作用进行了系统分析，指出无产阶级长期处于苦难与奴役的处境，要想获得现实的人的普遍权力，必

---

① 《马克思恩格斯全集第三卷》，人民出版社 2002 年版，第 32 页。
② 《马克思恩格斯全集第一卷》，人民出版社 1956 年版，第 311 页。

须进行根本的革命。马克思明确指出，在法国，各个阶级都为解放做了斗争，而只有无产阶级才是这场革命的主要力量，能够彻底完成解放的使命。也就是说，无产阶级担负着重要的历史使命，却在社会中无法享受平等的待遇，他们只能通过斗争消除阶级，进而才能实现自身的完全解放。马克思呼吁无产阶级要想在政治上、经济上实现解放，建立新的民主国家是十分必要的。而这一目标的实现需要通过暴力革命来推翻君主专制制度。这也让他确认了只有无产阶级领导人民革命，建立人民主权的民主共和国，才能真正实现人的解放。

马克思恩格斯在组织和领导工人运动的过程中，关于民主、无产阶级专政的思想得到了不断发展。在《共产党宣言》中，马克思恩格斯指出资产阶级民主革命推翻了封建专制，实现了资产阶级民主，因此，"资产阶级在历史上曾经起过非常革命的作用"[1]。并且，进一步指出，共产党人积极投身于资产阶级革命，对资产阶级民主革命的彻底胜利发挥了重要作用。但要注意的是，资产阶级革命是共产党人取得无产阶级革命胜利的手段之一，不是其最终目的。"工人革命的第一步就是使无产阶级上升为统治阶级，争得民主。"[2]无产阶级要在掌握政治统治的基础上，进一步掌握社会生产，维护自身的权益。

3. 完善发展——1871 年巴黎公社到《家庭、私有制与国家的起源》中的人民主权思想

19 世纪 70 年代，随着西方自由资本主义的发展，资本主义内部矛盾更加凸显，主要表现在阶级对立的矛盾更加激烈，激发了巴黎公社革命的爆发。但是，在当时的历史条件下，工人阶级长期遭受剥削和压迫，经济困难、生活窘迫，社会地位低下，以及工人阶级缺乏科学

---

① 《马克思恩格斯选集第一卷》，人民出版社 2012 年版，第 402 页。
② 《马克思恩格斯选集第一卷》，人民出版社 2012 年版，第 421 页。

理论的指导，巴黎公社运动以失败而告终。巴黎公社运动虽然失败了，但是其作为一次武装斗争，是无产阶级力图推翻资产阶级统治的重要尝试，具有划时代意义。巴黎公社运动目的在于建立一个保护无产阶级和劳动人民自由的政体，是对阶级压迫的有力反击，是无产阶级革命的开端。同时，在巴黎公社运动的实践中，马克思恩格斯进一步丰富和发展了无产阶级的主权理论，提出了无产阶级人民当家作主的思想，这一思想也为无产阶级斗争提供了重要的思想武器。

在《法兰西内战》中，马克思认为，在资产阶级专制中，不可能存在人民主权。而实现人民主权的先决条件，是以建立无产阶级政权为前提。只有在民主共和国，国家政权属于人民，才能实现无产阶级当家作主。马克思指出，巴黎公社作为工人阶级的政府，是"新的真正民主的国家政权"[1]。这回答了社会主义国家最高权力的归属问题，指出政府与人民的关系是"公仆"与"主人"的关系。恩格斯强调了人民与政府的正确关系，在工人阶级的政府中，人民是"主人"，政府是"公仆"，政府与人民之间是从属的关系且不能置换。恩格斯指出敌对阶级的威胁和国家机关变质的危险是摧毁工人阶级统治的两个重要因素。其中，人们一般比较容易看到来自敌对阶级的危险，而容易忽视国家机关变质的危险。事实上，一旦国家机关与人民颠倒了主仆关系，国家将不再属于人民。

马克思指出，在公社中，工人管理着公社，实现了人民自己当家作主。也就是说，在无产阶级政权中，公职人员由广大劳动人民选举出来，"其中大多数自然都是工人或公认的工人阶级代表"[2]。他们的权力是人民赋予的，不再拥有其他特权。马克思高度赞扬了公社赋予工

---

① 《马克思恩格斯选集第三卷》，人民出版社 2012 年版，第 55 页。
② 《马克思恩格斯选集第三卷》，人民出版社 2012 年版，第 98 页。

人当家作主选举的权利，以及对自己选举出来的代表享有撤换与罢免的权利。巴黎公社式的民主共和国与以往资产阶级的民主共和国最大的区别在于，以往资产阶级的民主共和国的一切政府的权力由资产阶级集中掌握，政府为特殊利益集团服务，是剥削阶级少数人对被剥削阶级多数人的统治，而巴黎公社式的民主共和国使无产阶级和劳动人民重新得到自由，获得了解放，并掌握了国家政权。并且，国家权力不再只属于特定阶级，而是广大劳动人民的。

马克思在《哥达纲领批判》这篇著作中，立足于社会主义社会的现实，系统论述了资本主义向共产主义发展的理论，对资本主义向共产主义社会过渡时期的理论进行了阐释，并构想了未来社会的发展方向、实现途径、国家制度、发展阶段以及分配制度。这是对早期共产主义思想的系统总结，也是科学社会主义思想逐渐走向成熟的重要代表性文件。

马克思通过总结以往革命斗争经验得出，无产阶级作为革命斗争的主力，革命斗争应该受无产阶级的指挥和领导。并且，在建立无产阶级专制国家后，对于资本主义社会中的社会经济组织形式，要进行彻底改造，进而建立社会主义经济组织形式。与此同时，要在废除旧的资本主义国家法律制度的基础上，建立社会主义法律。

关于国家的起源，资产阶级思想家们各抒己见，但从整体上来看，关于国家的问题，他们并未形成正确的理论。因为，对资产阶级而言，国家是其维护自身利益的工具，这主要表现在国家是资产阶级获取利益的保证力量，也是打压无产阶级的武器。恩格斯批驳了资产阶级思想家的国家起源理论。他在《家庭、私有制与国家的起源》一文中，坚持唯物史观，对国家的起源与本质进行了详细的论述。该文是国家起源理论发展的一个重要转折，也为后世研究国家主权提供了重要的理论支撑。

（三）主要内容：基于无产阶级专政的人民主权

1. 实现人民主权

马克思恩格斯的人民主权思想作为马克思革命思想的重要内容，它积极地批判和扬弃了西方资产阶级政治家们的民主思想，既肯定了西方资产阶级政治家们的民主思想对欧洲反封建革命进程起到的推动作用，也批驳了西方资产阶级政治家们民主思想中存在的先天缺陷。

马克思反对高高在上的君主主权，对黑格尔的君主主权论进行了深刻的批判。他指出，主权不可能同时具有两个归属主体，不可能在君主掌握国家主权的同时，人民也掌握着国家主权。他对黑格尔的主权理论进行了批判，指出君主是人格化的主权是错误的。并且，黑格尔认为如果没有君主，社会将会处于无秩序的状态之中，这夸大了君主的地位和功能。马克思在《黑格尔法哲学批判》中指出，国家只存在一个主权。并且，只有一个行使主体。他指出君主主权与人民主权是截然不同的，并且，君主主权是统治阶级为了取得国家权力而编造出来的。在他看来，在调节个人与国家的关系问题上，应该建立民主制国家，采取让人民参与政治生活的方法。在经过欧洲资产阶级革命的历练及总结巴黎公社的经验后，马克思在《哥达纲领批判》中进一步指出，资产阶级民主制实行的是狭隘的、虚伪的民主，社会主义民主制才是真正的、广泛的"人民主权"。这一时期，马克思恩格斯提出在无产阶级共和国中能够实现真正的人民当家作主。为了消除杜林思想的影响，恩格斯在《反杜林论》中提出杜林所提出的平等观没有任何实际意义。并且，提出"一切人，或至少是一个国家的一切公民，或一个社会的一切成员，都应当有平等的政治地位和社会地位"[1]的民主思想。

----

① 《马克思恩格斯选集第三卷》，人民出版社2012年版，第480页。

与历史上其他政治思想家提出的"人民主权"思想相比，尽管马克思恩格斯没有明确界定"人民主权"这一概念，但这一思想是贯穿他们政治理论的一条主线。不仅对当时的民主政治建设具有重要作用，还对现代政治制度的发展具有重要的现实意义。

2. 无产阶级专政

1848 年，在资产阶级的领导下，欧洲国家陆续爆发了多场民主革命。虽然革命的性质是资产阶级民主革命，但在整个革命进程中，资产阶级利用了无产阶级的力量完成革命，却独吞了革命的果实，建立了资产阶级民主共和国。并且，对工人阶级来说，资产阶级民主具有虚伪性的特征。因此，无产阶级必须通过革命斗争，进一步消除阶级，实行真正的自由人的联合体。

法国工人六月起义失败后，马克思明确指出，在资本主义制度下，根本无法改变工人阶级遭受压迫和剥削的现实。要想改变这一残酷的现实，必须推翻资产阶级专制统治，实现无产阶级专政。并且，只有在无产阶级专政下，彻底消灭一切阶级差别，并建立新的生产关系，才能维护工人阶级自身的权益。马克思恩格斯明确指出，"工人革命的第一步就是无产阶级变成为统治阶级，争得民主"[1]，最终实现无产阶级专政。与以往社会革命的不同之处在于，建立无产阶级专政并不只是要实现政权更迭，而是要建立一个能够维护绝大多数人民权益的国家政权。无产阶级专政是人民民主的基石，更是人民主权赖以生存的根基。实现真正的自由人的联合体，首先要实行无产阶级专政。只有在无产阶级专政下，人民掌握国家统治权，人民的民主才能得到根本保证，才能发挥出最大优势，并能得到有效贯彻，人民才能始终牢牢把权力掌握在自己手中，为自己做主。否则，人民主权将流于形式，发

---

[1] 《马克思恩格斯全集第四卷》，人民出版社 1958 年版，第 489 页。

挥不了应有的作用。

马克思指出，推翻资本主义制度只是实现共产主义的第一步，之后仍然面临着不同的阶级斗争。要想实现最终的解放，必须坚定地维护无产阶级政权，并在无产阶级的领导下，发展社会经济、政治、文化等，为实现共产主义打牢基础。此外，马克思指出，在推翻资本主义制度后，国家中仍然残留着一些资本主义的弊病，这就需要对之进行摒除和改造。并且，为了防止无产阶级专政的国家权力变腐，需要进一步对权力进行监督和制约。只有这样，才能够维护政权稳定，避免国家政权性质变质。

总的来说，马克思恩格斯提出的无产阶级专政思想，为当时的工人运动提供了理论指导。后来，列宁在俄国社会革命和建设的进程中，继承和发展了这一思想，使其成为俄国的社会革命和建设的理论指导。并且，无论是马克思恩格斯的无产阶级专政思想，还是列宁的无产阶级专政思想，都对中国建设人民民主专政具有重要意义。

3. 人民选举与监督

在总结巴黎公社的经验教训后，马克思指出，由于人民基数大，并都分散在各地，直接民主无法真正实现，直接管理与统治也不能实行。那么，要想让全体人民的权利都能得到行使，可以采取推选人民的代表的方式，利用代表来代替人民行使权力。在巴黎公社时期，马克思的民主选举思想逐渐成熟，也具有独特的优点。

首先，巴黎公社的选举与以前的统治阶级的选举相比，其根本上不同在于，以往的选举流于表面，选举出来的人员不能真正代替人民行使权力。与之相反，巴黎公社中的选举具有严格的程序，所有公职人员都由人民选举出来，能够实实在在代表人民的意愿，自然而然能代替人民行使权力。其次，巴黎公社的选举是所有人民均可参与的。并且，被选举出来的委员能够充分代表最广大人民的利益，能够集中代表广大工人阶级的意志，只有这样的民主选举才算是真正的"民主选举"。最后，公社既有立法权也有行政权，并且包括警察、司法机关的法官和审判官等一切主要公职人员，都是通过普选产生的，也同时受到公社的监督。恩格斯在《法兰西内战》的导言中指出，巴黎公社委员全部通过选举而产生，并随时可以撤换，这可以避免国家工作人员滥用职权，使公社委员始终是人民的公仆。

马克思肯定了巴黎公社实行的选举制度，认为其是实现"人民主权"的重要形式。因此，在人民众多且分散区域广的国家，通过选举代表来代替行使一定的权力，人民在选举时不是将主权让渡给代表，而是仅仅让渡治权。由此可见，人民民主的实现需要人民代表制与人民监督制共同发挥作用。恩格斯对司法问题的众多论述，对马克思主义主权思想的形成具有重要影响。他指出资产阶级司法制度对统治阶级进行庇护，而使得被统治阶级不断遭受迫害，这造成阶级矛盾不断加深。他深刻地揭露出资产阶级司法制度固有的弊端。他从人民主权论出发，指出司法权理应是"国民的直接所有物"。这明确地指出了司法权力应该由人民掌握，并且，只有人民才有资格行使这一权力。恩格斯提出的陪审制度，对于后来政治体系的发展具有重要价值。

二、列宁的人民主权思想

（一）人民主权：民主意味着平等

列宁继承和发展了马克思恩格斯的主权思想。在列宁领导的反封建反专制的革命中，以人民主权思想为武器。列宁从人民主权论的角度指出，无产阶级革命取得胜利是来之不易的，胜利的果实就是建立了无产阶级专政。并且，他指出，"民主意味着在形式上承认人民主权，主张公民一律平等，承认大家都有决定国家制度和管理国家的平等权利"①。正因为无产阶级政权属于人民的政权，与资产阶级专制统治的最大不同点，就是无产阶级专政不是极少数人对多数人的专制统治，而是代表人民的政权。

在列宁的人民主权思想中，全体人民共同享有全部权力。也就是说，在民主共和制这种国家制度中，不允许任何有关封建专制主义和封建特权的存在。列宁指出，在社会发展中实现人民主权，既离不开政府赋予人民群众基本的民主权利，也离不开群众的主体性作用，要不断激发人民参与政治选举、政策讨论和处理社会公共事务的积极性与创造性。列宁指出，"民主意味着平等"②。在建立工农联盟政权后，"人民"包含了除少数敌对分子以外的广大劳动群众。一方面，列宁指出，应该由无产阶级掌握国家政权，也就意味着国家事务要由广大人民群众进行管理。并且，人民群众有权了解国家任何事务，只有在充分了解的基础上，才能更好地行使自己的权利，参与国家事务的管理。另一方面，在列宁看来，人民主权与国家治理息息相关，人民有权参与国家治理。苏维埃国家正是通过扩大人民群众的奋斗建立起来的。因此，人民是国家主人，人民群众是国家治理的主体。广大人民群众永远担负着国家建设的使命，同时，也永远担负着参与国家治理的重要任务。

列宁在继承马克思主义人民主权思想的基础上，进一步发展了人民主权思想。这不仅在维护苏维埃国家政权的进程中发挥了重要作用，而且为其他国家的民主政治建设提供了重要指导。

---

① 《列宁全集第三十一卷》，人民出版社 2017 年版，第 96 页。

② 《列宁选集第三卷》，人民出版社 2012 年版，第 201 页。

（二）民族自决权：承认国内各民族都有自决权

马克思恩格斯站在无产阶级的立场上，强调各个民族的工人阶级享有独立的政治生活权利，被压迫民族应该积极开展民族解放运动。1902 年 2 月，列宁在《俄国社会民主工党纲领草案》中指出，"承认国内各民族都有自决权"①。1914 年，列宁在著作《论民族自决权》中正式论述了民族自决权。

列宁指出，"所谓民族自决，就是民族脱离异族集合体的国家分离，就是成立独立的民族国家"②。也就是说，被压迫民族可以通过民主革命取得民族独立和解放。在列宁看来，全世界无产者和被压迫民族要联合起来，进行民主革命，谋求独立。十月革命取得胜利后，苏俄政府的一些重要文献中多次重申民族自决权原则。同时，列宁强调，民族自决权的本质与目的是"联合与团结"，指出"无产阶级承认各民族平等，承认各民族都有成立民族国家的平等权利，同时又把各民族无产者之间的联合看得高于一切，提得高于一切"③。各民族的无产阶级要互相合作，相互配合，奋发拼搏，共同维护无产阶级的利益。并且，无产阶级要时刻保持警惕，尤其是针对资产阶级的思想侵蚀，要理性分辨，防止陷入资本主义的陷阱之中。在列宁看来，不同民族之间是平等的，当一个国家内的某个民族遭受压迫和剥削，尤其是那些帝国主义殖民统治下的民族，可以通过民族解放斗争，实现民族独立自由。但是，民族自决权并不是主张每个民族都分离出去成立独立的国家，而是正

---

① 《列宁全集第六卷》，人民出版社 2013 年版，第 195 页。

② 《列宁选集第二卷》，人民出版社 1995 年版，第 371 页。

③ 孙建中：《论国家主权与民族自决权的一致性与矛盾性》，《北京大学学报（哲学社会科学版）》1999 年第 2 期。

在经受压迫和剥削的民族具有"政治上从压迫民族自由分离的权利"①。一直以来，列宁始终是民族自决思想的践行者。随着十月革命的胜利，列宁的民族自决思想在世界范围内推动了民族解放运动的开展。但是，总的来说，列宁的民族自决思想具有理想主义色彩，后来的现实并没有按列宁的预想发展②。

在帝国主义的殖民扩张下，一些民族饱受压迫和剥削。自列宁提出"民族自决权"后，这一重要思想成为殖民统治下被压迫民族反抗西方资本主义国家的理论武器，为被压迫民族实现民族解放提供了方法遵循，促使被压迫民族走向民族解放的道路。

（三）和平共处：把全部力量用来进行国内建设

1917年俄国十月社会主义革命取得胜利，世界上首个社会主义国家政权——俄罗斯苏维埃联邦社会主义共和国诞生。列宁指出，"社会主义不能在所有国家内同时获得胜利"③，并将有一个"社会主义和资本主义国家共存的时期"④。面对西方帝国主义的武装干涉与国内匪叛两股势力勾结，在这种极其险恶的国内外形势下，俄国在列宁的领导下，不断巩固和建设新政权，旨在为建成社会主义和共产主义建设持久和平的外部环境。在此目标下，《和平法令》通过，指出不同社会制度的国家可以在竞争与合作中实现和平相处，这对维护、巩固和发展苏维埃政权具有重大意义。1919年12月，列宁指出这一时期的对外政策是"同各国人民和平共处，把自己的全部力量用来进行国内建设"⑤。在这

---

① 《列宁全集第二十七卷》，人民出版社1990年版，第257页。

② 巨慧慧：《列宁的民族自决权理论及其在苏联的实践》，《学术交流》2016年第12期。

③ 《列宁选集第二卷》，人民出版社1972年版，第873页。

④ 《列宁全集第三十七卷》，人民出版社1986年版，第188页。

⑤ 《列宁全集第三十七卷》，人民出版社1986年版，第354页。

一时期，列宁和平共处思想初步形成，先后提出了不同制度国家间和平共处的重要原则，不论一个国家是何种社会制度，都要秉承相互尊重的原则。并且，各国之间互不侵犯，以和平的方式解决争议是和平共处的前提。1920年，苏维埃俄国与波兰签订和平条约，摆脱了战争，也打破了帝国主义武装干涉的计划。列宁从资本主义社会的固有矛盾入手来研究帝国主义战争，深刻解释了帝国主义战争形成的基本规律，分析了战争的起源、性质和特点，并明确主张建立社会主义国家是消灭战争的先决条件。一方面，在资本主义国家，社会经济组织形式造成资产阶级和工人阶级直接的贫富差距越来越大，加剧了阶级矛盾，是战争产生的原因之一。另一方面，受国家资本主义经济发展水平的影响，各个资本主义国家之间发展差异越来越大，综合实力差距日趋明显，使得资本主义国家阵营内部矛盾日益明显。而一些综合实力强的资本主义国家为了攫取更多的利益，便发动掠夺战争。关于如何对待战争的问题，列宁指出无产阶级要竭力避免和消灭战争。并且，他指出资本主义国家发动的侵略战争是非正义战争，对待这类战争，要用无产阶级领导的革命战争消灭侵略战争。最终，无产阶级革命战争会取得胜利，因为这是一场正义的战争。

列宁指出，提高国家经济实力是巩固国家政权的重要基础。提高苏联的经济实力，既需要国内集中力量搞建设，也需要加强与其他国家的贸易往来。并且，对资本主义国家而言，经济发展同样离不开国际贸易合作。同时，他强调，国家与国家之间的贸易合作的基础是双方或多方互相尊重，建立平等的贸易关系，实现互利共赢。在苏维埃政权建立后，苏联相继与多个国家建立了经济合作，在促进国内经济发展的同时，使得苏维埃政权得到更多西方国家的认同。此外，他还强调，要想保持长期不变的和平共处是不可能的，只有形成相对均势的军事力量，才有可能最大限度地避免冲突。列宁强调，"并不否认资本主义国家将来对我们的事物进行武装干涉的可能性"①，所以既要极力促进和维护和平，也要做好军事准备。

面对帝国主义干涉势力与国内建设百废待兴，列宁深刻认识到和平的国内外环境的重要性。在这样的时代背景下，一切都离不开新生的苏维埃政权的领导，必须不断巩固苏维埃政权。为了解决内忧外患，列宁及布尔什维克党在继承马克思主义和平思想的基础上，发展并提出了和平共处思想理论体系，并用其来处理苏联与西方资本主义国家之间的关系，有力地加强了苏维埃政权，为苏维埃国家的社会主义建设营造了和平的国际环境，加快了国家建设。并且，列宁的和平共处思想在国际关系发展中发挥着重要作用，在当今时代，对于构建国际新秩序也具有积极作用。

三、小结

本章以马克思主义经典作家的重要著作为基础，梳理了马克思主义国家主权理论的发展过程，论述了马克思主义主权观的主要内容。一方面，在唯物史观的指导下，马克思恩格斯对以往主权理论进行了重点分析，对于其合理内核进行了继承和发展，对于其不合理内容进行了批判和摒弃。也就是说，马克思恩格斯的主权理论实现了对古典主权观念和近代主权理论的批判、继承和超越。另一方面，在当时的历史背景下，马克思恩格斯积极主动参与革命实践，对于孕育和发展马克思主义主权思想具有重要作用。也就是说，马克思主义主权思想形成于社会革命实践，又在社会革命实践进程中得以发展与完善。尽

---

① 苏共中央马克思列宁主义研究院：《列宁论苏维埃国家对外政策》，世界知识出版社 1960 年版，第 435 页。

管马克思恩格斯并没有直接提出国家主权这一概念，但是在他们的众多著作中都涉及国家主权问题。

从马克思恩格斯主权观的内容来看，实现人民主权是马克思恩格斯的主权思想的重要内容之一。与历史上其他政治思想家提出的"人民主权"思想相比，尽管马克思恩格斯没有明确界定"人民主权"这一概念，但这一思想是贯穿他们政治理论的一条主线。这不仅对当时的民主政治建设具有重要作用，还对现代政治制度的发展具有重要的现实意义。从马克思恩格斯的论述中，我们可以看出，无论是国家还是国家主权，都不是上帝创造的。并且，国家主权是伴随着国家的产生而产生的。在他们看来，随着社会的发展，国家终会消亡，这意味着国家主权也将随之消失。因此，历史性是马克思主义主权思想的重要方面。同时，我们从马克思主义主权思想的形成过程也可以看出，其站在无产阶级和广大人民的立场上，目的是维护人民群众的利益。因此，阶级性也是马克思主义主权思想的重要方面。此外，马克思主义主权思想具有继承性和超越性相结合的特点，是指导社会革命和国家建设的理论基础，并且在实践中获得了证明。这也显示了马克思主义主权思想的科学性。

列宁在马克思主义的指导下，在社会革命和国家建设的实践中，进一步丰富和发展了马克思恩格斯主权思想。他指出，无产阶级专政立足于人民，是人民主权的呈现样态，对于维护人民主权具有重要意义。列宁的主权思想为马克思主义主权思想的完善做出了重要贡献。

总而言之，马克思主义主权思想的形成进一步丰富和发展了传统主权理论，是国家主权理论发展史上的一个重要转折点。在当今时代，马克思主义主权思想仍然散发着光芒，为主权国家维护国家利益提供了思想武器，也对现代国家主权理论的发展与完善做出了重大贡献。

第四章　中国共产党主权理论的历史发展

自中国共产党成立以来，一代代中国共产党人在马克思主义的指导下，团结带领中国人民从改变 19 世纪上半期以来近代中国内忧外患的境地到建立新中国，实现国家主权的确立和确认；从改变旧中国"一穷二白"面貌到推进国家现代化建设，成功走出中国式现代化道路。对一个国家而言，维护国家主权、安全和发展利益是国家治理的重点方面。新中国成立以来，中国一直在完善国家治理体系和提高国家治理能力的道路上探索前行，积累了丰富的治国理政思想和实践经验。国家主权安全与国家治理有密切关系，从国家治理的角度出发，梳理中国共产党主权理论的历史发展，对完善国家治理体系和推动国家治理现代化尤为重要。

应该看到，在一代又一代中国共产党人的共同努力下，中国共产党主权理论日渐走向成熟。它不仅为社会主义革命、建设和改革提供了重要的思想指导，还是马克思主义主权思想的最新发展成果。同时，它有力地维护了我国国家主权与安全，促进了国家经济建设，也为其他主权国家维护国家利益提供了理论借鉴。

一、萌芽形成时期的中国国家主权观

（一）基础：争取民族独立与人民解放

近代以来，中国的主权不断受到帝国主义国家的侵害，西方帝国主义国家先后通过发动战争和签订不平等条约来掠夺中国人民，进而攫取高额利润。这改变了中国的社会性质，也改变了中国历史发展进程。1840年鸦片战争爆发，中国战败后被迫对外割地赔款，领土完整遭到破坏，意味着国家主权不再独立和完整，成为中国近代主权沦丧的开端。同时，一些觉醒的国人开始带领中国人民进行了一系列的救国斗争，近代中国由此进入了反抗外来侵略的历史进程。虽然封建阶级和资产阶级开始了废除不平等条约和恢复独立自主主权的一系列理论与实践上的斗争，但最终都没有取得成功。

自中国共产党成立以来，中国共产党带领中国人民奋起抗争，为恢复独立主权与西方列强血战到底。与此同时，一些仁人志士早期关于主权的观念和主张逐渐成熟，并不断奔走呐喊，唤醒了广大民众的主权意识。早期中国共产党人关于主权的观念和主张主要体现在以下几个方面：第一，抵抗外来侵略，废除不平等条约，恢复独立自主主权。在西方列强的侵略下，近代中国陷入四分五裂的境地。新中国建立独立完整的主权，必须展现强硬的态度，彻底摆脱帝国主义的控制，对于屈辱的不平等条约，全部不予承认，维护国家主权独立完整。并在此基础上，与世界各国建立平等的外交关系。第二，推翻国民党的专制统治，维护国家和人民利益。近代以来，在西方列强的侵略下，清政府和国民党无视国家利益，签订了大量不平等条约。需要指出的是，对新中国建立的新生人民政权来说，明确维护国家利益的立场，彻底打倒国民党政府的独裁统治是至关重要的。第三，建立社会主义国家政权。国家主权观念在中国人民探索救亡图存的道路上由萌芽状态发展到逐渐深入人心，这无疑为开创历史新纪元筑牢了思想根基。第四，基于唯物主义的人民史观，主张人民的权力。总体而言，新中国成立后，面对国内外复杂的社会环境，以毛泽东同志为核心的党的第一代中央领导集体形成了维权时代①的国家主权思想。

（二）内容：维护国家主权，巩固新生政权

1. 人民主权

在新中国的国家主权观中，人民主权是主要内容之一。准确理解人民主权的内涵，主要从以下两个方面把握：一是人民主权的主体。在社会主义制度下，人民主权的主体"'人民'是什么？在中国，在现阶段，是工人阶级，农民阶级，城市小资产阶级和民族资产阶级。"②人民主权在我国被赋予特殊的含义，即人民主权代表了最广大人民群众的利益，也代表着中华民族的整体利益。二是人民主权的实现方式。社会主义人民主权表现为在人民内部实行人民民主，人民享有民主权利。与之相对应，还要彻底清除残余的反革命势力，对人民的敌人实行专政。人民主权的实现方式涉及多个方面，其中一个重要的方面是，保证人民群众参与管理国家事务，维护群众的现实利益。并且，要尊重群众，积极为群众创造条件，努力做到让人民参与管理上层建筑。

2. 领土主权完整与统一

国家以一定的地域为其存在的基础和活动范围。国家的领土主权是

---

① 维权时代：1949 年至 1978 年之间，新中国成立到改革开放前这一时期，国家主权虽然完整但处于"危权"状态，维护与巩固国家主权成为该时期面临的主要历史任务，故称其"维权时代"。

② 《毛泽东选集第四卷》，人民出版社 1991 年版，第 1475 页。

指国家对其领土享有完全的、排他性的管辖权。①领土主权对国家而言，相当于骨骼对于人的身体。因此，面对妄想分裂国家的不法分子与外国的不断干涉，党和政府始终坚定不移地维护国家领土主权的完整与统一。例如，为维护国家统一，通过和平谈判的方式使得西藏获得解放，实现了西藏人民的解放。同时，在毛泽东主席的英明决策下，采取炮击金门的策略，发表《告台湾同胞书》，打破了美国政府妄图实行"两个中国"的计划。新中国成立以来，为了维护国家领土主权完整与统一，中华人民共和国中央人民政府采取了一系列的具体措施，通过多种方式坚决反对任何外部势力和内部分裂势力以任何形式分裂中国的企图。

3. 主权独立与平等

国家具有主权是一个国家的固有属性，也是区别于其他国际法主体的依据。在国际外交上，主权独立意味着主权国家在外交领域享有主体地位和身份，并能得到广泛认同。主权独立的国家能自主选择符合本国实际的制度模式与发展道路，并可以不受干涉地独立发展对外关系。毛泽东曾指出："国家不应该分大小。我们反对大国有特别的权利，因为这样就把大国和小国放在不平等的地位。大国高一级，小国低一级，这是帝国主义的理论。"②在世界史上，西方一些国家打着宣传主权独立与平等的幌子，但在实际上企图干涉他国内政的野心从未停止。新中国与部分西方国家不同，主张国家之间平等是国际关系的重要方面，我们在维护和巩固自己主权的同时，一直尊重他国的主权。一直以来，在中国主权理论与外交政策的实践过程中，对待其他国家，不论国家人口多或少、国土面积大或小、综合实力强或弱，采取何种的政治制度和发展道路，都尊重其主权独立与平等。

---

① 王沪宁：《国家主权》，人民出版社 1987 年版，第 14 页。

② 《毛泽东文集第六卷》，人民出版社 1999 年版，第 378 页。

（三）特点：革命与外交改变"危权"状态

冷酷无情的战争让人们深知和平的来之不易。战争虽已过去，但是留下的痛苦记忆永远不会磨灭。世界各国人民应当铭记历史，牢记战争的危害。历史是最好的教科书，它唤起人们对和平的向往和坚守，从而坚定争取和平、维护和平的立场。值得注意的是，中华人民共和国成立初期，中国虽然重新赢得了国家的独立主权，却是一种"维权"状态[①]。新中国成立初期，全国尚未完全解放，一些反动派残余势力潜伏于社会之中，不断对新政权进行攻击；经济上，战后国民经济恢复困难重重，国民经济体系的社会主义改造进程缓慢；文化上，社会中封建残余思想仍有残留，尚未彻底消除部分群众对新中国和新政权的疑虑。在国际环境方面，资本主义和社会主义的对立日益凸显，在政治、经济、军事等方面展开了斗争，并逐步走向白热化。面临这一形势，毛泽东主席带领中国人民进行了一系列的巩固新政权的斗争，在这一过程中发展形成了全新的国家主权观，并呈现出以下几个特点。

第一，革命性。中国共产党领导中国人民通过武装斗争建立新中国，中国重新赢得了国家的独立主权。新中国为了维护和巩固国家的独立主权，在外交上采取"另起炉灶"和"打扫干净屋子再请客"的方针。针对以往旧政府签订的一切不平等条约，采取不予承认的方法，彻底肃清了西方列强在中国的特权。新中国通过多种方式，采取多种不同寻常的举措，粉碎了任何势力蚕食中国国家主权的企图，表现出强烈的革命性。

第二，过渡性。面对严峻的国内外形势，我国调整了外交政策。一

---

① 维权：新中国成立，中国再次拥有了完整的国家主权，但是国外资本主义世界的敌视和国内脆弱的经济基础使我们的国家主权无法得到有效维护和捍卫，国家主权极为脆弱。所以，新中国成立初期的国家主权处于一种"维权"状态。

直以来，中国倡导通过和平协商来解决国际争端，这既能够有力地维护国家主权，又有利于维护世界和平，创造有利于经济发展的国际环境。20世纪50年代，周恩来总理提出"和平共处五项基本原则"，向世界各国表明了中国的对外主权观，为解决国际关系的难题贡献了中国智慧。

第三，完整性。主权完整与独立是一个国家的生命支柱。新中国的成立，改变了旧中国四分五裂的局面，完整主权得以建立。基于近代中国主权遭到破坏的历史经验和教训，以毛泽东同志为主要代表的中国共产党人带领中国人民一直在维护和巩固国家主权完整与独立的道路上探索前行，持续巩固国家政权。在涉及国家主权的重大问题上，中央人民政府采取了一系列具体的措施，体现了坚决维护国家主权的完整与独立的坚定立场。

二、发展稳固时期的中国国家主权观

（一）基础：社会主义革命建设进入新时期

新中国成立后，在中国共产党的领导下，社会主义建设走向新的发展时期，国家各项事业逐步迈向正轨，有力地维护和巩固了国家主权的完整与独立。但由于社会主义建设规律的探索是一个长期的过程，加之外部环境的错综复杂与深刻变化，社会主义建设进程并非一帆风顺。一方面，西方一些国家为了进一步维护自身霸权地位，大肆鼓吹"人权高于主权""主权过时论"等理论，企图限制甚至否定主权在国际法中的地位和作用，使得传统国家主权理论不断受到西方资本主义国家的挑战和质疑。另一方面，在三大改造基本完成后，不少人缺乏对新的社会制度的正确认识，在国内发生了错误的思想运动，建设新中国的风险挑战增加，众多冤假错案产生，中国积贫积弱的局面尚未完全改变。基于这一时代背景，邓小平同志提出了改革开放的新思路，将全党的工作重心转移到经济建设上来。这一时期，是我国国家主权的发展和稳固时期，因此，将该时期称为"固权时代"[①]。

（二）内容：国家主权的地位、特殊形式与维护方式

1. 地位："国权比人权重要得多"

冷战以来，以美国为首的西方大国为了谋取世界霸权，高举"有限主权论"和"人权高于主权"等旗帜，实际上希望借此引起发展中国家的动乱，进而掠夺发展中国家的主权。苏联解体后，西方资本主义国家看到"人权外交"的攻击力量，妄想以此瓦解中国。需要明确的是，西方资本主义国家故意混淆"人权"与"主权"的关系，提出"人权高于主权"这种谬论，其目的是为"新干涉主义"披上合法的外衣。面对西方对中国的人权的频繁攻击，邓小平提出"真正说起来，国权比人权重要得多"[②]这一科学论断，科学地回答了人权与国家的关系。

近代以来，在列强的侵略下，旧中国丧失了完整独立的主权，进而使得中国人民经受着帝国主义的长期践踏，人权受到了严重的侵害。新中国成立后，我国在人民内部实行民主制度，保障了中国人民的人权。此外，20世纪以来，非洲的殖民地国家经过不断武装斗争实现民族独立，非洲人民的人权才得到了保障和实现。这也同样证明了只有国家拥有独立完整的主权，人权才能够得到保障与实现。从历史与实践的角度看，人权的实现与国家主权实现的历史进程是统一的，并且

---

① 固权时代：邓小平时期是在维权时代国家主权已然基本完整的状态下，对国家主权加以稳固、丰富和发展的时期，并且邓小平"一国两制"构想与"搁置争议、共同开发"模式的提出，对中国国家主权理论的发展极具创造性意义。由此，该时期可称为"固权时代"。

② 《邓小平文选第三卷》，人民出版社1993年版，第345页。

国家主权是人权实现的基本前提。邓小平指出，我们所主张的人权，是真正意义上多数人的人权，是所有人民群众的人权。而西方国家的人权，打着国民人权的幌子，其实质是少数人的人权。邓小平提出"国权比人权重要得多"的主张，其中的"国权"就是一个国家对内对外独立行使主权的概称①，这一主张的主旨是一旦一个国家丧失了独立自主处理各项事务的权力，任由他国干涉国家各项事务，就无法保障本国人民的人权。邓小平将人权与国权联系起来，科学阐明了二者关系，不仅具有重要的实践意义，推动了我国国权与人权事业发展，还具有重要的理论意义，为当代中国人权观提供了科学指导。

2. 特殊形式：主权与"一国两制"

新中国成立以来，党和国家始终坚决地维护国家的主权和领土完整。"一国两制"即一个国家，两种制度。它是在和平解放台湾设想的基础上，从自古以来台湾、香港和澳门是中国的领土实际出发，提出的一项实现祖国统一的基本国策。对香港、澳门和台湾来说，具有主权的是中央人民政府。在"一国两制"构想指导下，经过多次和平谈判，我国恢复了对香港、澳门的主权。"一国两制"构想坚持国家主权的不可分割性和中华民族的统一性，维护了国家领土主权的完整与统一。从实践的角度看，"一国两制"是一个国家在确定一国所有权主体的前提下，对一个国家部分领土灵活运用主权权能的特殊制度化安排；是主权所固有权能（占有、使用、处分等权能）的灵活使用和安排，而且这种特定的主权权能运用是基于社会主义国家制度和国家宪法的，主权者的根本权力没有受到损害，主权者拥有主权权能状态的最终决定权。在"一国两制"方针指导下，香港、澳门自回归祖国以来，取得了举世瞩目的重大成就，各项事业获得了全面发展与进步，保持了

---

① 孙书侠：《简论正确处理人权与国权的关系》，《求实》2009 年第 2 期。

长期的繁荣与稳定。这恰好以不可辩驳的事实说明了：只有在一个中国的基础上，在国家统一的前提下，香港、澳门才能获得根本性的保障，获得持久的繁荣和发展。

3. 维护方式：以发展经济维护国家主权

发展是解决一切问题的基础和关键，经济发展问题解决不好，其他问题就难以根除。随着国际形势的变化，邓小平根据中国国情的实际情况，提出"核心是经济建设"，只有不断促进经济发展，才能保证国家主权得以巩固。从国内经济发展形势来看，在社会主义初级阶段，迫切需要转变经济发展形势，实现经济快速发展。从国际形势来看，在国际社会中，国家的经济发展程度更是直接影响着国家在国际事务中的话语权。只有国家兴旺发达了，维护主权的力量才会更大。邓小平指出："中国能不能顶住霸权主义、强权政治的压力，坚持我们的社会主义制度，关键就看能不能争得较快的增长速度，实现我们的发展战略。"[1] 因此，基于我国亟待恢复经济发展的现状，中国开始走上以经济建设为中心、不断增强经济实力、全面维护国家主权的新时期。从我国的长期发展来看，实现国家的现代化进程，经济建设就是各项工作的中心，这样才能带动政治、文化等方面的发展。因此，我们只有始终大力发展经济，增强国家实力，才能更好地维护国家主权。

（三）特点：发展性、创造性以及内向性

具体来讲，在以邓小平同志为领导核心的固权时代，社会主义中国国家主权理论的发展及其一系列实践活动主要呈现为三大特点，分别是发展性、创造性以及内向性。

第一，发展性。在维权时代，以毛泽东同志为核心的党中央带领

---

[1] 《邓小平文选第三卷》，人民出版社 1993 年版，第 356 页。

中国人民通过不懈的努力维护和巩固了国家主权的完整与独立，为固权时代打下了坚实的基础。进入固权时代后，我国确立了改革开放的基本国策，通过对外开放发展经济来稳固和发展国家主权。改革开放将中国的建设推进到一个新的历史阶段，不仅是对国家主权赖以存在的物质基础的发展，更是对国家主权理论现实内容的丰富。

第二，创造性。在固权时代，中国主权理论发展彰显了丰富的创造性和灵活性。为了解决我国同周边国家关于海洋权益的争端，我国提出"搁置争议、共同开发"的解决方案。为了实现祖国的和平统一，我国提出"一国两制"构想。实践证明，中国国家和政府所采取的卓有成效而又史无前例的制度性安排，不仅创造性地丰富了国家主权原则的内容，还为解决主权理论中固有的对内最高性和对外平等性等的矛盾，开辟了新思路。[①]

第三，内向性。改革开放的实施，逐渐改变了新中国积贫积弱的状况，国家的综合国力得到了迅速提高，为社会主义中国国家主权论的发展提供了坚实的物质基础。这一时期，国家主权理论不断得到创新和丰富，国家主权发展呈现出内向性的特点。20世纪70年代，虽然中华人民共和国恢复了在联合国的代表权，并在国际事务中逐渐扮演着越来越重要的角色，但在国际事务中中国始终以捍卫全体中国人民的利益为出发点和落脚点，一直坚决坚持自己作为社会主义国家的主权原则。因此，这一时期国家主权实践的焦点仍然着力于本国经济的发展和国家事务的安排，理论与实践呈现出内向性特征。总之，在这一历史时期，中国国家主权得到了前所未有的巩固与加强。

---

① 肖佳灵：《国家主权论》，时事出版社2003年版，第235—236页。

三、全面强化时期的中国国家主权观

（一）基础：统筹"两个大局"，维护国家主权

21世纪以来，全球化、信息化和逆全球化为世界各国发展带来了不一样的机遇和挑战。国家主义、国际主义和世界主义并行共存的世界形势，为国家主权理论的发展带来了全新的挑战。在新的历史时期，如何在实践中有效地维护国家主权是每个国家都要面对的重要课题。党的十八大以来，以习近平同志为核心的党中央提出"国家治理体系和治理能力现代化"的任务和目标，我国进入了主权的全面强化时期，一系列的政治发展和民主建设既进一步丰富和发展了社会主义国家主权理论，也最大限度地提高了国家治理体系和治理能力现代化水平，这一时期又可称为"兴权时代"①。

（二）内容：人民主权、和平主权、网络主权与以高水平开放统筹发展和安全

1. 新时代人民主权

新中国成立以来，人民主权是国家主权理论中的重要内容之一。经过70多年发展，人民主权的内涵不断得到调整和丰富。党的十八大以来，习近平总书记站在中国人民与世界人民同命运的高度上，在继承和发展社会主义人民主权的基础上，形成了新时代人民主权理念。新时代人民主权理念是以国内民生为核心，采取共享战略，以"一带一路"

---

① 兴权时代：中国特色社会主义新时代，国家主权进入全面发展和腾飞阶段，该时期关乎主权的一系列具体工作都围绕中华民族的伟大复兴和国家主权的全面振兴而展开，如"一带一路"倡议、人类命运共同体的构建、网络主权领域的创建等。因而称该时期为"兴权时代"。

倡议和构建人类命运共同体为手段，旨在互利互惠、共赢共享、共同发展，进而共同维护全世界人民的幸福。

在中国，坚持以人民为主，是具体而又现实的。国家的政治建设和社会发展的每一个环节都坚持以人民为中心。党的十八大以来，在推动国家民主政治建设的进程中，党始终坚持做到保障人民利益，关注民生，保障人权。在这一基础上，人民群众可以更多更深更广地参与到国家的政治生活中，人民的各项权利得到落实保障。一直以来，我们主张国家的主权来源于人民，坚持国家主权服务于人民根本利益。在国际层面，基于全世界互利共赢、共享发展的理念，在谋求中国发展的同时，带动各国共同发展，在维护中国人民核心利益的同时关照全世界人民的发展利益。在实践中，中国也开展了一系列行动。例如，2015年也门紧张局势持续升级，中国顺利完成撤离中国公民的同时，积极开展人道主义的救援行动，帮助外国公民撤离危险地区，这一行动先后帮助超过300名不同国家公民安全撤离也门。一直以来，中国始终坚持互利互惠共赢的目标，坚持走共同发展的道路，坚持为全球发展做贡献。自"一带一路"倡议提出以来，我国坚持深化与各国的战略对接和务实合作规划，谋求各方互利共赢。面对时代命题，将"中国梦"与"世界梦"相结合，中国人民同世界各国人民携手构建人类命运共同体，不仅致力于解决本国人民民生幸福的根本问题，还致力于推动各国经济发展、改善人民生活，为建设更加美好的世界注入动力。总之，新时代人民主权理念始终在谋求本国人民幸福的同时，与全世界人民守望相助。

2. 和平主权

一直以来，在国际事务中，中华人民共和国一直倡导国家独立与平等主权。然而，伴随着我国综合国力迅速提高，一些西方国家一直对外散播"中国威胁论"的错误思想，妄想以此来摧毁中国在和平发展中取得的国际认同度和良好的国家形象。面对一些西方国家的恶意攻击，在新的国家形势下，我们需要的不仅仅是倡导国家独立与平等主权，更需要在和平共处的基础上实现互惠互利与合作共赢。党的十八大以来，基于复杂多变的国际形势，习近平总书记将"和平"上升为国家主权观的重要内容，并在"和平主权"的原则下厘清了发展与和平的关系，把发展作为解决一切问题的总开关，实施了众多增进、巩固和丰富世界和平秩序的具体项目，有效地维护国家主权、实现国家快速发展并维护了世界和平与发展。中国国家主权理论的实践始终以维护和平与发展为最高目标。历史证明，只有顺应和平与发展的时代主题，共同营造安全稳定繁荣的和平发展空间，才能在发展中维护国家主权。

习近平总书记强调，中国走和平发展道路，其他国家也都要走和平发展道路，只有各国都走和平发展道路，各国才能共同发展，国与国才能和平相处。无论世界局势如何风云变幻，和平与发展的世界主题仍然未曾改变，并将持续影响未来发展的走向。和平与发展之间呈现相互影响、相辅相成的关系。没有和平的环境，发展就无从谈起；没有高质量的发展，也难以维持持久的和平，二者在一定程度上存在互为因果与前提的关系。提倡和平理念即提倡在高质量、可持续发展基础上的普遍性、长远性的和平。一个国家只有不断提高综合国力，在应对、处理国际和国内问题时才能处于优势地位，这不但可以顺利解决国内问题，而且可以对于维护世界的和平与发展做出重要贡献。习近平总书记着眼于人类社会发展大势，提出了一系列引领世界和平发展的先进理念，为世界人民创设和平与稳定的发展环境贡献了中国智慧。"一带一路"倡议得到了越来越多国家的响应与认同，沿线国家都是休戚与共的利益共同体，更是命运共同体，都需要在合作共赢的基础上为世界和平的长久发展做出新的努力与贡献。并且，在和平主权思想的指导下，我国又形成了新时代强军思想。新时代我国的对外战略目标，旨在促进自身维护世界和平与发展能力的升级，为世界持久稳定与普遍繁荣注入新的力量，为人类社会的共同进步与发展做出贡献。

3. 网络主权

进入信息时代，网络空间成为人们生产生活的重要新场地，也成为现代国家治理的新领域。网络主权是指国家对本国的网络加以管理和控制的最高权力，以及对外独立自主地进行网络活动并对威胁网络安全的行为实施自卫的权利。[①] 信息技术的迅速发展，为世界各国的经济社会安全发展提供了新动力，也带来了许多新挑战。2011年，中国、俄罗斯等国共同起草了《信息安全国际行为准则》[②]。2016年12月，我国发布《国家网络空间安全战略》，为维护我国网络主权提供了基本遵循。

网络不仅对人们的工作与生活产生了重要的影响，还对国家发展起着越来越重要的作用。由此，网络空间作为一个新的主权领域正在诞生。一方面，网络主权并非独立的存在，而是国家主权在网络空间的自然延伸，它依附于传统国家主权领域，并且与国家主权安全、国家发展利益紧密地联系在一起。[③] 另一方面，与其他领域的主权相比，网络主权具有无形性、虚拟性。中国提出网络空间主权，既是发展网络与信息技术的需要，也是应对复杂的网络空间安全威胁和维护国家核心利益的时代要求。一直以来，西方资本主义国家主导网络发展核心技术，其建立的网络空间治理机制成为维护西方资本主义国家利益的工具。中国作为网络大国，不仅致力于维护中国的网络主权，还始终

[①] 高德胜、钟飞燕：《国之基石：社会主义中国国家主权理论的历时性考察》，《河南师范大学学报（哲学社会科学版）》2019年第1期。

[②] 李超民、张坯：《网络空间全球治理的"中国方案"与实践创新》，《管理学刊》2020年第6期。

[③] 高德胜、钟飞燕：《国之基石：社会主义中国国家主权理论的历时性考察》，《河南师范大学学报（哲学社会科学版）》2019年第1期。

尊重各国的网络主权，支持其他国家尤其是发展中国家维护网络主权。今后，中国也会本着对中国人民负责、对世界人民负责的态度，尊重各国网络主权原则，做网络主权的推动者和捍卫者，为推动构建网络空间命运共同体贡献中国力量。

4. 以高水平开放统筹发展和安全

新中国成立以来，我国积极加强与各个国家、地区和国际组织的交往，不断推动国家合作与区域合作，经济发展不断取得新成就。当前，各国、各地区之间在世界全球化发展中变得前所未有地紧密相连，合作发展已经成为必然趋势。党的十八大以来，以习近平同志为核心的党中央顺应时代发展潮流，始终坚持互利共赢开放的发展战略，坚持以高水平开放统筹发展和安全，在促进本国发展的同时致力于推动美好世界的建设。在这一过程中，通过全新的开放思维、开放内容和开放战略丰富和拓展改革开放的时代内容。当今世界正处于动荡变革期，新冠疫情的暴发加剧了世界经济的严峻复杂形势。面对这一冲击，中国坚持以高水平开放统筹发展和安全，积极主动并以身作则地坚持开放发展，在巩固现有合作的基础上，不断拓展合作领域，寻求合作的新机遇，搭建多种形式、多种层次的合作模式，不断推动各国间形成更多务实合作的成果，深化合作共赢，为全人类共同发展做出贡献。

一直以来，我国坚持扩大对外开放，加大对外开放的力度和投入，推动形成各领域全方位、立体式的对外开放，开放的门越开越大，以高水平开放统筹国家发展和安全。并且，随着对外开放的深入，开放内容逐渐从实体经济拓展到政治、文化、生态等方面，开放领域也由现实领域逐步扩展到网络空间，实现了我国新时代全面改革开放的新格局。以开放统筹发展与安全，势必会加快实现国内经济社会发展目标的进程，推动"中国梦"的实现。与此同时，势必会为全球经济增长注入生机与活力，为维护全球发展与安全贡献中国力量。

（三）特点：传承性、时代性与全局性

2014 年，以习近平同志为核心的党中央提出"总体国家安全观"。总体国家安全观是维护国家安全和主权安全的重大理论创新，为解决新时代国家安全问题和国家治理提供科学的理论指导。新时代以来，在总体国家安全观指导下，我国形成了具有中国特色的国家主权理论，它在大力推进主权实践的基础上实现理论创新，正确认识和探索现代主权理论的发展规律，是符合中国国情与世界现实的国家主权理论，是国家治理的重要组成部分，也是完善国家治理体系和提高治理能力现代化水平的重要方面。

第一，传承性。新时代中国主权观在继承的基础上不断创新发展，具有明显的传承性。自新中国成立以来，人民主权一直都是国家主权的重要内容，经过 70 多年的发展，人民主权不断被赋予新内涵。中华民族自古以来是爱好和平的民族，无论在过去、现在还是未来，中国始终都是世界和平的建设者。维权时代的中国主权观、强权时代的中国主权观和兴权时代的中国主权观，它们既各自有各自的历史任务，又在继承的基础上实现了进一步丰富与拓展。

第二，时代性。当代国家主权理论是为解决时代的重大课题而创造和产生的，具有鲜明的时代性。进入新时代，我国的各项事业取得了巨大发展，同时，我国踏上了新征程，需要我们与时俱进对新时代中国国家主权进行探索。党的十八大以来，以习近平同志为核心的党中央顺应时代潮流，不断进行理论与实践探索，不仅在理论创新上取得了重大突破，还创造了党和国家事业取得巨大进步的历史奇迹。兴权时代的中国主权观是具有中国特色的国家主权理论，始终与时代发展相同步，与社会进步相契合，与主权现实相结合；是在大力推进主权实践基础上实现的理论创新，正确认识和探索了现代主权理论的发展

规律，构建符合中国国情与世界现实的国家主权理论。

第三，全局性。伴随着经济、科技以及国防实力的巨大进步，党、国家、人民以及民族面貌焕然一新，我国的综合国力也得到稳步提升。但当今世界不确定性和不稳定性因素明显增多，世界格局和全球治理面临诸多逆流，国际局势面临多重挑战。然而中国共产党领导的社会主义国家秉承开放的胸怀，站在了全人类的高度，着力推进惠民生、利天下的共同发展来强化国家主权。在当前国际事务面临诸多不确定性的时期，兴权时代的中国主权观立足于当代中国的实践要求，始终展示出一个负责任的社会主义大国的担当，既聚焦维护全国各族人民的根本利益，又致力于为全人类和平与发展做出更大贡献，既为中国人谋幸福，也为全人类谋幸福。

四、小结

推动国家治理是一项战略工程，维护国家安全和主权安全是推动国家治理的重点领域，也是衡量国家治理体系和治理能力的重要方面。一方面，不断建立和完善中的中国共产党主权理论是新中国成立以来维护国家安全的重要思想武器，这一具有中国特色的国家主权理论，在维护国家安全实践中展现出独特优势和重要地位，为国家治理行为奠定现实基础。另一方面，国家治理体系和治理能力现代化的完善和发展对于维护国家安全和主权安全是至关重要的，国家治理效能影响着国家安全和主权安全。

中国共产党主权理论的历史发展与国家治理体系的形成和发展有密切关系。首先，维权时代的主权理论推动了我国国家治理体系的形成和发展。近代以来，西方帝国主义国家先后通过发动战争和签订不平等条约，使得中国国家主权不断受到侵害。自此之后，中国进入了国家主权的收复与捍卫时期。自中国共产党成立之后，它带领中国人民走上正确的革命道路，开启了一系列恢复独立自主主权的斗争。新中国成立后，中国国家主权在相当长一段时间受到西方帝国主义的干涉和打击。以毛泽东同志为主要代表的中国共产党人，充分认识到维护国家主权安全的重要性和紧迫性，结合新中国的发展态势，形成以人民主权、领土主权完整与统一、主权独立与平等为主要内容的维权时代的国家主权理论。维权时代的国家主权理论的形成和发展，既巩固了新生的社会主义政权，也保障了国家安全与发展利益，为国家治理体系的形成和发展奠定了现实基础。可以说，我国在创建社会主义制度和体制后，进入了社会主义国家治理的初期阶段，其为中国社会主义国家治理提供物质基础、理论准备和制度奠基①。

其次，固权时代的主权理论推动了我国国家治理体系的探索和改革。冷战后期，美苏争霸的发展态势趋向缓和。同时，伴随着国家主权理论的发展，主权理论逐渐被越来越多的国家接受和认同，成为国际法的基本原则。但是，西方一些国家大肆鼓吹"人权高于主权""主权过时论"等理论，企图限制甚至否定主权在国际法中的地位和作用。之所以如此，是因为西方一些国家为了进一步维护自身霸权地位，为其干涉他国内政披上合法的"外衣"。面对传统国家主权理论日益受到西方一些国家挑战和质疑的态势，在继续坚持主权基本原则的基础上，以邓小平同志为主要代表的中国共产党人丰富和发展了社会主义国家主权理论，为维护国家主权安全和发展利益起到了奠基作用，为中国经济腾飞和国家治理体系的改革营造了良好的国际国内环境。

最后，兴权时代的主权理论推动了我国国家治理体系和治理能力向现代化方向建设与发展。进入新时代以来，国内外形势呈现新变化

---

① 参见刘俊杰：《社会主义国家治理》，人民出版社 2018 年版，第 2 页。

新特点，使得国家主权理论面临着一系列新的挑战，也影响着我国的国家治理理论与实践。一方面，全球化、信息化和逆全球化为世界各国发展带来了不一样的机遇和挑战。国家主义、国际主义和世界主义并行共存的世界形势，为国家主权理论的发展带来了全新的挑战。另一方面，中国始终秉承开放的胸怀，站在全人类利益高度，着力推进惠民生、利天下的发展战略，不断为人类做出新的更大的贡献。然而，西方一些国家质疑甚至反对中国的外交政策和"一带一路"倡议，污蔑中国借此追求地区霸权地位。因此，新时代主权理论面临着如何消除一些国家对中国发展存在的偏见和误解，以及如何使主权理论更好地维护世界各国的安全与发展利益等一系列问题。正是基于这一时代背景，以习近平同志为核心的党中央充实和拓展了社会主义国家主权理论的内涵，形成了兴权时代国家主权理论，既为实现中华民族伟大复兴构筑起安全保障，也为社会主义国家维护主权安全与发展利益提供了有益借鉴，对维护世界稳定与发展具有十分重要的意义。与此同时，兴权时代国家主权理论的一些创新性举措是推动国家治理体系和治理能力现代化的有益尝试，大大提高了国家治理效能。并且，社会主义主权理论是我国参与全球治理的重要理论，在推动全球治理理念与实践发展方面具有不可替代的作用。

总体而言，在国家发展的不同时期，国家安全和主权安全面临的突出问题不同，也意味着国家治理面临的任务要求也不同。从国家治理视域出发，中国共产党在推动国家主权理论发展的过程中，在维护国家安全和主权安全的现实实践中形成了具有中国特色的社会主义主权理论并积累了丰富经验。同时，也推动着国家治理方式的探索与改革，使得我国的治理体系不断完善、治理能力不断提高，构建了具有中国特色的国家治理模式，推动着国家治理体系和治理能力向现代化方向发展。并且，新中国成立后，积极融入全球治理体系，也为全球治理体系向更加公正合理方向发展贡献了中国智慧和中国方案。在今后建设社会主义现代化强国和实现中华民族伟大复兴的征程中，需要不断地进行国家治理体系和治理能力的创新，实现国家各项治理事业的现代转型，推进中国特色社会主义国家治理体系和治理能力现代化。

第五章 主权理论的当代发展

一、全球化进程中的国家主权理论

自 20 世纪 70 年代以来，全球化浪潮来势迅猛，迅速席卷了全球。以全球化为基本背景进行研究已经日益成为国际学术研究的主流趋势。全球化不仅给世界各国带来了全新的发展模式，也为人类社会的发展前景带来了诸多的不确定性。尤其是随着全球化进程的推进，全球化对世界各国的影响也逐渐从单一的经济领域扩展到了政治、文化等多个领域。可以毫不夸张地说，在全球化浪潮的持续冲击下，传统国家主权理论的适用性已然面临前所未有的挑战。现代国家治理迫切需要一套能够适应全球化发展趋势的新型国家理论。因此，我们需要立足于经济全球化这一时代背景，重新认识并理解传统的国家主权理论，在适应全球化趋势的基础上对国家主权理论进行解构和修正，从而实现对全球化时代国家主权理论的准确定位和系统构建。

（一）全球化的核心：资源重新配置与生产要素共同享有

对于"全球化"一词的表述最早可以追溯至 20 世纪 40 年代，但是现代意义上的全球化概念及体系的初步形成和发展则起始于 20 世纪 70 年代末期。在这一时期，随着区域贸易一体化趋势不断增强和现代信息通信技术的迅猛发展，地区与地区、国与国之间的贸易壁垒被打破，进而形成了席卷全球的贸易一体化浪潮，并最终于 20 世纪 90 年代开启了全球化的新时代。全球化最初指的是经济领域的生产要素和资源在全球范围内自由流动和优化配置，是一个经济学概念。但是时至今日，随着全球化的发展对世界各国政治、经济、文化等方面发展影响的不断扩大，全球化也日益成为各国各界各学科都普遍关注的话题之一。也正是基于考量视角的差异，目前在全球化内涵这一问题上，不同的学者对全球化的定义及其性质各有见解。

从总体上来看，目前学界对全球化的理解可以划分为广义与狭义两个方面。广义的全球化是指人类的组织和活动空间不再局限于民族国家内，而是经济、政治、文化、技术、法律、环境等领域的全面的相互作用，产生全球融合的趋势[①]。例如，有的学者从社会学角度提出全球化是基于科技的发展，人类不断地跨越地域、时空、制度和文化等限制，全球各个地方都能实现沟通、联系、交流与互动的客观历史进程和趋势。有的学者认为全球化是在全球经济、政治、文化等交流日益发展的情况下，具有普遍共性的文化样式逐渐普及推广成为全球通行标准的状态和趋势。也有的学者从全人类的角度出发，认为全球化是将全球作为一个整体，在面对共同的问题时都能经过充分的物质、信息的沟通，从而达成共识和全球意识。赫尔德也认为："全球化首先意味着社会、政治以及经济活动跨越了边界，因此世界上一个地区的事件、决定和活动能够对距离遥远的地方的个人和共同体产生影响。"[②]

而狭义的全球化则是从经济方面来说，是指市场、资金、资源、

[①]　刘凯：《国家主权自主有限让渡问题研究》，中国政法大学出版社 2013 年版，第 287 页。

[②]　［英］戴维·赫尔德：《全球大变革：全球化时代的政治、经济与文化》，杨雪冬译，社会科学文献出版社 2001 年版，第 22 页。

劳动力、信息等经济要素超越民族国家的大规模活动，是在全球范围内重新配置与共同享有生产要素，进而各国间的经济高度依赖和相互依存。国际货币基金组织就将全球化定义为："跨国商品与服务贸易及国际资本流动规模和形式的增加，以及世界各国经济的相互依赖性增强。"① 总而言之，全球化是特定历史条件下的历史范畴，本质上是世界各国逐渐深化互动、交流和活动的过程和趋势，是一个涵盖经济、政治、文化等多方面内容的复合型概念，标志着人类社会"全方位的一体化"②，"是国际化与本土化、多样化和单一化的矛盾统一体"③。而这样的时代背景也为现代国家治理和主权维护提出了前所未有的挑战。

（二）全球化时代主权理论的发展

全球化的本质是世界各国逐渐深化互动、交流和活动的过程及趋势，极为突出的表征就是资本、产品和通信的全球化。伴随着全球化进程发展，各类经济要素试图突破传统民族国家和地域束缚，使各区域、民族、国家之间的交往和联系可以在全球范围内展开。然而，各类经济要素对传统民族国家和地域束缚的突破客观上是同传统国家主权理论中的领土主权观念相冲突的，而领土主权是构成国家主权的要素之一。因此，当全球化突破了传统领土的束缚后，"经济活动的空间在扩大；它超越了民族国家的边界，因此重要的是政治调控的空间也在扩大"④。

---

① 国际货币基金组织：《世界经济展望》，中国金融出版社 1997 年版，第 45 页。

② ［英］罗宾·科恩、保罗·肯尼迪：《全球社会学》，文军译，社会科学文献出版社 2001 年版，第 49 页。

③ 俞可平、黄卫平：《全球化悖论》，中央编译出版社 1998 年版，第 21 页。

④ ［德］乌尔里希·贝克等编：《全球化与政治》，王学东、柴方国译，中央编译出版社 2011 年版，第 212 页。

国家理论同政治现实有着极为紧密的关联。随着全球化进程的不断加快和各国之间相互依存程度的不断加深，各类国际组织、跨国企业在国际层面的影响力在不断扩大，国际公约和国际法对于世界各国的规范作用也在不断加深。因此，全球化在客观上使得世界各国的国内事务同国际事务之间的界限越来越模糊。基于此，学者们逐渐开始对传统的国家主权理论进行解构和批判，许多新的国家主权理论也应运而生。这些新的国家主权理论不仅同传统的国家主权理论之间有着显著差异，各个新理论之间也存在着极大的差别，甚至有些理论是针锋相对的。总体来看，西方学者普遍认同国家主权"弱化论"，从否定国家经济主权的角度出发，对各国政治主权延续的合理性表示质疑和否定，并相应地提出了一系列新的国家主权理论。但是，同样也有一些学者认为全球化不仅没有削弱民族国家的地位和国家主权的作用，相反使得国家主权的作用更为重要。也正是在学者们持续不断的学术讨论中，现代新型国家主权理论呈现出了百花齐放、百家争鸣的盛况。到目前为止，关于全球化同国家主权之间的关系问题，已经出现了以下几种极具代表性的理论流派。

1. 主权过时论

全球化的发展势不可当，为各个国家发展带来了新的活力，同时也引发了众多全球性问题，这也使得"主权过时论"的思潮在全球化的背景下备受关注并不断蔓延，引发了学界一系列的学术讨论。

一些西方学者认为传统的国家主权在全球化时代已经成为一个过时的概念，宣称科学技术的发展不仅对国家政治结构产生了影响，还正在进一步销蚀国家主权。甚至还有学者提出全球化的过程就是民族国家消亡的过程，强调全球化时代民族同国家的分离，传统国家主权的消亡是人类社会从现代性跨越到全球性的必然结果。德国政治思想家贝克曾指出："在全球性时代，国家主权只有通过放弃国家主权才能实现。"①德国著名思想家尤尔根·哈贝马斯也认为传统国家主权已经过时，认为"只有把各主权国家变成一个拥有民主立法权的共同体的成员才有可能实行统一的社会福利标准和环境标准"②。美国著名教授路易斯·汉金（Louis Henkin）也认为，"我们应该把主权一词作为旧时代的残余遗物摆放到历史的陈列架上去"③，认为主权破坏了人类的价值观念。

但是值得注意的是，西方学者之所以认同"主权过时论"，是因为在全球化进程中西方资本主义国家往往能够凭借其在政治经济领域所处优势地位取得高额的利益回报。例如，目前全球性的国际经济组织的主导权普遍掌握在发达国家手中，绝大多数的跨国贸易公司都掌握在发达国家手中，而且在国际贸易和信息技术发展层面，发达国家也有发展中国家难以比拟的显著优势。并且，发达国家可以凭借其在国际社会中的主导地位和技术领域的先发优势，制定有利于自身发展的国际规范，以谋求高额的国际利益。此外，通过宣扬"主权过时论"，以美国为首的西方发达国家也能向全世界尤其是发展中国家宣扬"人权""民主"等西方价值观念，从而为其进一步推行"新干涉主义""新殖民主义"扫清理论上的障碍。因此，虽然西方学者提出的"主权过时论"看似依据了一定的现实，但其实质是为本国的经济扩张乃至政治影响力扩张提供理论背书，其背后隐藏着希望别国放弃主权，而在竞争优势中强化本国主权的险恶用心。可以说，"主权过时论"背后其实隐藏着美国等西方发达国家妄图插手国际事务、插手他国国内事务的真实意图。

事实上，美国等西方发达国家所宣扬的"主权过时论"只是用来掩饰其对发展中国家进行干扰的"遮羞布"，美国等西方发达国家不仅

---

① ［英］安东尼·吉登斯：《现代性的后果》，田禾译，译林出版社 2000 年版，第 57 页。

② ［德］乌尔里希·贝克等编：《全球化与政治》，王学东、柴方国译，中央编译出版社 2011 年版，第 78 页。

③ 邢栋、张健：《区域一体化进程中的国家主权理论》，《社会科学战线》2004 年第 5 期。

不会放弃自己的主权，相反还会不断强化本国的主权意识和观念。例如，美国提出的"长臂管辖"原则，本质上就是美国为了维护其在全世界范围内的本国利益所提出的一种能够持续扩大美国国内法律在国际社会管辖范围的法律工具。其实质同样也是在维护本国主权基础上对他国主权进行干涉的一种行为。由此可见，在全球化时代，主权从未过时。"主权过时论"不过是以美国为首的西方大国为了建立单极世界霸权而提出的荒谬理论，是与国际关系发展的现实背道而驰的。因此，我们绝不能被一些西方大国别有用心的错误理论影响，更不能放弃自己的主权，不能放弃自己本有且应有的权力。

2. 主权弱化论

在全球化理论中，一些学者认为全球化与国家主权是互不相容的概念，在全球化的进程中，只有国家在主权问题上让步才能融入全球化。持该论点的学者指出：国家主权受到全球化的攻击，已经呈现弱化趋势。尽管国家主权仍然存在，但已经不具有至高无上的地位。例如，20世纪70年代末兴起的相互依存理论质疑传统的国家主权在国际政治中的地位和作用。自由主义的相互依赖理论认为，世界各国在政治、经济等方面的相互依赖导致国际与国内的界限模糊，国家的主权权威则不可避免地遭受到了侵蚀。全球化的一个结果就是导致国家权能普遍"泛化和弱化"。另一些学者指出，全球化是日益相互依赖的时代，国际社会中不再只以民族国家为核心，而存在着多种行为体，并且非国家的行为体直接参与国际的政治与经济，具有越来越重要的影响。在这样的国际社会中，各种各样的联系不仅仅通过国家进行，而是可以通过"国家间的联系、跨政府的联系和跨国联系"[①]，这使得国家主权

---

① ［美］罗伯特·基欧汉、约瑟夫·奈：《权力与相互依赖》（第三版），门洪华译，北京大学出版社2002年版，第25页。

受到不同程度的侵蚀。还有一些学者提出，无论何种性质的国际组织，全球性国际组织或者区域性国际组织，当掌握了超国家的权力后，都会逐渐破坏成员国的主权。例如，美国"新治理论"的代表学者詹姆斯·罗西瑙（James Rosenau）就认为，"国家主权的减退是当今世界一大潮流""在跨越边界的大量多种交易中，国家既不能参与其中也无法施加影响"[①]。

但我们应该清楚地看到，在全球化时代背景下一些西方学者故意夸大市场的作用，弱化消解民族国家主权在经济发展中的重要作用，其目的就是帮助西方发达国家主导的国际组织和跨国企业能够从发展中国家手中谋取更大的利益空间。事实上，在全球化持续推进的背景下，国际组织和跨国企业对于各国国内经济政治生活的影响力日益增大是客观现象，每个国家都要抑制自身主权的部分权力的行使，进而导致国家权力产生分层化现象也是不争的事实。但是传统国家权力的分层化并不意味着民族国家丧失了其在本国权力体系中的核心地位，以及对于国内经济政治生活的掌控能力。相反的是，在全球化时代，民族国家及国家主权在国内经济政治生活中仍处于核心地位，国家主权部分权能有限度的"让渡"和"共享"不仅没有削弱国家主权的权能，反而会进一步增强国家在经济等方面的掌控力。因此，适度的国家主权"让渡"和"共享"其实是民族国家享有国家主权处分权能的现实表现。

3. 主权强化论

当然，也有一些学者不认同国家主权在全球化进程中不断弱化。他们认为全球化中的主权"让渡"本身就是某些国家为了自身利益而推动的，全球化本身就包含着国家之间权力关系的转换，跨国资本的

---

① ［美］詹姆斯·罗西瑙：《没有政府的治理》，张胜军等译，江西人民出版社 2001 年版，第 326 页。

权力集中非但没有损害国家的自主权力，反而使国家得以更好地介入权力集中的过程之中。因此，在全球化过程中，各国的国家主权只是发生了一些转移，而并非受到削弱和侵蚀。我们应该清楚地看到，在全球化条件下，由于信息技术的发展、市场力量的扩张等，任何一个国家加入其中都是出于自身利益的选择，也是完全主权行使的表现。

不可否认的是，在全球化的影响下，国家间在政治上的相互依存以及超国家实体的崛起，都对传统的国家主权造成了一定的影响。因而，西方学术界从各个角度否认国家主权理论的思想从未间断过。但是，就国家主权与国家的关系而言，只要国家存在，国家主权仍然具有存在的"基本立足点和重要的价值基点"[①]。许多学者都认为主权国家会很快适应全球化的发展，并且指出应该强化国家主权的作用。例如，罗伯特·吉尔平就是国家权力衰落理论的坚决反对者，他认为主权国家无论是在国际社会还是在国内社会中都具有国际机构无法取代的作用。埃及著名学者萨米尔·阿明也认为："新的全球化损害着民族国家管理经济的效率。然而，它并没有取消民族国家的存在。"[②]琳达·韦斯同样认为，在全球化进程中民族国家损失的只是一种被严格限定的国家权力，民族国家不仅不会阻碍全球化的进程，相反会促进全球化的发展。而且不同国家体制改革的进程也不应是向着新自由主义模式的趋同，而是国家适应性不断发展的过程。[③]因此，虽然在全球化的进程中，国家主权会受到跨国公司与国际组织的影响，但主权国家依然是国际政治社会的主要组成单位，国家始终把权力、生存和安全置于第一位。并且，国家主权的让渡也是基于国家利益考虑，也是国家维护

---

① 刘杰：《经济全球化时代的国家主权》，长征出版社 2001 年版，第 79 页。

② ［法］萨米尔·阿明：《五十年足矣》，王列、杨雪冬编译，中央编译出版社 1998 年版，第 242 页。

③ 俞可平：《全球化与国家主权》，社会科学文献出版社 2004 年版，第 263 页。

其根本的权力和利益的体现。

部分国内学者认为，全球化进入了新的发展阶段，对国家主权的影响并非全是负面的。时殷弘提出，国家主权可能在某些方面受到了削弱，在另一些方面可能又得到了强化。[①] 江河提出，主权国家在国际关系中的主要外交目标是维护外在的国际安全和发展经济以提高综合实力。在经济全球化时代，民族国家整体的发展有利于强化其在国际政治上的主体性。[②] 国际体系的全球化直接推动了世界政治的转型，主权让渡成了国际政治一个不争的现实，甚至在某种程度上是国家向更高政治实体迈进的途径与标志。刘跃进认为，主权的让渡从自身的角度出发可能是对部分主权的放弃或丧失，但从更广泛的意义上讲，也是国家行使主权的一种延伸。[③] 总体来看，随着经济全球化的深入发展和复合性相互依赖的初步形成，国家主权理论虽然遇到了一定的挑战，但仍具有强大的生命力。在全球化时代，和平与发展成为国际社会的主流，各国会更加注重对主权的保护，会通过提升维护国家安全能力和增强综合国力来促进国家主权的强化。

二、信息化进程中的国家主权理论

（一）信息化的内核：各国发展的基础资源和战略资源

现代信息技术的兴起与应用，在极大地发展了社会生产力的基础上，也深刻地改变了人类社会的结构，使得人类社会开启了从工业化

---

① 时殷弘：《国际政治———理论探究、历史概观、战略思考》，当代世界出版社 2002 年版，第 47 页。

② 江河：《国家主权外在强化的法理逻辑：非歧视原则与普惠制的关联论》，《南大法学》2022 年第 5 期。

③ 刘跃进：《国家安全学》，中国政法大学出版社 2004 年版，第 100 页。

社会迈向信息化社会的新跨越。日本学者梅棹忠夫在其 1963 年发表的《论信息产业》中曾对"信息化"这一概念做出明确界定，认为"信息化是指通信现代化、计算机化和行为合理化的总称"[①]，进而奠定了学界对于"信息化"这一概念的基本认识。美国著名未来学家约翰·奈斯比特也曾指出："后工业化社会就是信息社会。"[②]随着信息技术的不断发展，"信息化"和"信息社会"的概念在国际上受到了越来越多的认可与关注，"信息化"和"信息社会"也逐渐成了学界热议的话题。

根据美国著名未来学大师阿尔文·托夫勒的观点，人类社会迈向信息社会的步伐大约从 20 世纪 50 年代开始，标志性事件就是计算机的出现。在信息技术迅速发展的背景下，人类社会形态也逐渐展现出信息资源极大丰富、信息流动方式层出不穷、信息传播速度日益加快、信息的传播范围持续扩大以及信息传播主体更加多元化等一系列新特点。

随着信息技术的迅猛发展和全球化的进程不断加快，信息化和全球化逐渐成为当代国际生活的两大潮流。对各国人民来说，信息技术的高速发展不仅使人与人之间的沟通与交流变得更加紧密，人为地缩短了人与人之间的距离，还日益改变着人们的劳动形态，使社会生产方式从过去的体能化劳动和机械化劳动逐渐转变为智能化劳动，从而全面影响了人们的生产与生活。对国家来说，信息技术的广泛应用也拉近了国与国之间的距离，提升了国家之间交往的频率，使得国家间的利益交往更加密切。由此可见，信息化已经对全球发展产生了极为深远的影响，已然成为各国开展政治、经济、军事、社会、文化等活动的基础性资源和最重要的战略资源。

---

① 班玉生、孙常义：《信息化对体育产业发展的作用分析》，《情报科学》2006 年第 8 期。

② ［美］约翰·奈斯比特：《大趋势——改变我们生活的十个新趋向》，孙道章、路林沙、王金余、赵英琪译，新华出版社 1984 年版，第 16 页。

（二）信息化进程中主权理论的发展

随着现代信息技术的迅猛发展，现实的人类社会之上早已形成了一个虚拟的信息空间。所谓信息空间，是指"实践主体在计算机网络技术与虚拟现实技术融合的基础上，通过虚拟实践创造出来的以光、电、声、色、影为表现形式，以网络交往形成的社会关系为框架，依托人类文明成果，对现实世界和非现实之物进行数字化编码而建构起来的人文空间，也是人类交流信息、情感释放、知识生产的新型社会空间"[①]。这种信息空间作为现实社会在网络空间中的一种虚拟化映射，不仅拓展了人们的现实生活领域，同时也拓宽了人们获取信息的途径，进而使得信息空间的社会构成呈现为一种扁平化的横向结构。即在信息空间中，所有人都只是信息网格中的一个节点，任何人或组织都不再享有绝对的控制权。而信息空间中社会结构扁平化的趋势，也从根本上改变了传统社会一元管控式的社会治理结构。因此，信息化时代的到来虽然从客观上推动了人类社会向前发展，改变了人类社会的生产方式和生活方式，为世界各国的紧密沟通、交流和合作提供了有利条件，但是信息空间特有的虚拟性、开放性和去中心性特点也使得国家主权不可避免地面临着信息空间所带来的经济、政治、文化等方面的冲击和挑战。基于此，学者们也逐渐开始对如何将传统国家主权理论延伸至虚拟化的信息空间展开了一系列讨论，并且催生了一大批新的国家主权理论成果。到目前为止，关于信息化同国家主权之间的关系问题，已经出现了以下几种极具代表性的理论流派。

1. 网络空间无主权论

网络空间无主权论的理论源自西方自由主义思潮。在自由主义理

---

① 冯斌元：《公共网络安全视野下的虚拟社会管理研究》，《公安研究》2010 年第 8 期。

论者眼中，国家的功能就在于保障个人自由和个人权利的实现，其主张个人行为在未触犯他人利益的前提下不应受到限制。因此，在互联网形成的初期，大量学者认为互联网应当追求知识和信息的自由传播，网络信息空间应当是独立于政府和企业之外的自由空间，对互联网的治理也应当摆脱政府的暴力管制和企业的商业管控。因此，他们主张网络空间应当去主权化，否定网络空间主权的存在。其中，最具代表性的就是约翰·巴洛于1996年在瑞士达沃斯论坛上模仿杰斐逊《独立宣言》起草的《网络空间独立宣言》，在文中，约翰·巴洛旗帜鲜明地提出："工业世界的政府们，你们这些令人生厌的铁血巨人们，我们来自网络空间——一个崭新的心灵家园。……在我们聚集的地方，你们没有主权。"[①] 可以说，约翰·巴洛的观点在一定程度上代表了当时绝大多数民众对于网络空间的期待和想象，因而也为网络空间无主权论的扩散和推广提供了广大的受众群。

在倡导网络空间无主权论者的眼中，每个人都应享有自由的权利，这一权利是神圣且不可侵犯的。网络空间作为当今人类活动的重要场地，每个人都具有运用网络获取信息和发表信息的自由和权利。如果网络空间内存在国家主权，人民的这一权利将受到侵害。还有部分美国学者认为，网络在现代社会的存在是无国界之分的，由网络构成的网络空间是一个公共空间，无论世界上哪个国家都无权干涉网络空间，更没有权力加以规制。因此，在无政府主义理论的基础上，部分学者提出，若在网络空间存在具有等级意义的权威集团或个人，其将会直接危害到个人的自由权利，网络空间主权毫无存在的必要。网络无政府主义的激进分子约翰·吉尔莫认为："审查制度只会毁掉网络。法律、

---

① ［英］约翰·巴洛：《网络空间独立宣言》，李旭、李小武译，《清华法治论衡》（第四辑），清华大学出版社2004年版，第509页。

警察、政府和公司，只能站在无尽数据不停流动的网络长河之外。"①

如果说全球化的特征之一是生产要素流动的去领土化，那么网络空间无疑是为全球化插上了技术的翅膀。从某种程度上说，互联网和信息技术的不断发展是全球化进程能够侵蚀民族国家主权的重要原因之一。而西方学者们对于网络空间无主权论的宣扬也在一定程度上构成了很多民众对于网络空间的基本印象，并且深刻地影响着网络空间治理格局的形成和发展方向。

事实上，虽然美国等西方发达国家普遍倡导网络空间无主权论，提倡全球网络空间的开放与自由，但是其理论的提出都基于一定的战略考量。美国作为网络技术的发源地，不仅是网络信息技术发展水平最高的国家，还完全掌控世界网络的基础设施。因此，美国作为世界网络规则的制定者，其提出的"网络自由""网络空间无主权"等论调只不过是为了掩饰其妄图谋求网络空间霸权地位的"遮羞布"，其本质是美国现实世界霸权在网络空间中的拓展。事实上，美国不仅没有做到其宣称的网络空间的自由与开放，反而利用其在网络领域的绝对技术优势肆意欺凌和践踏他国的网络主权，大量掠夺他国的网络空间资源。一旦美国需要侵犯别国网络空间，以获取网络资源与信息时，就堂而皇之地提出网络空间"公共说"，为方便掠夺别国信息资源制造理由。而当需要对网络进行进一步监管、推动国内的公共—私营（Public-Private）合作时，则提出网络空间是主权领域②。可以说，美国的行为已然对世界网络空间秩序造成了严重的破坏。并且，美国为了能够长久地维护其在网络空间中的霸权，还长期垄断国际网络规则的制定权，通过推行国际网络技术的"美国标准"，巩固其网络霸权。此外，美国

① 周雪：《互联网的自由与管制》，《经济观察报》2002年2月22日第10版。
② 黄志雄：《网络主权论——法理、政策与实践》，社会科学文献出版社2017年版，第14页。

也高度重视数字信息安全，曾明确提出数字信息安全属于国土安全的领域，在不断加强其对信息安全控制的同时，将其军事化，还同时密切关注与监视全球网络空间，对其他国家网络空间安全造成威胁[①]。

由此可见，美国等信息强国外交旗帜中的"网络自由"只不过是个幌子，其目的是保护自己在网络空间中依靠网络霸权所取得的利益。事实上，自网络空间形成以来，美国曾以言论自由为旗号在多个国家建立起了影子网络系统。其目的就是协助他国民众及反对派势力逃脱他国政府的信息监管和网络封锁，从而达成其扰乱他国政治秩序、改造他国民众思想观念、颠覆他国政权统治的险恶目的。但是网络空间并不是法外之地，伴随着网络空间承载的国家利益不断增加，各种现实性问题也在网络空间中不断交织，使得网络空间内的国际利益冲突不断增加，网络空间中的利益矛盾也呈现出愈演愈烈的态势。因此，世界各国对于网络空间安全的重视程度也不断加深，客观上为网络空间主权论的提出提供了实践基础。

2. 网络空间主权化

在信息时代，随着互联网的普及和扩展，信息犯罪、互联网上的暴力与攻击行为、网络空间安全等一系列问题也日益受到人们的关注，引起世界各国的普遍重视。随着互联网在世界各主权国家的发展与普及，各个国家都先后通过立法来确定国家在网络空间中的主权，这也成为当前主权问题在网络空间的新的演变趋势。与此相适应，全球已经有 50 多个国家宣布了自己的网络安全战略。网络空间主权问题不断发展，并呈现急剧升温态势。

网络无国界，但并不意味着与之相关的实体也没有界限。例如，网民、网络设施、网络公司、网络经营者等均是有国界的，在法律上

---

① 高奇琦、陈建林:《中美网络主权观念的认知差异及竞合关系》,《国际论》2016 年第 5 期。

是有国籍的，而且这些网络实体都是国家的重要实体资源，受到国家法律的管控。由此可见，网络空间也需要贯穿法治思维与法治精神，需要国家进行强有力的规制与制约，加强综合管理与治理，国家必须在网络空间拥有主权。一般来说，广大发展中国家的学者大多坚持网络空间存在国家主权。"从发展趋势看，技术和科学的进步终究要改变传统的主权观念，但改变的步速和范围是不均等和不平衡的：某种意义上，技术既削弱了许多弱小的民族国家的主权，也增强了某些强大国家的地位、权利或主权。"[①] 也就是说，虽然网络信息技术的发展日新月异，但是由于发展中国家在国际社会中处于劣势地位，其在信息技术领域相比发达国家仍有很大差距，各种前沿的高精尖的网络信息技术仍有待开发与创新，这使得发展中国家的安全与信息的维护受到了极大的挑战。还有学者指出，西方帝国主义的霸权主义早已延伸到互联网空间。学者张纯厚提出虚拟主权是"国家保护自己的互联网系统不受国内外敌对势力和破坏分子的攻击或操纵，防止国内外敌对势力利用国际互联网颠覆本国政治、扰乱本国社会秩序、助长本国分裂势力的权力和能力"[②]。显而易见，美国和其他信息超级大国频频利用信息技术干涉他国内政，使许多发展中国家的主权陷入受到威胁的状态之中。当以美国为首的信息超级大国大肆宣扬网络空间自由时，许多发展中国家的主权甚至安全已经受到了威胁。

与信息超级大国相比，俄罗斯、中国等发展中国家在信息化基础建设以及以信息技术为主的产业建设方面存在一定的差距，国家主权面临着被侵害的危险。相较于各发达国家，广大发展中国家在网络空间的主权问题上更具有迫切性，故而要积极倡导网络空间的国家主权。

---

① 王逸舟：《当代国际政治析论》，上海人民出版社 1995 年版，第 160 页。
② 张纯厚：《全球化和互联网时代的国家主权、民族国家与网络殖民主义》，《马克思主义与现实》2012 年第 4 期。

在网络空间问题上，包含中国在内的广大发展中国家主张从国家安全的角度强调网络空间的国家属性，即强调网络主权，并积极争取对网络空间的管理权限，实现网络空间的主权独立。在这方面以俄罗斯为例，俄罗斯在网络技术领域作为后起之秀，始终强调并主张网络空间的主权与独立。无论是网民还是网络经营者或者网络设施等实体，都在国家的管理权限范围以内，这种权限来自国家法律的保障与要求。基于这种理念，俄罗斯制定了相关的原则与标准，并采取一系列措施来保障国家在网络空间中的主权。

3. 信息主权

随着信息技术的飞速发展与广泛应用，以互联网为代表的高新信息技术涉及国家各个领域的方方面面，成为国家政治斗争的一种强有力的武器，是影响国家安全的重要方面，也是一国实力的重要参数。然而，世界上各国的信息技术发展是很不平衡的，一些西方国家常常凭借其先发优势霸凌其他国家而获取不正当利益。针对这一霸权行为，为了维护国家安全，各发展中国家要公开明确国家信息主权，强化"网络国防"建设，坚决与信息霸权主义做斗争。

信息革命的飞速发展不仅给人们的日常生活带来了极大便利，还对国际政治领域产生了重大影响。信息空间成为人类社会在陆地、海洋、极地、天空、太空之外的又一新空间。正像随着航海和航空技术的发展，国家需要在陆地、海洋、极地、天空和太空进行管理并拥有主权一样，国家在信息空间也应该拥有完全主权并对之进行全面管理。在信息技术加速迭代发展的背景下，以计算机通信技术为代表的高新信息技术日新月异，事实上造成了国家对信息流动和信息监管的被动局面。主权国家为了摆脱这一困境，势必要在国家主权的理论上进行适时的变革和创新。

信息时代的到来使主权的内涵得到了丰富和拓展，信息资源成为国家间竞争和维护的重要利益，各个国家对信息领域的重视逐渐提升到国家主权的高度。立足于现实，信息空间的拓展使国家主权的边界愈加弱化，各个国家的信息安全经常受到不同程度的威胁，信息主权作为维护各国在信息领域争取自身权益的依据而产生。在现实生活中，信息的存在场域分别为物理空间和信息空间。物理空间的信息多存在于有形的物质载体，例如，生物基因信息、国家地理信息和国防信息等，信息空间的信息指的是虚拟空间的信息内容，包括数字信息和网络数据等。无论是处于物理空间还是信息空间，信息主权对内意味着国家对在其领土之中的一切信息活动所产生的信息资源的绝对掌控，对外意味着各国能够独立自主地从事信息领域的活动，任何国家不得干涉或侵犯其他国家在信息领域中的权益。

当代学界关于国家在信息空间所拥有的主权，其具体称谓或定义有一定的差异，如"信息主权""网络主权""数据主权"等不一而足，但是众学者对信息空间国家主权的内涵、外延和基本立场等方面的看法是大同小异的。综合学术界现有的研究成果，本研究认为信息主权是国家主权在信息领域的自然延伸，是指国家对本国信息空间中的一切信息资源享有控制、管理和共享等权力；并且，任何国家不得干涉或侵犯其他国家在信息领域中的权益。

三、逆全球化浪潮中国家主权理论的博弈

（一）逆全球化的实质：资本主义国家为解决发展危机而提出的临时性战略调整

在全球化背景下，没有哪一个国家可以完全与其他国家隔绝，成为绝对意义上的孤岛。但是，全球化的大趋势也不是一路高歌猛进、一

帆风顺的。随着全球化进程的不断推进，各种"反全球化"的声音也纷纷涌现。目前，学界普遍认为 2008 年波及全球的金融危机是"反全球化"向"逆全球化"转变的关键节点。正是从这一阶段起，"反全球化"正式从一种民间和学界讨论的思想流派转变为政府和国家切实实行的政策措施。英国脱欧、右翼民粹主义盛行都是"逆全球化"思潮在全球范围内广泛传播的重要体现。2020 年暴发的新冠疫情给世界各国经济民生带来的猛烈冲击更是为"逆全球化"获得更多认同提供了契机。从总体来看，"逆全球化"思潮的产生、发展与流行同资本主义以及全球化发展的进程是紧密相关的。资本主义固有的社会矛盾借由全球化进程延伸至世界各国是引发世界各国发展危机，进而导致"逆全球化"思潮泛滥的根本原因之一。

根据历史唯物主义的观点，生产方式的社会化大生产与生产资料资本主义私人占有制之间的矛盾是资本主义社会固有的基本矛盾，也是资本主义必然灭亡的原因所在。因此，在资本主义社会数百年的发展史中，资本主义国家往往会通过抢夺殖民地、发动战争等方式扩大本国市场，从而实现对国内矛盾的转嫁。但是，在以和平和发展为主题的全球化时代，资本主义国家不易通过军事手段转嫁矛盾，因而经济手段成为各个资本主义发达国家转嫁国内矛盾的不二之选。美国著名学者阿里夫·德里克曾指出，资本的全球化也意味着阶级剥削从本国的国内矛盾转变为世界性的矛盾。

但需要注意的是，矛盾的转嫁并不意味着矛盾的消除。资本主义内在矛盾的全球转移非但没能缓解资本主义国家的国内矛盾，反而进一步加剧了生产力的全球化同生产关系的地区化、民族化之间的矛盾，进而导致"逆全球化"思潮水涨船高。"逆全球化"现象的出现一方面标志着资本主义的治理模式和价值标准在全球范围内遭遇了困境，另一方面反映了资本主义在全球化发展进程中面临的发展危机。因此，

"逆全球化"本质上是资本主义国家谋求解决发展危机而提出的临时性战略调整，是要建构一个更有利于资本全球自由流动的新型贸易体系，其背后隐含的还是资本主义谋求自身利益最大化的企图。因此，从这个角度来看，"逆全球化"思潮与新自由主义思潮并非相悖而行，而是西方资本主义社会为了谋求自身利益最大化所采用的两种不同的战略手段。事实上，以美国为首的西方国家一直很擅长制定"双重标准"，凡是对其有利的都会紧紧抓住，凡是对其不利的就会坚决否定。因此，我们必须深刻认识到"逆全球化"思潮不过是资本主义内在矛盾积累到一定程度的必然产物，是一部分资本主义国家用来向外转嫁国内矛盾、继续维护其优势地位的战略手段。我们必须清楚地认识到，当今世界各国命运紧紧相连的历史发展潮流并没有改变。

（二）欧美资本主义国家的"逆全球化"浪潮

21 世纪以来，受经济危机和社会制度的影响，一些欧美国家经济发展缓慢，而一些发展中国家和经济体在全球化浪潮中不断崛起，这改变了世界的政治经济形势。特别是自 2008 年全球金融危机爆发以来，世界重要经济指标都呈现出下行的趋势，国际金融秩序的混乱也使得世界各国的经济结构和发展都出现了不同程度的失衡现象。但是在资本逐利本性的驱使下，资本主义国家非但没有担负起其理应承担的维护社会公平正义的政治责任，反而放任金融寡头把持市场分配的决策权，致使发达国家中下阶层民众同精英阶层之间的收入鸿沟进一步扩大。因此，各国的工人阶级逐渐成为"逆全球化"思潮的拥簇者。此外，西方发达国家优渥的福利政策致使大量外来人口涌入本国，在严重挤占本土民众的教育、医疗资源和就业岗位的同时，也导致本土民众同外来移民之间出现持续不断的文化冲突，引发了一系列社会矛盾。

在普遍面临发展危机的现实背景下，西方发达国家认为发展中国家在全球化进程中所获取的利益更多，而且发展中国家的群体性崛起也在不断侵蚀西方发达国家在国际社会中的话语权和主导权。因此，伴随着欧美国家民众对于"逆全球化"思潮的更多认同和民粹主义浪潮的不断蔓延，欧美各国相继出台了一系列贸易保护主义、反多边主义等政策，在国际社会引发了一系列政治、经济、社会等方面的后果。近几年，"逆全球化"主要表现为欧美民粹主义浪潮不断涌起，其中比较典型的有英国脱欧事件、特朗普上台以及目前西方各国不断采取的贸易保护主义政策。

1. 英国脱欧

在全球化的发展过程中，区域一体化发挥着不可替代的作用。欧盟作为欧洲地区一体化组织，为欧洲大陆实现真正意义上的全球化做出了重要贡献。但是由于欧盟各国国内经济发展水平差距较大，在欧盟这一区域共同体的框架下，希腊等国内经济发展水平相对较低的高福利国家每年都需要欧盟为其提供高额的经济援助。再加上 2008 年全球性金融危机在欧洲地区演变形成的"欧债危机"，使得欧盟各主要成员国的经济发展遭遇了不同程度的挫折，2015 年的欧洲难民潮更是进一步增加了欧盟各国国内的社会不稳定因素。面对通过欧盟机制传导给英国的各种负面影响，英国国内的"疑欧"情绪也在不断蔓延。

也正是基于英国国内长期以来的"疑欧"情绪，卡梅伦政府在 2016 年 6 月 23 日启动了脱欧全民公投。公投结果出人意料地以 52% 的选民赞成英国退出欧盟的微弱优势，导致英国脱欧公投获得通过。事实上，在英国脱欧公投之前，关于是否脱离欧盟的争论就甚嚣尘上，两派之间进行了激烈的争论。从国内看，2013 年 1 月 23 日，英国首相卡梅伦首次提及脱欧公投，并向选民承诺如果他赢得预定于 2015 年举行的大选，将与欧盟进行谈判，并就脱欧问题举行全民公投，让人民来决定是否脱欧，这是推动举行脱欧公投的国内现实原因；从国际上看，卡梅伦政府将脱欧公投作为筹码与欧盟进行谈判，意图确定英国在欧盟内享有"例外"权和"特殊地位",企图在欧盟内获得更大的利益。但令英国当局没有想到的是,英国想以此来主张特殊权利而发起的脱欧公投,最终使英国真的走向并达成了脱欧的事实。

在欧洲一体化进程中,虽然英国加入了由法德主导的欧洲一体化合作中,但英国始终奉行的是实用主义哲学和"孤立主义"对欧原则,在对待欧共体的问题上始终坚持在保持自身独立性的前提下积极参与并对欧共体的事务产生影响。因此,在撒切尔夫人执政时期,英国始终把"独立主权国家之间的合作"视为欧共体的基础。因此,在欧洲一体化的发展进程中,英国同欧盟(欧共体)始终处于一种"貌合神离"的状态,在讨论英国同其他欧盟(欧共体)成员国以及欧盟(欧共体)的关系问题时更多关注的是英国能从中得到什么,或是英国的投入能否获得高额的回报。也正是因为如此,每当欧盟(欧共体)无法为英国提供其所需要的回报,或是英国认为欧盟(欧共体)损害了其正当利益时,英国就会启动脱欧公投程序。1975 年,威尔逊政府发起的第一次脱欧公投以 67.2% 的"留欧"选票告终,而 2016 年卡梅伦政府的脱欧公投则是以 52% 的"脱欧"选票宣告脱离欧盟。两次公投虽然结果迥异,但也充分证明了英国同欧盟之间始终存在间隙。

2016 年,英国脱欧公投不仅撕裂了英国同欧盟之间本就不甚紧密的关系,还使欧洲一体化的进程遭遇了前所未有的沉重打击,其所带来的蝴蝶效应正在日益显现。我们不可否认的是,欧盟的成立确实为其成员国的经济发展起到了积极的推动作用。但是,近些年原本倡导自由贸易的欧盟变得越来越封闭,欧洲地区经济发展日益缺乏活力也是不争的事实。因此,当英国民众用手中的选票对欧盟所带来的种种弊端表示拒绝后,意大利民众也采用了修宪公投的方式表达了其对在欧盟体制下意大利国内经济发展停滞的不满。而这一切都会使欧洲一体化和全球化出现波动,进而带来更多不稳定性。

2. 特朗普政府"美国优先"政策

在过去的很长一段时间里，美国在全球化的进程中始终是倡导市场自由贸易的，特别是主张世界贸易应当自由化，并且经常以此为借口抨击甚至制裁其他国家所谓国家干预、行政权力介入正常市场运营等行为。可以说在过去全球化的进程中，美国等西方国家凭借其在经济领域和国际规则领域的优势占尽了发展中国家的便宜。在美国等西方国家的经济攻势下，发展中国家几乎像不设防一样，任由西方国家予取予夺，进而使美国等西方国家得以充分利用发展中国家廉价的劳动力、资源以及不受限制的广阔市场发展本国经济。因此，过去美国宣扬的世界贸易自由化只是有利于美国等少数西方国家的自由化。随着全球化进程的不断推进，一大批新型工业化国家和发展中国家实现了飞速发展，以中国为主要代表的一大批发展中国家的群体性崛起使得美国等西方国家主宰国际事务的能力被逐步削弱，而西方国家主宰国际事务能力的削弱又进一步导致过去凭借其国际霸权地位取得的发展利好因素不断丧失，甚至有部分因素还转变为不利因素。因此，近几年，欧美发达国家内部逐渐滋生并蔓延起了一股"逆全球化"的思想浪潮，欧美各国逐渐从长期以来国际规则制定者和维护者的身份转向对现有规则进行破坏的破坏者角色。特朗普政府的"美国优先"政策正是在这样的背景下被提出的。

事实上，特朗普所提出的"美国优先"政策并非只是特朗普本人的任性妄为，而是有着极为深厚的社会心理基础。早在 2003 年，美国著名学者塞缪尔·亨廷顿在《我们是谁：美国国家特性面临的挑战》一书中就将"文化冲突"的论断应用到了美国国内，认为美国不断增多的移民数量正在冲击美国本国的国家意识，如果不大力限制移民，美国将会面临分崩离析的风险。因此，特朗普在大选期间承诺要改变现有的移民政策，建议采用基于能力的（merit-based）新的移民体制，认为过去的移民体系通过压低工人的工资给纳税人增加了很大的压力。①
特朗普认为通过改革现行的移民体系，能够增加就业机会、提高工人
工资和强化国家安全。他主张要在美墨边境修建一堵隔离墙，并对墨
西哥移民实施遣返政策。特朗普提出通过贸易保护、打击非法移民来
尽可能减少给美国工人阶层带来的伤害。也正是因为特朗普"美国优
先"政策中所体现出的"白人至上主义"客观上迎合了美国白人尤其
是中下层白人的心理诉求，其才能在2016年的美国总统大选中击败希
拉里，成功就任美国总统。

　　所以从总体来看，特朗普政府所提出的"美国优先"政策相较于
过去美国所奉行的美国利益优先于他国利益的外交原则而言，其最显
著的特征就是鲜明的"白人优先"原则。也正是基于此，在特朗普政
府执政期间，在处理国际事务方面美国政府频繁挥舞"单边主义"和
"强权主义"大棒，其目的就是维护其所宣称的"美国优先"原则。

　　具体来看，在经贸领域，特朗普政府频繁运用"长臂管辖权"，将
美国本国法律置于国际规则之上，频频干预他国正常的贸易行为。此
外，特朗普政府还放弃了奥巴马政府时期对更新多边贸易规则的诉求，
在放弃《跨太平洋伙伴关系协定》（TPP）的同时，转而采取美国直接
同对象国双边谈判的方式，重新签订了北美自贸协定和同日韩等国的
双边贸易协定。在处理国际事务领域，特朗普政府更是将美国利益至
上的原则表现得淋漓尽致。无论是以资金要挟联合国的各项政策要体
现美国意志、维护美国利益，还是先后退出《巴黎气候协定》、联合国
人权组织、联合国教科文组织等国际组织和国际机制，都充分彰显了
特朗普政府在全球治理领域一意孤行奉行单边主义的强大意志。此外，

---

　　① Donald Trump "J.Trump's Address to a Joint Session of Congress" February 28，2017，
available at: https://www.Cnn.com/2017 /02 /28 /politics/donald-trump-speech-transcript-full-text，
2019.1.23.

特朗普政府在外交政策领域还非常喜欢奉行"强权主义"，在处理美国同他国的关系问题上，频频将经济贸易问题同国家安全问题挂钩，动辄就采用经济制裁、外交施压和武力威胁等方式强行逼迫他国屈从于美国的指挥棒。2018 年 3 月开始的中美贸易战便是特朗普政府"强权主义"外交政策的缩影。

我们应当清楚地认识到，世界各国主权平等独立是构成现代国际秩序的重要基石之一。美国等西方国家近些年来为了维护本国利益，频频侵害他国主权的行为已经在事实上构成了对现有国际秩序的破坏。在当前全球化和多极化趋势越来越明显的国际形势下，特朗普政府做出了"美国优先"的政策选择，体现了政治上的民粹主义、经济上的本土主义、贸易上的保护主义和国际关系中的新孤立主义的特征。特朗普政府所强调的"国家主权"并不是指各个国家间的主权平等，而是为了突出美国的主权，是其强调美国的主权高于国际规则、并大于其他国家主权的借口。近些年，美国政府崇尚"美国优先"理念，置国际规则与国际声誉于不顾，肆意退会、拒签、退约，动辄使用制裁大棒干涉他国内政和正常国际贸易秩序的行为已经显现出十分恶劣的影响。在美国"退群"、退会后，很多国际组织和国际机制的权威性都受到了质疑和挑战，进而导致其在管理国际事务、协调国际关系、维护国际正义、推动世界和平方面的能力均出现了大幅下降，致使许多本应由国际社会共同解决的全球性问题不得不暂时搁置处理。这不仅对现有国际秩序造成了严重破坏，还对人类社会的前途命运造成了极其恶劣的影响。因此，我们有理由相信美国的这种为了自身利益而蔑视规则的霸权行径终究将自食恶果。

3. 拜登政府价值观同盟政策

由于美国在特朗普执政的四年里持续推进"美国优先"的外交政策，不仅在处理国际事务方面大肆推卸责任，动辄以"退群"、退会相要挟，在国际贸易方面也大搞单边主义和贸易保护，肆意对包括美国盟友在内的其他国家发动贸易战，美国在特朗普执政时期的国际形象迅速恶化，对美国的外交造成了极为不利的影响。因此，面对美国国内传统民主制度遭到严重破坏、新冠疫情肆虐导致的国内经济下行压力持续增大、美国国际形象日益恶化的现实情况，拜登在接任总统之后提出了不同于特朗普时期的外交新路线。拜登政府试图通过推行价值观同盟战略联合更多的盟友和伙伴，从而在世界范围内形成一个基于西式价值观的国际同盟体系，进而稳固美国在国际事务中的主导地位。

从国内来看，由于疫情影响，美国经济发展所面临的挑战持续加剧。为了缓和国内经济下行压力，拜登政府自上台以来，实施了一系列经济刺激计划。从1.9万亿美元的《美国救助计划》，到1万亿美元的《基础设施投资和就业法案》，再到3.5万亿美元的《社会福利预算法案》，拜登政府投入了大量资金，试图助力美国经济复苏，实现国内经济振兴。但是从结果来看，由于受到共和党的阻挠，这些经济政策的落地实行均遇到了不同程度的困难。因此，就目前的情况来看，美国国内的民主危机和经济危机问题尚未出现根本性的扭转迹象。

但是，拜登政府提出的价值观同盟政策在国际层面上已然取得了一定成效。例如，2021年6月拜登就任总统后的首次出访就将目的地定在了美国的传统盟友——欧洲，并先后参加了七国集团峰会、北约峰会、美欧峰会等多个会议，旨在修复美国同欧洲各国之间的战略关系。与此同时，拜登还同英国首相约翰逊签署了《新大西洋宪章》（*The New Atlantic Charter*），充分展现了其试图重振西方同盟和西方价值观的决心。此外，拜登政府还接过了特朗普政府时期形成的"四国同盟"和"印太战略"的衣钵，积极开展美国同广大印太地区国家的交流合作。因此，从总体来看，目前拜登政府正在试图扭转特朗普政府遗留下来的单边主义外交政策，将美国重新融入多边国际关系之中。但是，无论是七国集团峰会联合公报中对中国的大篇幅抹黑，还是"印太战略"中对中国"一带一路"倡议的一系列遏制，都充分证明美国期望回到的并非国家公平正义框架之下的真正的多边主义体系，而是那个服务于美国战略利益、能够在美国主导下灵活设置议题的"小多边主义"。

因此，我们必须深刻地认识到，美国目前推行的价值观同盟政策只是美国为了修复其同传统盟友之间的关系，增强联盟内部凝聚力，施压世界各国减少对华合作并参与遏制中国的战略。这是提升美国国家软实力、稳固美国在国际事务中的霸权地位的战略抓手之一，其背后隐含的还是美国优先的霸权主义思想。在当前世界经济遭受世纪疫情重创的背景下，国家的发展离不开自身的努力，也离不开国家之间的相互合作。拜登政府推行价值观同盟，特别是将致力于建设人类命运共同体的中国定位为"头号战略竞争对手"，无论是从当前经济发展，还是从长远经济发展的角度来看，终将是害人害己。我们要清楚地认识到：每个国家应该与全球化并肩前行，同心协力，更加积极主动地融入全球化的发展进程中；每个国家应该积极主动承担全球化发展的责任，促进贸易自由、投资自由等，引导经济全球化朝着正确的方向发展；同时，每个国家不仅要力求抓住世界机遇，还要积极主动为世界创造机遇。

四、小结

随着人类社会相互依存程度持续加深以及网络信息技术的高速发展，人类社会迈向全球化、信息化的步伐已然是世界发展的大势所趋。但是正如历史唯物主义所揭示的那样，新的社会形态的出现必然伴随着旧的社会形态的消亡。在全球化、信息化进程加速推进的当下，各种国家主权新理论、"逆全球化"思潮出现的背后，是欧美各国试图继续维持其在国际秩序中的优势地位、维护本国利益的图谋。对此，我们要有清晰的认知和把握。

当今世界正面临百年未有之大变局，世界不确定性和不稳定性因素明显增多，世界格局和全球治理面临诸多逆流，全球战略平衡与稳定正面临严峻挑战。尤其在新冠疫情的严重冲击下，世界各国民众的政治观、价值观、国际观和全球治理观都发生了深刻变化。以美国为首的西方个别国家所采取的单边主义和保护主义行为在肆意挑战国际体系和秩序，对国际规则和全球治理体系构成破坏的同时，也使得世界各国政治合作形式化、经济合作碎片化等问题更加凸显。

历史已经充分证明，任何妄图搞单边主义、霸权主义的国家终将会被世界淘汰。我们要始终铭记，纵使在全球化、信息化进程中世界各国之间的利益关系错综复杂，各国都会从本国利益出发参与国际事务的决策，但是从本质上来说，各国在国际交往中的地位是平等的，任何国家都不应具有凌驾于他国主权和利益之上的特权。面对"逆全球化"思潮和个别西方国家肆意破坏国际秩序给世界各国带来的各种问题，世界各国更应保持清醒的头脑。

历史已经充分证明，传统的零和博弈思维只会对现存的国际秩序造成破坏，只会使世界各国陷入发展困境之中。世界各国只有摒弃固有的传统偏见，以相互尊重国家主权为基础，建立起各国友好的合作伙伴关系，才能最终实现共同发展、共同繁荣的美好愿景。世界各国之间要增强战略互信，在互信、互助的基础上共同携手构建更加紧密的人类命运共同体，为世界繁荣与发展注入信心和动力，实现各国共赢，开创全人类更加美好的明天。

第二篇

国家治理视域下国家主权的基础理论研究

　　在中国传统政治思想中，国家治理通常是指统治者的"治国理政"，其基本含义是统治者治理国家和处理政务。西方的"治理"概念则为控制、引导和操纵之意。从现实角度出发，国家治理的实现要依托于国家权力，而国家主权是国家的最高权力，主权者① 享有国家的一切权力。可以说，国家主权的性质将进一步决定国家治理的基本面向。国家治理可分为国家治理体系和国家治理能力两个主要方面，其中国家治理体系是承接、遵循和实施国家主权的执行框架，国家治理能力是发挥、延展、践行国家主权的具体表现。本篇从国家治理与全球治理的双重视角出发，通过对国家权力产生、运行、实践的基本原理剖析，实现对国家主权深层次、多角度、系统化的理论建构。

---

① 主权者即为主权的承载者，是所有人的意志抽象性总和的政治存在实体。

第六章　国家主权理论概述

国家主权的概念及其思想最初是由法国近代思想家让·博丹于 1657 年在他的著作《国家论六卷》中明确提出并进行详细阐释的。但是从实践角度看，"相对完整的近代意义的国家主权概念是随着威斯特伐利亚体系（Westphalian System）的产生而形成的，时间大概在 17 世纪中叶以后"[①]。主权理论是适应 16 世纪的资本主义生产关系的发展而产生的，是以突破封建生产关系束缚，结束分裂，建立统一的大市场为时代背景的。"最早的主权国家产生于 16、17 世纪的西欧，政治、经济、技术和宗教因素的聚合帮助创造了国家，近代国际关系的扩展取代了封建社会内部的纽带，贸易、制造业的发展带动了城市的成长和资产阶级的壮大，政治的变化与技术的革新帮助统治者建立了更为集中的官僚制度，国家的财政手段、行政管理方式、动员能力和组织方面的其他发明增强了统治者的自信心和自我责任意识；简言之，具备了现代国家的一切要素。"[②] 与此同时，结束于 1848 年的 "欧洲三十年战争"[③]，确定了民族国家主权独立的原则，开创了国际关系发展的新纪元，

[①]　俞可平：《论全球化与国家主权》，《马克思主义与现实》2004 年第 1 期。

[②]　［英］保罗·肯尼迪：《大国的兴衰：1500—2000 年的经济变迁与军事冲突》，陈景彪等译，国际文化出版公司 2006 年版，第 10 页。

[③]　三十年战争，是由神圣罗马帝国的内战演变而成的一次大规模的欧洲国家混战，也是历史上第一次全欧洲大战。这场战争是欧洲各国争夺利益、树立霸权的矛盾以及宗教纠纷激化的产物。战争以哈布斯堡王朝战败并签订《威斯特伐利亚和约》而告结束。

同时也为主权理论发展奠定了坚实基础。

进入 20 世纪，多数资本主义国家都完成了自由资本主义阶段的任务，陆续开始进入帝国主义时期。于是，当初帮助资本主义国家完成国家统一和资本主义发展的主权理论逐渐成为他们开拓殖民地和发展世界市场的障碍。与此同时，第三世界国家民族解放与独立的浪潮也在 20 世纪初席卷全球。于是，西方世界对于传统国家主权理论的态度和理念也在潜移默化中发生着改变。这一历史进程推动了国家主权理论的发展与变迁，西方理论界开始逐渐抵制甚至否认国家主权的合理存在。阿库斯特说："自 1914 年以后便出现了相反的潮流。西方世界的国际法学家抛弃了有关主权和国家固有权利的旧教条。"[①] 这个相反的思想潮流，具体可以归纳为如下几种理论：民族国家终结论、国家主权过时论、主权弱化论、主权让渡论、世界政府论和国家善治论等。代表人物有早期的狄骥、拉斯基和马里坦，当代的阿尔诺德·汤因比、安东尼·吉登斯、苏珊·斯特兰奇和大前研一等人。主权理论在不断变迁，不变的是垄断资本家们对利益的追逐。时代改变，追逐利益的方式也发生了改变，对他们而言主权理论也需要随之变迁。主权理论在崇尚掠夺与入侵的主要资本主义国家手中宛如"一个任人打扮的小姑娘"，但是对世界上绝大多数的第三世界国家来说，主权仍是国之基石，主权理论在人类社会完全进入共产主义时代之前仍是最具有生命力的国家理论。

在中国，有关社会主义国家主权理论的学者基本观点是一致的。首先，全球化的深入发展及其带来的经济、政治、文化等方面的巨大变化是主权理论及实践发生变化的重要背景。目前，学界坚持认为全球化的影响是双向的，对于国家主权理论的影响不是单方面的积极或消

---

① 　王沪宁：《论现当代主权理论的新发展》，《政治学研究》1985 年第 1 期。

极。"全球化过程本质上是一个内在地充满矛盾的过程：它既包含一体化的趋势，又含有分裂化的倾向；是单一化与多样化的统一；是集中化与分散化的结合；是国际化与本土化的并存。"① 其次，关于主权理论变化的具体原因可归结于国家主权行为在面对全球化挑战中的自主调整。"其一，随着中国的逐步崛起，中国与国际社会有了日益频繁的沟通与交流，一方面有越来越多的外部因素进入过去的'禁区'（包括投资贸易、技术转让与文化交流等），另一方面中国也加入了越来越多的国际组织和公约（包括对传统做法的某些放弃和对新义务的某些承诺）。"② 王逸舟指出最后也是最为关键的，关于国家主权的现实国家地位，都毫无疑问地肯定了"主权范畴的基石作用"；俞可平也表达了"民族国家在将来不仅不可能消失，而且仍将发挥不可替代的作用，国家主权仍将是民族国家的基础和最为重要的政治权力"③。与此同时，专家学者也都认同为了适应新的时代要求，主权这一古老的范畴从内容到形式都要做出相应的调整和变化。然而，关于如何调整和变化以及这样调整的依据是什么，我们的当代学者还没有给出一个足够令人满意的答案。④

---

① 俞可平：《论全球化与国家主权》，《马克思主义与现实》2004 年第 1 期。

② 王逸舟：《主权范畴再思考》，《太平洋学报》2000 年第 4 期。

③ 俞可平：《论全球化与国家主权》，《马克思主义与现实》2004 年第 1 期。

④ 关于国家主权理论具体调整的方案及其理论依据，是我们当下该主题研究的一个重点问题。国内学者关于这个问题的研究进展主要是集中在两个方面。一是关于主权与治权的理论解释。从表面看似乎能够说明一些问题，但是该提法缺乏系统性和理论性，未能真正把问题讲透：主权和治权是什么关系？产生的依据是什么？即便是治权的变化，是否是主权的削弱？二是关于全球治理理论。笔者认为全球治理中国家与个人组织的合作是当代世界变化的一个维度，一个新的动向。但是这个理论没能力解释国际主权社会的当代实际状态和未来真正的发展趋势。因此，这是一个过于理想化的理论，并不能代表国际社会未来发展的主流。

一、权力的基础理论

在人类的远古时代，受生产力发展程度的限制，单个的人在资源有限、环境恶劣的情况下是无法生存下来的，所以人就自动聚合起来。正如《荀子·王制》中所言："（人）力不若牛，走不若马，而牛马为用，何也？曰：人能群，彼不能群也……和则一，一则多力，多力则强，强则胜物；故宫室可得而居也……"所以，人的聚合产生的结果是什么呢？人的聚合产生了力，而且是倍加的个体的力，是可以对每个个体或是其他群体产生影响、发动征服的力；同时，人的聚合也产生了对"权"的需求。人对利益的需求将人聚集起来，从而使人能够生存下来。但是，聚集起来的人又因为人的聚集产生了在自然状态下所不存在的却又相对集中的"利"的冲突。所以，需要一个超越个体利益之上的"力"在成员之间进行权衡，定分止争。于是，人因聚合而产生的原始的力就有了一个合法而超越性的身份——权力。这是权力最初的形态，是人对人的依赖而产生的权力形态。在这一权力形态下，有个体利益的冲突而没有群体性的压迫，全体成员从总体上而言是平等的，只不过是在全体成员之上存在一个权威的公共权力。这个权力是以非正式的部落或族群首领权威形式存在的力，是自然状态下的力的聚合。

从奴隶制时代开始，群体性压迫即阶级压迫便产生了。恩格斯曾指出："为了使这些对立面，这些经济利益互相冲突的阶级，不致在无谓的斗争中把自己和社会消灭，就需要有一种表面上凌驾于社会之上的力量，这种力量应该缓和冲突，把冲突保持在'秩序'的范围以内；这种从社会中产生但又自居于社会之上并且日益同社会脱离的力量，就是国家。"① 国家是一种高级的、有组织性的人的群体聚合，是随着私有制和阶级压迫而产生的。这时人的矛盾不仅局限于个体间的矛盾，还包含了个体与群体、群体与群体以及群体与国家的矛盾。相应地，这时的权力，也不仅仅是人力聚合的自然产物了，而是在国家组织之下、更加复杂和有力的社会化力量。这时，阶级属性是社会和国家的必要属性。阶级矛盾主导了奴隶社会的一切矛盾，阶级压迫主导了奴隶制国家政治斗争，阶级统治主导了权力的运用。这时的权力就是阶级压迫的权力，是人附属于阶级的权力形态。在这一权力形态下，人的个体利益冲突被掩盖于阶级冲突之下，人与人之间是完全不平等的，社会矛盾体现为阶级矛盾。人对于资本的依赖决定了个体所归属和效忠的国家只不过是相对于自然状态下使人可以勉强生存下去的倚靠而已。以上是关于权力产生的历史逻辑推理，下面笔者将从权力的基本语义入手来研究一下权力的基本内涵及其构成。

（一）权力的基本内涵

"权"的繁体字为"權"。《庄子·胠箧》："为之权衡以称之。"在古代有"秤锤"之义，权，即秤砣；衡，即秤杆；合起来是"秤"的意思。作动词时，即为用秤称量的意思，如《孟子·梁惠王上》："权，然后知轻重；度，然后知长短。""权"的引申含义还有如下几个方面：1. 衡量，比较。《吕氏春秋·举难》："且人固难全，权而用其长者，当举也。"2. 平衡。《周礼·考工记·弓人》："九和之弓，角与干权。"郑玄注："权，平也。"3. 权柄。《庄子·天运》曰："亲权者，不能与人柄。"综上，"权"在我国古汉语语境中具有平衡、比较、裁判之意。

"力"的含义相对简单明了。力的甲骨文字形像农具"耒耜"，蕴

---

① 《马克思恩格斯全集第二十一卷》，人民出版社 1965 年版，第 194 页。

含着筋骨之力、气力的含义，如《诗经·邶风·简兮》："有力如虎，执辔如组。"后来又引申出社会之力、能力的含义，如《周易·系辞下》："德薄而位尊，知小而谋大，力小而任重，鲜不及矣。"除此之外，"力"还有势力之义，如《诗经·大雅·桑柔》："民之回遹，职竞用力。"综上，力的基本含义是指事物间的相互作用和影响。"权"和"力"合在一起组成一个词语——"权力"，说明它是一种在各种"利"和各种"力"之间起到平衡、调整作用的决定性和权威性力量。"权力"在现代汉语中的含义为："（1）政治上的强制力量；（2）职责范围内的支配力量。"① "权力"在英文中的表述为 power，它的拉丁语动词 posse（能，能够），起源于拉丁文的 potestas，意指一个人或物影响另一个人或物的能力。② 由此可见，权力在中西方语境中的基本含义都是指超越于个体和社会之上的一种权威性力量，它的一般性社会功能是定分止争。

恩格斯认为："辩证法在考察事物及其在观念上的反映时，本质上是从它们的联系、它们的联结、它们的运动、它们的产生和消逝方面去考察的。"③ 下面笔者将在当代语境下对权力做一个整体性的解释和阐述，从而说明权力从何而来，它的基础在哪里以及它的本质和核心是什么。

首先，关于权力的来源。在遥远的古代社会，权力因社会的形成而产生；在当代，现代权力因民族国家和民主社会而存在。权力首先表现为一种力的存在。力分为自然之力和社会之力，自然之力是天然的，而社会之力——尤其是权力——是人的聚合的结果。一个人的力量是

---

① 中国社会科学院语言研究所词典编辑室编：《现代汉语词典》（第7版），商务印书馆，第1082页。

② ［英］戴维·米勒等：《布莱克维尔政治学百科全书》，邓正来译，中国政法大学出版社1992年版，第595页。

③ 《马克思恩格斯选集第三卷》，人民出版社2012年版，第792页。

有限的，一群人的力量可以做的事情也不多，但是一个部族或是多个部族聚合起来所形成的社会力量则是巨大的。因此，我们姑且不做国家来源的猜测，就国家权力的来源而言，其实就是人的聚合、资源的聚合及它们聚合的方式和手段即国家制度。① 人的聚合是指人口数量、质量、结构和民族构成等，这是国家权力形成的前提；资源的聚合是指一个国家所拥有的自然物产和地理环境等物质力量，这是一个国家形成国家权力的基本条件；国家制度是权力形成的"软件因素"，是将人与物结合在一起形成力量的机制，是权力形成的方法和手段。总之，力从何而来，首先是因为人。但是个体的人不等于力的产生，至少不能等于国家层面的力的产生。人在共同利益的驱使下在某个体制的组织下才能产生权力之力的社会力量。所以聚合的人的力量才是权力的来源，如果说单个人的力量有意义的话，那也是处于集体中的单个人。

其次，关于权力的基础。权力来源于人与物的聚合，权力的基础在于人与物的具体构成要素。"政治权力的形成是政治权力的主体动员和凝聚有效政治资源的能动过程，也是政治权力主体的主观条件与客观条件有机结合的过程……这些要素成为政治权力构成的基本变量。"② 因此，就整体而言，权力构成的基础包括两个方面，即客观条件和主观条件。从客观条件来说，具体包括如下几个方面的因素。

第一，人口。一定数量的人口是形成权力的前提，没有人口的存在就没有社会和国家，就不可能产生权力。因此，人口是形成社会权力和国家权力基础的基础，可称之为元素，即最基本的构成因素。但是应当明确的是，人口因素与国家权力之间关系是复杂的，不能简单

---

① 现代国家构成有三要素说或四要素的说法，概括来说当代国家构成包含了人、资源和制度三方面的要素。考察人类历史上强国与弱国之差异，我们可以总结出国力之力无外乎于三者之中。

② 王浦劬：《政治学基础》，北京大学出版社，2005 年版，第 102 页。

归结为人口越多，权力越大。首先，稳定的人口增长是国家权力形成与发展的基础。"因此，一个国家如果没有充足的人口来创造和运用国家权力的物质工具，它显然不能成为一个一流国家。"[①]其次，如果人口增长速度超过国家现阶段经济发展承载力，将会给国家粮食、卫生、安全等方面带来巨大压力，从而会消耗掉国家发展空间，造成国力虚弱。在 2020 年的世界人口数据统计中，人口数量居于前十位的印尼、巴基斯坦、尼日利亚和孟加拉等国就是这种情况，这些国家人口基数大，但国力并不强，甚至可以说是弱。除却人口数量以外，人口质量与人口结构亦是支撑国家实力的重要标准。"在其他条件相同的情况下，一个国家如果拥有较多对于军事和生产目的有潜在用处的人口，那么，它对于老年人占多数的国家就拥有了权力优势。"[②]

第二，物质资源，包括所有人类生存、发展所需要的自然资源和人造的物质之和。在国家间权力的斗争中，实际消耗的是具体物质资源，谁的物质资源可以支持到最后谁就是斗争的最后胜利者，反之，就是失败者。在战争中，一个国家要想实现自己的战略意图，即便是当前世界上综合国力最强大的国家，如果没有足够的资源，即使面对的是一个弱小国家也是无法取胜的。例如，在越南战争中，战争所形成的 8000 亿美元消耗就已经令美国不堪重负，所以为了避免继续深陷战争泥潭，美国只能选择从越南撤军。类似的案例，还有苏联于 1979 年发动的入侵阿富汗战争，堪称"大象"与"蚂蚁"的对战。战争旷日持久，历时近十年，耗资超过 450 亿卢布，使其国力被大幅度削弱，进而不得不改变全国战略，对彼时的世界格局产生重要影响。最终，作为

---

① ［美］汉斯·摩根索：《国家间政治：权力斗争与和平》，徐昕等译，北京大学出版社 2006 年版，第 191 页。

② ［美］汉斯·摩根索：《国家间政治：权力斗争与和平》，徐昕等译，北京大学出版社 2006 年版，第 192 页。

世界第二强国的苏联因为不堪其物质消耗的负担从弱小的阿富汗全部撤军。

第三，国家以货币形式表达的社会财富。"任何社会财富本身都代表着一定的力量，社会财富的累积就意味着力量的扩大，社会财富的占有就意味着力量的拥有，社会财富的控制意味着力量的掌握。"[1]一国的社会财富首先表现为实在的物质资源，除此之外是其拥有的货币资金（包括代表货币的贵重金属和外汇储备）。一般来说，一个国家现有的物质资源在一定时间内是相对不变的，但是它的社会财富可以转化成可以调动的物质资源（有外汇储备，可以随时从别国购买所需要的物质）。总之，一国的经济财富对内可以体现为强大统治力，可以最大限度地满足国民需求，增强国家凝聚力和行动力；对外可以体现为对于他国的吸引力和影响力，当然在战时就可以直接转化为战斗力。所以，一国经济实力的大小基本决定了该国在世界上地位的高低和实际影响力的大小。当前，世界各强国几乎无一不是经济上的大国，所以，经济实力代表了国力，经济因素是构成国家权力的基础之一。

第四，地理位置及自然环境。地理自然环境是人口生存的基础，因此，也是具体权力生成的土壤。正如摩根索所说："一国权力所依赖最稳定的因素显然是地理。"[2]具体来说，包括地理位置、国土大小及纵深、国土资源构成及其多元性等。地理位置决定了与他国的相对关系是否具有优势、是否有更多纷争、是否占有地缘便利等。国土大小及纵深决定了国家发展的空间、国力的体量，同时也决定了国家在战争状态下的生存能力与反击能力。国土资源构成的多样性反映了国家实际的生存与发展能力，是国力变化最具延展性的因素。比如，美国的

---

① 王浦劬：《政治学基础》，北京大学出版社 2021 年版，第 83 页。

② ［美］汉斯·摩根索：《国家间政治：权力斗争与和平》，徐昕等译，北京大学出版社 2006 年版，第 171 页。

国土地理位置是优越的，海洋为美国国土形成了天然的隔离带，使美国的主要领土并未受到两次世界大战和其他阶段性的区域战争的破坏。同时，美国毗邻的北美盟友和南美诸国大都拥有丰富的资源，但这些国家在政治和经济等各个方面多少会受到美国掌控。这一切成就了美国在世界上独一无二的地理优势。另外，掌握成熟的核技术是成为军事强国的必要不充分条件。核大国是核对峙之下处于优势地位的国家。在核对峙状态下，核大国需要拥有足够广袤的领土以便疏散本国的人口、安置核基地、重工业基础以及产业集群。以日本、英国、法国等国为例，这一类国家国土面积较小，缺乏可供疏散核攻击风险的陆地领土，一旦遭受核威胁，必将举国陷于险境之中。故而，只有领土具有准大陆面积的国家，如中美俄等国才有实力成为核大国。[①]

第五，军事实力。暴力是权力天然的、有机的组成部分。作为由权力组成的暴力，它具有强制力、控制力和破坏力，它是专门的国家机器的产物。"所有这些特性，使得暴力成为政治权力最核心的组成部分。"[②]而国家军事实力是国家暴力中最集中、最具代表性和最终决定性的权力。在特定的历史时期，国家的命运走向取决于军事力量的角逐，国家军事力量的强弱与其战争技术水平存在重要关联，战争技术水平较弱的一方很难通过其他方式取得军事上的主动权。从古代诸多文明的灭亡（例如，希腊文明城邦被野蛮马其顿的灭亡，还有古埃及文明、古巴比伦文明等皆是直接毁于战争）我们可以看到，其覆灭最直接的也是主要的原因是军事实力的落后。近现代发生于20世纪的武器技术的四次革新都不同程度地影响了战争的进程和走势。例如，潜艇在一战中的运用奠定了德国之于英国的战争优势；坦克在一战尾声的使用是

----

① ［美］汉斯·摩根索：《国家间政治：权力斗争与和平》，徐昕等译，北京大学出版社2006年版，第173页。

② 王浦劬：《政治学基础》，北京大学出版社2021年版，第83页。

协约国取得胜利的保证；空军开始投入战斗是德国和日本在二战初期占有优势的重大原因；1945 年，美国在日本广岛和长崎首次投下原子弹彻底摧毁日本的抵抗是二战加速结束的原因。因此，军事实力是影响国家生存与安全最持久、最直接的能力，在具体国际关系中体现为国家的国际权力。所以在当代世界，某个国家是军事强国也就意味着它是一个世界强国。苏联解体后，俄罗斯虽然经济水平不高，发展缓慢而且备受美英制裁，但是它强大的军事实力一直是支撑着它作为世界强国的基底。

第六，科技力量。邓小平多次指出："科学技术是第一生产力。"[①] 科技反映了人类认识和改造自然世界的能力，是人类特有的能动性的体现，是推动社会发展的革命性力量。国家科技能力的发展与其国际地位、综合国力、社会生产力息息相关，所以科技创新位于国家发展全局的核心位置。首先，科技能力作为国家实力的一个独立构成要素，是综合国力评价的一个重要指标。科技强则国强，关键核心技术决定了国家在世界竞争中所处的位置和未来的发展空间。5G 技术、芯片技术、光刻机技术等成为当前国与国之间角力的重要方面，这不仅仅是经济的问题，还直接涉及国家政权安全、制度安全、意识形态安全等重大安全问题。其次，科学技术还是一个融合性因素，它渗透到生产力构成的各个要素之中，成为促进社会发展的重要动力。科学技术提高了劳动者的素质、技能和生产经营水平，开发了新的劳动对象，创造了更加先进的劳动工具，设计了新的劳动方式，拓展了新的职业模式和新的经济发展业态等。总之，科技的伟力渗透于社会发展和生产经营中的方方面面，是各个生产要素变革的催化剂。最后，科技有利于塑造国家精神和树立国民自信心。中国高铁技术在世界的广泛运用，

---

① 《邓小平文选第三卷》，人民出版社 1993 年版，第 275 页。

中国空间站在太空的异军突起，大国工匠辛勤躬耕和大国重器的横空出世深深地激发了中国人民实现中华民族伟大复兴中国梦的昂扬斗志。科学技术是推动历史进步的革命性力量，在历史洪流中，科技从来没有像今天这样深深地影响着人类命运，也没有像今天这样深深地左右着各国人民的生活福祉。关于科技的理念、思想已经深深地渗透到国家的民族精神和国民自信之中。

权力主观条件是权力主体的基本构成情况，权力主体包含个体、群体以及当代社会高度组织化的机构等。"政治权力的主观构成要素是指政治权力形成过程中，政治权力主体自身的状况和条件，抑或是这些状况和条件在政治权力中的凝结。"① 从主观条件来说，权力的基础包括国民素质、组织机构、社会制度和领导人威望等。

第一，国民素质。"所谓国民素质，是指一国国民在先天禀赋和传统文化影响的基础上，在后天教育和实践活动中形成的包括身体、心理、社会文化特质等在内的综合素质。具体包括身体、心理和社会文化素质，具有先天差异性与后天发展性、历史性与现实性、个体性与群体性等特征。"② 人是社会组织存在的基本物质前提，国民是权力的所有者，国民素质决定了国家权力行使的能力、状态和水平。例如，作为国民社会文化素质体现的社会主义核心价值观，习近平总书记指出："对一个民族、一个国家来说，最持久、最深层的力量是全社会共同认可的核心价值观。"③ 将其全面融入中国特色社会主义法律体系，筑牢治国理政的共同思想道德基础，才能实现国家治理能力和治理体系现代

---

① 王浦劬：《政治学基础》，北京大学出版社 2021 年版，第 84 页。

② 林世选：《国民素质论：和谐社会构建与国民素质研究》，中央编译出版社 2009 年版，第1 页。

③ 习近平：《青年要自觉践行社会主义核心价值观——在北京大学师生座谈会上的讲话》，《人民日报》2014 年 5 月 5 日第 2 版。

化。因此，国民素质是权力构成的基质。

第二，组织机构。组织是人的集合，机构是人与物的结合，组织机构是人的群体活动的法治化与制度化的结果，组织机构是社会权力运行发展到一定程度，在社会内部形成的结构严谨、职能分立，并彼此统一、协调与配合的组织系统。中国共产党能长期执政，是因为拥有 9918.5 万名党员、517.6 万个基层党组织，[①] 具有无与伦比的组织力、号召力与凝聚力，是人民的政党，是执政基础最坚实的政党。因此，组织机构是权力构成的经纬。

第三，社会制度。社会制度是指反映并维护一定社会形态或社会结构的各种制度的总称。制度是运行中的法律、行动中的社会纲领，决定社会发展方向，体现国家权力的性质。此次世纪疫情将当今世界的两种基本社会制度的性质与优劣彰显于世。中国以其强大的组织与防控能力，体现出了以人民为中心的社会主义制度的韧性和整体优越性；资本主义社会的混乱、无序以及对于人民生命的放任，显露出其民主、法治的虚伪性和资本主义制度在重大灾难面前的脆弱性。可见，制度是权力构成的"软实力"部分。

第四，领导人威望。马克思主义基本观点认为历史是由人民创造的。领导人虽然不能决定历史走向，但是他们可以凭其智慧、性格因素影响社会进程。历史上，美国的罗斯福、苏联的斯大林和英国的丘吉尔对于结束第二次世界大战产生了深远的影响，是当时世界权力的整合者。当今世界，中国之所以能走向复兴，与以习近平同志为核心的党中央集体的政治智慧和强大领导能力是密切相关的。自党的十八大以来，中国以前所未有的速度发展而且在国家重大事项上统筹全局，立意高远，为亿万群众摆脱贫困、追求美好生活保驾护航。因此，领

---

① 截至 2023 年底。

导人是权力构成的代表。

权力的本质是用于压迫和统治的社会性力量。权力从根本上说是一群人统治和压迫另一群人的力量，这个力量是统治阶级单方面的意志的体现，具有阶级性和强制性。权力作为一种强制性力量，主要体现为如下三个方面：第一，强制对象完成某个任务。第二，强制对象不得作为。第三，强制对象接受某一状况或结果。同时，这个力量不是自然之力，不是个体之力，也不是偶然的群体之力，而是体制化的社会力量。这个力量不是简单的权力者的力量，这种力量发自权力者但又超越权力者，是以全社会之名发布的社会力量，从而使该力量具有了权威性和合法性。

权力的核心问题是利益。按照马克思主义的观点：人是自然属性与社会属性的统一体，社会属性是人的本质属性，自然属性是人的社会行为的起点。人为什么会聚合在一起？人类形成社会和国家是为了什么？人为什么需要和渴望权力？因为"在任何情况下，个人总是'从自己出发的'……由于他们的需要即他们的本性，以及他们求得满足的方式，把他们联系起来（两性关系、交换、分工），所以他们必然要发生相互关系"[①]。可见，是需要，是作为主体需要的利益将自然人结合到一起形成社会和国家，形成权力，因为"社会力量是人性在行动中的产物"[②]。所以，人类社会政治的核心问题是权力，而权力的核心问题是利益。具体来说权力与利益之间的关系体现在三个方面：

第一，运用权力获得利益。权力作为一种社会现象，其产生的根本原因是利益资源的有限性与人的需要的无限性之间的矛盾。所以，每个社会个体要从自身的生存与发展需要出发来争取资源利益，因而，

---

① 《马克思恩格斯全集第三卷》，人民出版社 1960 年版，第 514 页。

② ［美］汉斯·摩根索：《国家间政治：权力斗争与和平》，北京大学出版社 2006 年版，第 27 页。

"人的权势普遍讲来就是一个人取得某种未来具体利益的现有手段，一种是原始的，另一种是获得的"①。

第二，运用权力分配利益。权力作为一种凌驾于社会之上的超然力量，社会成员间的利益冲突是权力产生的直接原因。利益与利益之间的对抗与冲突是现实世界的重要特征之一，人们为了平衡利益之间的冲突，会寻求道德力量的作用来弥合冲突。然而，道德原则面对利益冲突时发挥的调节作用始终是有限的。因此，权力调整了社会成员间的利益，维持了社会存在的基本秩序。

第三，运用权力保障利益。社会是多元的、复杂的，会有许许多多的利益群体。被统治阶级有一定社会力量，但是不能拥有权力。权力是属于统治阶级的。当然，具体的权力结构非常复杂，权力掌握在占据统治优势群体的手中，这是社会的基本规律。正如，部分学者从利益保障角度出发来界定政治的概念，将其表述为"在特定社会经济关系及其表现的利益关系基础上，社会成员通过社会公共权力确认和保障其政治权利，进而实现利益要求的一种社会关系"②。

（二）权力的逻辑构成

权力从学理角度说是抽象的，难以碰触和把握的，但是在具体的社会实践中它又是具体的、多变和充满活力的。尤其是在国家政治舞台上，权力导演了一代又一代人的生死、存亡、兴衰与荣辱。权力可以在转身之间改变一个人的人性，权力也可以在一夜之间剥夺一个人的社会生命，权力还可以在世纪交替之际令一个超级大国怦然解体。那么从国家政治与社会实践的角度入手，抽象而神秘的权力具体是由

---

① ［英］托马斯·霍布斯：《利维坦》，黎思复、黎廷弼译，商务印书馆1985年版，第62页。
② 王浦劬：《政治学基础》，北京大学出版社2021年版，第1页。

什么构成的呢？它的现实真身到底是什么呢？

权力好比是一柄利剑。利剑是由剑柄、剑身、剑锋、剑尖等部分共同构成的。剑柄，是利剑之所持，柄虽然不能杀敌，但是没有柄就无法用剑来杀敌；剑身决定了利剑所能控制的范围，它的材质决定了它可以使用多久；剑锋是用来大面积砍杀敌人；剑尖是用来精准、集中击杀敌人。类似的道理，权力的权柄是主体运用权力的抓手；权势是权力所达的范围，是剑身可控的距离；权效是权力的存续期限，可以比作剑身的材质；权能是权力运用的技术、技能和方法，可以比作运用剑锋与剑尖的技巧。可见，权力是由权柄、权势、权效和权能构成。

第一，权柄是权力形成的社会依据，是指主体凭借什么获得或行使权力。权柄是将各种"力"的构成要素或者说是权力资源统筹、凝聚到一起的纽带，从主体运用权力的角度也可以称之为权力的抓手。权柄一般来说最容易和权力构成的具体资源相混淆。摩根索认为"权力是控制他人心灵和行动的能力，权力的构成因素主要有地理、自然资源、工业能力、战备、人口、国民性、国民士气、外交素质和政府素质等，这些因素都属于国家自身"[①]，因此部分学者认为，国家权力资源完全决定了国家权力的大小，国家拥有更多的权力资源，就可以对其他国家发挥更大的影响。但事实上，在当代国家间的政治博弈中，此种观点的解释力明显不足。以美国为例，美国作为世界上权力资源最多的国家，不论是在昔日的抗美援朝战场上，还是在越战中均失败。[②] 总之，权柄具体来说是指：从个体角度说，一个官员基于他的职位（职权）可以调动一系列的资源，这些资源可以影响其他人的机会、位置或者利益等。因此，该职权的依据是权柄。从社会组织角度说，一个组织之所以能决定其成

---

① ［美］汉斯·摩根索：《国家间政治：权力斗争与和平》，徐昕等译，北京大学出版社 2006 年版，第 148 页。

② 周丕启、张晓明：《国际关系中的国家权力》，《国际论坛》2004 年第 1 期。

员的重要利益，是因为该组织在成员中的动员与组织能力。因此，该组织的权柄是命令与协调机构。从国家角度说，一个国家在国际关系中权力的展现是由于其某方面实力的展现。因此，从这个角度说，权柄也可以理解为将权力资源转化为现实权力的工具。

第二，权势是权力的势力范围，没有权力可以恣意纵横，权力在其势力范围之内才能充分发挥。权势的范围一般是以权力建立的组织的地域空间为限度的，在组织地域空间之内有效，超出地域范围权力就失去了存在的基础。这是权力的地理限度。当然，有的组织虽然是跨国家的国际组织，但是该类组织也只是在其组织架构范围内有效，不存在无限制的"国际权力"。实际上，当今世界有一些资本主义"核心"国家，他们利用在旧有的国际体系中的核心地位，行使了超越其国家地域的权力。例如，美国除了既有体系优势外，还通过北约、日美安保、"五眼"同盟等结盟手段将国家权力扩展到世界的许多地方。另外，由于 21 世纪信息社会的飞速发展，信息空间呈现出去中心、去疆域的特征，使得国家权力呈现出更加多元的格局。尤其是出现了一种新的权力样态——信息权力，它突破了国家疆域的限制，突破了国家对于很多权力的垄断。从整体上说，当前权力的具体样态虽然不断发生变化，然而并没有从本质上改变当今世界的基本权力面貌。

第三，权效是权力针对谁有效，在什么期限内有效的问题，没有什么权力是可以永恒有效的。首先是权力对象限度的问题，也就是说某项权力针对什么人、什么事项有效的问题。一般来说，权力就组织内部成员而言是有效的，包括自然人和组织内部的团体；就组织管辖范围内发生的事项而言，权力也具有影响力或统治力；就组织成员与组织外个体或组织发生的行为而言，某一权力的效力情况是待定的。其次是时间限度的问题。对个体权力者来说，权力始于职务的任命，终于职权的停止，是有任期的；对组织来说，组织权力始于成立，终于组织解体。但是，国家作为一个特殊的组织，它的国家权力是长久的，只要国家政权存在，国家权力就永远存在。从马克思主义人类唯物史观角度来说，有学者认为："随着社会生产力的发展，财富充分涌流，消除利益实体相对稀缺，结束公民个体利益同公共利益对立的社会理想终会成为现实。人类走向这一理想境界的过程，同时也是国家权力向公民权利回归、最后完全融于公民权利的过程。"① 随着国家和阶级的消亡，国家权力终究回归于社会权力之中。

第四，权能是运用权力的具体方式、手段，是权力能力的现实展现。在我国法政治学领域当中，很早就有学者在关注权能问题。根据现有文献，在国内学者当中，郭道晖先生较早明确提出过国家权力、权能的问题。有的学者借用民法概念解释全国人民代表大会享有国家权力的占有、使用、处分，人民享有最终收益权。其实早期学者提出这个观点还是很有创新性的，具有相当的理论张力。但是这个观点在当时也只是基于国家机关内部权力分工提出的，尚缺乏丰富的国家具体政治实践的支撑。支持该观点最有力的国家实践出现在 20 世纪末，主要表现为中国香港（1997 年）和澳门（1999 年）回归以及欧盟的实际形成与运行。"一个私法理论为什么可以解释公法问题"？学界尚未从学理上给予充分说明。童之伟教授对此进行过深入阐释，他提出：权利与权力以社会物质财富为本源，具有物质的同一性和量上的对应关系。二者在社会实践中虽然具有差异性，但这绝不是对它们社会物质财富统一体的否定，而恰好是其物质本源体的动态实现方式。总之，就权能理论的基本含义来说，它是指权力具有多种实现和表达方式的理论，主要包括占有、使用、收益、处分等四种权能。在具体国家实践中，人民是国家权力的所有者，由国家各代表机构代为行使各种权能，但

---

① 童之伟：《公民权利国家权力对立统一关系论纲》，《中国法学》1995 年第 6 期。

是人民享有最终收益权和终极的处分权。

（三）权力的特征

权力的特征是权力区别于其他社会之力以及自然之力的基本属性，是权力之所以为权力的一般社会规定。权力的特征不仅仅局限于国家权力的属性，而是所有各种权力种类具有的共性的特点。具体来说，权力具有以下三方面的基本特征。

第一，强制性。强制性是权力的根本特征，是权力之所以为权力的基本属性。所谓强制性，是指不以权力对象主观意志为转移的权力内容的确定性、执行性以及权力行使中遇到反抗的惩罚性的结合。"强制力是一切权力最原始、最直接的来源。政治组织区别于其他民间组织的最明显之处就是合法地垄断使用强制力，国家强制力是国家权力的重要构成部分，为行政领导权力的行使提供最后的支持。"[①] 可见，强制性是权力的牙齿。没有强制性，权力就失去了其自身存在的基本依据。但是权力的强制性特征是显性和隐性形式的结合，是无所在，又是无所不在的。当人们的行为符合权力意志的时候，权力的强制性是隐形的，是无所在的；当人们的行为没有响应权力意志要求时，权力的强制性就要显现出来，是无所不在的。从客观角度出发，强制力对于控制、维护社会稳定具有积极效用，但并不代表权力主体可以通过强制力的作用使权力客体完全服从于权力主体的主观，暴力强制的作用始终是有限的。[②] 所以，在具体社会实践中权力强制性的存在形式是多种多样的，手段也是依据不同对象和情境有所变化的。

第二，延展性。延展性是权力的第二特征，同时也是其强制性特征

---

① 孔昭林：《实用行政管理》（第三版），高等教育出版社 2013 年版，第 93 页。
② 周光辉，张贤明：《三种权力类型及效用的理论分析》，《社会科学战线》1996 年第 3 期。

的一个衍生属性。所谓延展性，是指权力自身在社会生活中，如果缺乏足够约束，它会无限延展其控制范围和扩展其控制内容的属性。权力延展性就现象观察来说是权力运动惯性和冲动性的体现，因此，该特征经常也被称为权力的任性。首先，延展性来源于权力本身的强制性。强制性是一种单方面的、非民主的统治力量的体现，所以，权力在专注自身权益的时候就不会再考虑其他利益的存在。否则，权力就不再是权力。基于现实而言，在没有足够约束的时候，权力是永远不可能与"民主"对话的，否则就是对自身的否定。同时，权力本身的延展性也是主体欲望无限性的现实反映，主体的权力欲望宛如田地里的野草，疯狂生长且没有边界。所以，主权者要永远保持对权力高度的警惕。法律有牙齿，权力要有边界。为了防止权力的任性和过度延展，需要让权力在法律的框架内运行，把没有节制的权力欲关进制度的铁笼中。

第三，干涉性。权力的干涉性与权力的产生有关。权力的本质是一种社会压迫和统治力量，不是为了压迫而压迫的暴君。权力的产生是由于社会资源有限性与人类的欲望无限性之间的矛盾。所以，权力是因为利益的冲突而产生，所以权力总是要游走于各种利益之间，干预方方面面权利的实现或剥夺。权力是国家与社会各个方面利益的仲裁者和统治阶级利益的维护者。首先，权力拥有者是为了维护自身的利益而发动权力的运行。其次，权力主体还要协调统治阶级内部各种利益差异和冲突。最后，权力主体要在全社会平衡各个阶级的利益，维持基本秩序，确保自身的眼前生存利益和长远发展利益。但是绝不能无视被统治阶级的核心利益和根本利益。否则，权力者就会在全社会无限的冲突中遭到毁灭性的反抗。

从其他角度观察，权力还有诸如合法性、排他性、多重职能性等特征。但事实上，这些特点归根结底还是上述三个基本特征不同侧面的表达。所以，为了论述的精简和科研的效率，笔者将权力的特征总结为上述三个方面，其他在此就不再赘述。

（四）权力的分类

权力体系构成纷繁复杂，为了能够更加清晰地认识权力，我们将对权力做一个系统化和理论化的分类，从而方便我们进一步研究权力现象和权力问题。

第一，从国家与社会二元区分的标准来看，权力分为国家权力和社会权力。这是权力分类的首要标准。"狭义的权力通常是指国家政治权力，广义的权力是指包括国家政治权力在内的一切社会影响力。在现实的群体组织生活中，权力现象的产生是必然的。权力不仅有国家政治权力、组织权力，而且有由于以血缘或地缘关系结合的共同的社会生活而产生的社会权力。"① 国家权力是权力的集中代表，是人类社会发展中最具统治力的力量。社会权力是权力的源头和起点，在不同历史阶段发挥的作用是不同的，随着阶级和国家的逐步消亡，社会权力仍将是人类社会基本秩序的保障。

第二，从权力的构成及其作用方式的区别来看，权力分为软权力和硬权力。所谓硬权力，是指国家权力构成的实体部分，包括资源、军队、地理位置等客观物质方面所形成的优势。而软权力相对比较复杂，内容难以确定。软权力一词是由美国国际政治学家约瑟夫·奈提出的，他认为它是一种"影响别人选择的能力，如有吸引力的文化、意识形态和制度"。软权力（Soft Cooperative Power）是与硬权力（Hard Command Power）相对的，该范畴的提出与约瑟夫·奈关于权力的界定一脉相承。他给"权力"下的定义是：权力是达到自身目的或者目标的

---

① 吴克昌：《国家权力、社会权力及其关系的分析》，《中南大学学报（社会科学版）》2004年第 2 期。

能力。而软权力是实现权力的最佳方式，也是国际权力转移重大变化之处。软权力与硬权力的区分体现在有形与无形、强制与同化、命令与自愿等。在国际政治实践中，软权力主要是通过政治观念的凝聚力、文化渗透力、价值观念的亲和力与国际环境的塑造力等方面体现的。可见，硬权力是通过强制力的驱动来实现目的，软权力是通过引导与渗透来达到目的。软权力的基本观点是：如果国家能够使其权力在别国看来是合法的，那么它在实现自己意志的时候就会较少受到抵抗。如果它的价值观念与文化形式具有亲和力与渗透力，就会得到其他国家的欣赏与支持。如果它的政治观念具有足够的吸引力，就会得到其他国家在政治层面的亲近与认同。如果它能有效地联合其他国家建立相对统一的国际规范并塑造相对和谐的国家环境，那么它在国际纷争中即可占据较为有利的位势。总之，一个国家文化的普世性和它具有的建立一套管理国际行为的有利规则和制度之能力，是重要的权力源泉。在当今国际政治中，那些软权力的源泉正变得越来越重要。[①]

　　第三，从权力构成的时代发展角度来看，权力分为高质权力和低质权力。信息社会极大改变了人类社会的生产方式，同时也深刻影响了人的生活与思维方式。从人类文明发展的角度探知，知识文化逐渐成为促成权力转移的重要驱动力。当下的时代发展是以知识创新为命题，最终是为了创造更多的社会财富。在这一层面上，脑力方面的超越基本上取代了体力方面的角逐。提及权力，人们通常首先想到的是暴力。因为世界各国的权力大厦都是基于暴力而得以存续的，任何具备自觉执行力的法律，任何国家的重大决策行为的背后都是暴力的背书。制度完备的暴力机关禁止和避免了无数无序的暴力，维护了人类社会秩序化的和平状态。毋庸讳言，维护和运行暴力机关的成本是巨

---

　　① 张小明：《约瑟夫·奈的"软权力"思想分析》，《美国研究》2005 年第 1 期。

大的，一旦启动，其代价也是难以估量的。"相比之下，财富则是远甚于暴力的权力工具。财富不仅能用于威胁或惩罚，还可以提供奖赏。财富既可以积极方式使用，也可以消极方式使用。因此，它比暴力灵活得多。财富创造质量中等的权力"而"高质权力则源于知识的应用"①。知识改变了我们现存的世界，人类对于知识的掌握和运作也必将决定我们的未来。知识是存于人类大脑当中的最富于创造力和爆发力的"元"力量，因而它是高质的力量。它既是一个独立的力量构成要素，还渗透于其他要素之中，是权力未来发展的决定性力量。

第四，从权力的具体内容和职权角度来看，本书所言权力主要是与私权相对的公权力。"公权力是人类共同体为生产、分配和提供公共物品而对共同体成员进行组织、管理，对共同体事务进行决策、立法和执行的权力，具体包括国家公权力，社会公权力以及国际公权力。"②公权力以国家权力为集中代表。国家权力从内容角度划分为两大类：对内国家权力和对外国家权力。对内的权力按照《中华人民共和国宪法》和修正案内容，划分为立法权、行政权、司法权和监督权。立法权是国家权力意志的抽象表达，它的本质是统治阶级以国家名义发布法律等规范性文件的专门活动，是至高无上的权力；行政权是国家权力的日常表达，是国家权力实现最主要的方式，它的价值追求是效率；司法权是国家权力的救济活动，是国家权力的判断权和裁决权的体现，是维持国家秩序的最后一道防线。国家的对外权力，是国家作为独立国际人格的体现，是依据国际习惯和缔结的国际条约而创设的。具体而言，根据权力的不同内容，国家的对外权力包含独立权、平等权、自卫权、缔约权和国家豁免权等。国家的对外权力是国家权力的外在表现形式

---

① ［美］阿尔文·托夫勒：《权力的转移》，黄锦桂译，中信出版社 2006 年版，第 22—24 页。

② 姜明安：《行政法与行政诉讼法》（第七版），北京大学出版社 2019 年版，第 7—8 页。

和国家主权的国际表达。

第五，从多元与综合性视角来划分。例如，美国学者迈克·巴奈特和雷蒙·达沃尔提出权力可以分为强制性权力、制度性权力、结构性权力以及生产性权力。一般地说，权力是产生于并依赖于社会关系的影响力因素，是这些因素塑造了权力。概括来说，可以从两个维度出发来分析权力：特定行为者的互动和（权力）构成的社会关系。基于上述两个分析维度，我们将权力分为强制性权力、制度性权力、结构性权力和生产性权力。强制性权力是指一方行为主体通过社会关系直接塑造另一方行为主体的环境或行为的权力，既包括物质性资源，也包括符号性和规范性资源。制度性权力是指占主导地位的行为主体通过某种正式或非正式的制度对另一行为主体实施间接控制或限制的权力。结构性权力主要涉及权力行为主体所处的不同社会结构层次的具体构成要素和具体内部关系，决定着不同层次行为主体的社会能力和利益。生产性权力主要涉及一般性和扩散性社会关系，由不同社会权力行为主体共同构成，其研究视野高于具体结构性权力。[①]

二、国家主权的基础理论

进入 21 世纪的第二个十年，我们研究国家主权其实是一个恰逢其时的新时代的节点。百年变局与世纪疫情相互交织，曾经在全球善治理论浪潮中备受质疑的国家主权理论在当前的国际博弈实践中却得到了充分印证，而我们所期待的全球合作、世界公民社会仿佛回到了 20 世纪，一切美好的理论设想在民族国家生存的硬道理下变得遥远。从

[①]　Michael Barnett and Raymond Duvall, Power in International Politics, International Organization, Vol.59, Winter, 2005, pp.39-75。

疫情初期欧洲各国无序争夺，到当前各国的安全困境和经济发展减速，一系列事实说明了人类历史发展还远远没有走出国家主权的时代。但是在全人类大变革大发展大调整的时代，"资深至稳"的主权理论将以什么样的面貌继续引领人类国家制度的建设？这是一个十分深刻而现实的理论问题。

（一）国家主权的概念

1. 主权思想的历史渊源

古希腊著名思想家亚里士多德在其著作《政治学》中开篇就言明了政治学的基本研究方法："我们如果对任何事物，对政治或其他问题，追溯其原始而明白其发生的端绪，我们就可获得最明朗的认识。"[①]因此，为了深入洞悉主权的历史与文化内涵，我们须从主权思想的历史渊源入手来界定作为基本范畴的主权概念。

首先是主权思想的古代渊薮。"早在古希腊时期与古罗马时期，哲学家们就对国家主权的范畴与内涵进行过探索、解释与定义。以柏拉图、亚里士多德为代表的古希腊先哲即是参照功能的同异性来对国家主权进行具体分析归类的。在古希腊时期，尚无国家的明确概念，哲学家们通过对城邦、政体的统治方式与统治力量的论述来进一步叙述国家主权权力的初级概念。并为启蒙时期主权概念的明确提出奠定了基础。"[②]主权思想古典起源的主要代表人物及其著作是：柏拉图的《理想国》，亚里士多德的《政治学》和西塞罗的《国家篇　法律篇》。他们基于城邦国家的政治实践，将权力与国家紧密结合起来，涉及国家最高统治权的问题，而主权就是国家政治统治权发展到一定阶段的

[①] ［古希腊］亚里士多德：《政治学》，吴寿彭译，商务印书馆 1997 年版，第 4 页。

[②] 鲁传颖：《主权概念的演进及其在网络时代面临的挑战》，《国际关系研究》2014 年第 1 期。

产物。

其次是中世纪（或者说文艺复兴时期）的主权思想渊源。"主权观念产生于从中世纪后期向近代过渡的欧洲，近代国家是从那里发端的。其中贯穿于中世纪政治的一条主线，即是教权与王权的斗争及相互力量对比的消长。"① 中世纪教权与王权斗争构成了欧洲政治生活的主题，期间王权之于教权不懈的斗争向世人昭示了国家最高权力的最终归属；同时，该斗争也在不断地剥夺封建统治基础，促进了分裂的各个部分凝聚统一的向心趋势。这一时期主权思想的代表人物是神权思想家奥古斯丁和托马斯·阿奎那，他们强调神权的最高性。阿奎那进一步指出权力虽然本质上是神圣的，但在方式上是世俗的，正所谓"恺撒之物归恺撒"。同时阿奎那指出人民可以反抗暴君，体现了人民主权思想。

最后是近代马基雅维利对于主权思想发展的贡献。马基雅维利是欧洲从中世纪走向现代过渡时期的一位重要的政治思想家，他的思想具有鲜明的时代和个体特色。马基雅维利不仅在政治理论领域有所建树，在政治实践方面同样做出了杰出贡献。他的思想具有强烈的政治实用主义和功利主义的特点。基于 1454 年至 1512 年在佛罗伦萨共和国的从政经验，马基雅维利从人性出发而不是从上帝出发来研究国家问题，提出了以"国家理性"为核心的专制主义思想，他指出：意大利半岛国家之所以处于四分五裂、连年征战的状态，是因为教皇的存在。教皇一方面无力统一意大利，另一方面又不遗余力地妨碍其他统治者的事业。所以，"在那个年代里，他非常赞赏处于萌芽状态的民族统一的意识"②，而统一的思想武器就是主权。虽然马基雅维利没有明确使用主权

---

① 任晓：《论主权的起源》，《欧洲研究》2004 年第 5 期。
② ［美］乔治·萨拜因：《政治学说史》（下册），刘山等译，商务印书馆 1986 年版，第 390 页。

（sovereignty）一词，但是他在《君主论》中用"君主权"（principato）、"自主权"（liberta）和"当权者"（potentati）等政治学概念系统表达了主权相关思想，在实践上他要求建立强大的君主主权，实行武力统一国家。因此，马基雅维利对于主权思想的发展贡献是巨大的。

生产力的进步不断推动欧洲历史向前发展，历代思想家关于主权思想的积累使得主权概念呼之欲出。法国古典法学家、政治学家让·博丹是主权概念的正式提出者。1576 年，他在《共和六论》中第一次明确提出了主权概念，开启了国际关系主权研究的时代。让·博丹首次明确界定了国家与主权之间的关系，指出了主权是国家的本质特征。他将主权界定为"超乎公民和居民之上，不受法律限制的最高权力"和"在一个国家中进行指挥的……绝对的和永久的权力"[①]。他进一步将主权的性质归纳为绝对性和永久性。绝对性是指主权至高无上、不可限制以及不可分割，永久性是指它不受时间限制、任期限制。主权者的生命是有限的，主权的生命是无限的。可见，让·博丹不但提出了主权的概念而且阐释了主权的重要属性。[②]

2. 主权语义的当代解读

主权的现代英文表达为 sovereignty，关于该词的西语语源大家的观点是一致的，认为它是由 superanus 这一拉丁语词发展而来的。Superanus 意为 being above，即高高在上的事物。在 12 世纪的用语中，sovrainetez 意指顶点，如山的巅峰。这一词汇在基督教的教义中，意指上帝的全知全能，尘世的君主虽亦拥有最高权势，但人世没有一物可证例如上帝般的权能。[③] 总之，"到了近代，嬗变成 sovereignty 一词后

---

① 何汝璧、伊承哲：《西方政治思想史》，甘肃人民出版社 1987 年版，第 92 页。
② 徐大同：《西方政治思想史》，天津教育出版社 2000 年版，第 111 页。
③ 任晓：《论主权的起源》，《欧洲研究》2004 年第 5 期。

便含有最高权力的意思了"①。但是就主权思想的缘起来说，学界普遍的观点是："主权概念的理论渊源最早可追溯到罗马法时代。在罗马法中，所有权、家父权以及保护权结合而成的帝国皇帝权力，都为主权概念的最终形成提供了丰富的资源。"②任何思想的产生都有其深刻历史动因和生成土壤。古代家庭中父权的权威性，满足了处于封建分裂状态下的人民对于统一和秩序的渴望和想象。基于所有权，国家的主权者行使对于人民、社会和国家的治理。丰富的商业实践和底蕴深厚的罗马法赋予了主权思想以原始的思想素材。总之，这一设想的合法性根植于一定生产力基础之上的国家统一、社会的秩序和人民的福祉需求，而这一切恰恰是主权概念所肩负的历史使命。所以，是这些民族国家的本质需要创造了主权这一范畴，同时也赋予其充分的合法性。

主权的中国语义解析。主权是英文 sovereignty 的中文翻译，是属于意译，其文本含义基本上能够涵盖 sovereignty 的原本内容。何谓主权？主，即主人、主导、主要之含义；权，就是权力。合在一起就是以主人身份所领有的权力，主权的本质是对于国家的统治权力。另外，从主权来源来看：主，也可解释为做主，即为统治之含义；权，是权力，乃公权力之含义。权力来源于权利，是权利的聚合，是为获取权利而设置的。但是在具体的社会生活中，权力相对于一般的个体权利具有抽象性，因为权力代表集体的更大多数人的利益。而主权则是权力中的权力，是至高无上的权力。同时，无论哪一种形态的国家主权理论，其实质都是人的统治，具体落实到某一个或几个阶级联合的统治。不存在纯粹抽象的国家或神的统治。历史上所有以国家之名或者是以神之名的主权，其实都是某个阶级统治的外在的历史包装而已。所有的国

---

① 王沪宁:《国家主权》，人民出版社 1987 年版，第 1 页。

② 陈志英:《西方现代性语境下的主权理论研究》，中国社会科学出版社 2007 年版，第 72 页。

家都是人的、阶级的统治。因此，国家与人民的基本关系是：国家是人民集合体，是人民主权实施的机构和主权实现的方式；主权属于人民，但是主权的具体掌控者是国家，人民无法也不能够直接行使主权；国家任何时候都不能僭越人民主权的主权者地位。

主权概念的中国立场。《现代汉语词典》将主权解释为"一个国家在其领域内拥有的最高权力。根据这种权力，国家按照自己的意志决定对内对外政策，处理国内国际的一切事务，而不受任何外来干涉"。《中国大百科全书·政治学卷》指出，主权是"一个国家所拥有的独立自主地处理其内外事务的最高权力"。学术界关于主权的研究主要是集中于政治学和国际法学领域，在此谨以两位极具代表性的学术专家的观点予以介绍中国学界的通说和共识。国际政治领域权威的专家认为"简言之，主权是一种以国家为范围的对内最高，对外独立的权力。主权的两重性即对内属性和对外属性，也称对内主权和对外主权"①。中国著名的国际法学家周鲠生认为："主权意味着最高权力，主权是国家具有的独立自主地处理内外事务的最高权力。国家主权具有两方面的特性，即在国内是最高性和对国外是独立的。"②综合分析权威词典的解释和两个学术领域专家的界定，关于主权的中国观点是高度一致的：主权是最高权力，具有对内和对外两个维度。可见在主权基本界定上，国内学界遵循了传统主权理论的基本原则和精神，侧重于主权的保障功能。

（二）国家主权的基本结构

主权既是抽象的，也是具体的。从抽象角度出发，主权是权力之

---

① 王沪宁:《国家主权》，人民出版社 1987 年版，第 11 页。

② 周鲠生:《国际法》(上册)，商务印书馆 1976 年版，第 74—75 页。

中的权力，是国家最高权力的象征。具体而言，它不是虚无缥缈的纯粹概念，而是我们现实国家生活的核心内容和国际体系基本构成单元。主权的结构是指主权的具体构成、各要素的相互关系、整体的建构逻辑等，是主权现实生命的具体体现。主权的基本结构是从主权权力关系角度出发对主权范畴所做的解析，依据一般性法律关系的构成框架，主权是抽象性和具体性的有机统一，现将主权区分为如下几个方面。

第一，主体。主权主体即主权的掌握者和享有者。关于主权主体一般有人民说和国家说两种通行观点。国家说的优点是简单、明确，但缺点是过于抽象，很容易被假以国家之名而滥用。例如，二战中德国与日本的法西斯主义就是假借国家主权之名而发动的。人民说是大家普遍接受的观点，但是人民的内涵在东西方的差异还是很大的。其实，自主权概念诞生之日起，主权主体的问题就一直处于争论中。在欧洲国家建立之初，君主就是国家首脑，代表和引领着国家。所以，国家起初是君主主权。但是自313年罗马君士坦丁皇帝颁布"米兰敕令"以后，宗教后来居上开始与君主争夺国家主权。所以，在漫长的中世纪，君权和神权经历了长期激烈的斗争。法兰西国王菲利普四世与教皇卜尼法斯八世的斗争是具有代表性的经典案例。最终王权获得了胜利，将教会从主权领域驱逐出去，加速了民族国家的发展。总之，主权促进了民族国家发展。随着民主进程的发展，历史上先后出现了议会主权、人民主权和国家主权等多种主权形式。历史上出现的君主主权、教会主权以及后来的议会主权和人民主权，其界定的标准就是主权的归属即主权主体问题，谁拥有主权就决定了这个国家的性质。当代主权理论的共识是人民主权，即主权的主体是人民。但是由于阶级社会各个国家的制度是不同的，所以这个"人民"的具体内涵和范围有差异。在资本主义国家，"人民"是指资产阶级及其统治联盟；在社会主义国家"人民"是指最广大的无产阶级，在中国具体是指以工农联盟为基础的社会基本成员。

因此，阶级性是主权主体——人民——重要的社会属性。"人民"是一个政治概念，它的范围要小于"公民"，人民是主权的主体（也就是统治者），而公民则是主权的对象。

第二，内容。主权的内容不是抽象的，而是很具体的客观实在，事关每个国民的安全和福祉。总的来说，主权的内容就是所有国家主权行为的根本指向，是国家所要争取和获得的需求的总和，概括而言就是指国家利益。"我们可以将'国家利益'定义为一切满足民族国家全体人民物质与精神需要的东西。在物质上，国家需要安全与发展；在精神上，国家需要国际社会尊重与承认。"[①] 可见，作为主权内容的国家利益就是人民需求的满足。内容决定形式，国家主权的内容决定了国家主权行为。国家利益是国家行为的准则和目标设计的定盘星，决定了国家政策的方向以及战略选择。对此美国海权理论家阿尔弗雷德·马汉论述道："自身利益是国家政策合法的、根本的原因，它不需要虚伪的外衣。尽管适当地将它运用于一个具体事件时需要解释，但作为一个原则它是不需要证明其合理性。华盛顿说有一句话是永久的真理，那就是除了国家利益别指望政府能在任何其他的基础上不断地采取行动。作为机构而非原则，政府无权那样做。"[②] 因此，主权理论的变迁、主权实践的诸多调整都是紧紧围绕主权内容——国家利益这一根本点而展开的。因此，无论国际政治现象多么纷繁复杂，无论某个国际主体其前后行为多么矛盾，在国家利益的观照之下一切都会清晰如鉴。所以，抓住了国家利益这一根本内容，也就把握住了国际政治的发展规律。从抽象的角度说，国家利益是国家永恒的追求目标；从国际关系

---

① 阎学通：《中国国家利益分析》，天津人民出版社 1995 年版，第 10 页。

② ［美］阿尔弗雷德·塞尔·马汉：《亚洲问题及其对国际政治的影响》，范祥涛译，上海三联书店 2013 年版，第 103 页。

的实践角度讲，国家利益是随着时代变化和国家需求的侧重点的不同不断变化的。

第三，对象。国家利益所涉及的具体物、人以及其他影响国家利益构成的任何事物都可以成为国家主权调整的对象。总之，国家主权的对象是以主体需要和国家利益的形式来界定的。简言之，对象是国家利益的载体，是为满足主权主体需要而服务的。首先，主权对象是主体需要的满足。没有国家的需要就没有主权的对象，对象因需要而存在。需要界定了对象及其范围，因此，需要的变化也会导致对象的变化。其次，主权对象是具体的事物。从理论上讲其范围没有限制，凡是为国家所需要的事物都是主权对象，不需要论证和规定。按照当代国际法和国际惯例，一国主权范围之内的人口、土地、自然资源等都是主权对象。最后，主权的对象具有无限性和发展性，只要主体需要，任何事物都可以是主权的对象。目前，学界对于主权的对象，习惯于进行一些列举性规定，但不是限制性规定，具体表现为："……上述为主权对象但不局限于上述规定。"随着社会生产力和科技的发展，人类社会能够不断地拓展利益空间，所以会不断地增加主权对象。在现有的国家主权疆域之外，中、美、俄、法等国正在积极拓展在极地、太空等人类公共区域的主权影响，发掘更多的能够满足国民需求的对象。另外，随着人类信息社会到来，信息空间和信息利益早就成为各国主权竞相角逐的对象，所以，人类社会信息主权的时代已到来。

（三）国家主权的特征

何谓特征？特征是同类事物对比，主体所独有的、区别于其他事物的属性。主权的特征是主权与权力体系中的其他国家权力相比有所不同的特点。

第一，最高性。主权最高性是指主权在国家权力体系中位置最高，在其上没有更高者，也没有其他主体可以与其比肩。主权的权力最大，其权力的行使和运用不受任何其他主体的限制，它不需要对任何其他主体负责；主权的权威最高，它的意志获得其权力客体的一体遵循，但不仅仅局限于权力的强制执行，还包含被统治者的忠诚与信仰。在国家生活中，对内它不受法律的限制，因为法律是主权者意志的表达，主权者可以根据主权需要来修改法律。也就是说法律不是主权者的信仰而是主权实现的工具，工具怎么能高于主体呢？对外，主权不能臣服于任何一个其他的主权，否则，主权就不再是主权。然而，主权者出于现实情况的考量自主做出的妥协，不是对最高性的否定，而是主权者的选择。最高性是最高利益与最高形式的统一，最高利益是根本，最高形式是外在表现。最高形式是可以变动的，但是最高利益是根本与恒定的，根本的、整体的、长远的利益是主权的最高利益。

第二，独立性。主权独立性是指主权是一切其他国家权力的来源，它不依附于任何其他的权力。主权者自立自觉自主，不必听命于任何其他权力主体，主权国家不臣服于任何其他国家或组织。主权的独立性是从民族国家在与神权的斗争中形成和发展起来的，是在与各种外来势力相抗衡的过程中逐渐固定下来的，是民族国家得以成立的标志，同时独立性也推动了民族国家的深入发展。在全球化日益发展的今天，人类命运共同体思想是当代世界的文明理念，但这并没有否定国家的独立性，因为所有重要的世界命运共同体都是以国家为主体单位的共同体，而国家从来都没有因此真正失去其独立性。例如，我们中国在加入联合国后，有了更高的国际社会地位，更好地维护了国家主权，增强了捍卫国家独立的能力。

第三，延展性。自利性是所有事物的基本物性，是主体内在的本能和冲动。而主权作为一种最高的国家权力也具备自利性特征。主权的自利性是指主权会遵循其权力属性不断地扩展其权力范围和丰富其权力内容。在现实的国际政治生活中，小国和弱国大都是忙于自保，而大国和强国无一不在孜孜不倦地突破疆域局限向外谋求更广泛的权力空间。当然在这方面，资本主义大国和社会主义大国使命是不同的，资本主义大国扩展其权力是为了获取更多的利益和奴役其他国家，而社会主义国家权力的对外发展的目标定位是"世界和平的建设者，全球发展的贡献者，国际秩序的维护者"。

上述三个方面是主权的宏观方面特征。从微观角度来说，主权还具有绝对性、不可分割性、不可转让的属性。这是主权第二层次的属性，因为这些方面是主权最高性和独立性的衍生特征。首先，主权具有绝对性。正如主权概念的创始人让·博丹所阐释的那样："它不受时间、教皇意图、政府形式，甚至法律本身的限制……因而，主权不再是一种具体权力，而成为一切权力的最高归属。"[①] 其次，主权的不可分割性是指主权虽然有不同的观察视角，但所有的具体权能和权力分类都归属于一个权力主体，是一个完整统一的整体。最后，主权具有不可转让性。主权本身是不可以让渡或者共享的。因为主权是民族国家存在的前提，是国家的灵魂，是无法交易的根本利益。"主权问题不是一个可以讨论的问题。"[②]

实践中的主权特征。上述主权的特征是理论上抽象的特征，但是在实际的国际交往中，主权的上述特点是一种辩证的存在。具体而言，是在上述特征的基础上呈现出丰富的表现形式。

1. 主权的最高性与人民利益的根本性的结合

每个国家的主权都是最高的，不可侵犯的。但是在国际政治生活中，各个最高的权力碰到一起，必然会遇到各种矛盾。一国始终保持

---

① 肖佳灵：《国家主权论》，时事出版社 2003 年版，第 28 页。
② 《邓小平文选第三卷》，人民出版社 1993 年版，第 12 页。

唯我独尊显然是不现实的。主权者时常会受到群体中各方面的质疑与影响，如此，是否与主权的最高性相矛盾呢？事实上看似矛盾的现象背后是始终如一的主权规律，即主权最高性与国家根本利益的结合。主权的最高性本质上是强调国家利益最高，而不是抽象的绝对权力观的体现。现实中，主权的外在形式最终要以人民利益为根本，变还是不变乃至于具体如何变化要取决于国家利益的需要。永恒的不是主权而是主权者的根本利益。

2. 主权的绝对性与相对性的结合

主权的自主意志和自由精神是绝对的，这是主权的精神内核和价值本体。主权在国际关系实践中，从来没有任意妄为，这是主权实践相对性的体现。主权内在的绝对性是主权之所以为主权的基本属性（否则就不是主权）。主权外在的自由是相对的、有条件的，这是绝对主权与现实相妥协的结果。形式上的矛盾，并不能否定主权绝对性与相对性的有机统一，基于现实局限的主权，正如同困在笼子里的老虎，难道就不是老虎了吗？笼子里的老虎，虽然像一只大猫一样，但是它骨子里、精神上、本质里还是老虎。因此，主权客观存在是复杂的，它本质是绝对性，但是现实存在与运行具有条件性和相对性。例如，"事实上，欧盟成员国愿意将本国的部分最高统治权与他国共享，从某种意义上说，这恰恰是一种国家主权在经济领域的实践。从理论上讲，也是符合国家主权的绝对性和相对性统一的原理的"[①]。

3. 主权的不可分割与权能的高度灵活结合

从某种意义上说，主权是一种特殊的国家所有权，是超越所有国家权力的终极权力，是最高权力。所以，主权是一种高度集中和抽象的权力。从宏观的角度讲，主权是不可以分割的。主权者只有一个，"一

---

① 肖佳灵：《国家主权论》，时事出版社 2003 年版，第 6 页。

物不二主"，主权是完整而统一的，是无法分割的。这是由主权的本质决定的。但在现实的国际实践中，主权的具体运用和行使具有多重形式。权力的运用方式，我们称之为权能。权能的含义有二：一是权力的能力，二是前文所言的权力运用的形式或方式。其实二者并不矛盾。能力体现于不同形式的运用，表现形式多而灵活，权力的能力自然就强大。在当代国际政治实践中，欧盟的发展以及中国运用"一国两制"成功地解决了香港和澳门问题的事实，就是主权不可分割与权能高度灵活有机结合的生动体现。

（四）国家主权的基本功能

何谓功能？功能是指事物或方法所发挥的可能的有利作用或效能。功能不同于作用，功能是事物相互作用过程当中可能产生的影响，属于应然的、理论化的形态。而作用是属于实然的，实际发生的影响和效果。主权功能是指主权作为国家的主体构成要素，它对于国家建设所具有的可能性的影响和效能。至于实际的具体作用则取决于不同的国家个体所处的国际环境、国家的性质及能力等方面因素。下面结合国家的基本构成，基于主权的实践使命探讨一下国家主权的功能。

第一，构建功能。所谓构建功能是指主权对于国家的各个构成要素发挥凝聚、统合和建设作用的功能。在国家构成的四要素中，人口和土地是自然因素，而主权是构成要素，是发挥着凝聚、创建、统一和引领作用的因素。没有主权，政府就无从形成，主权是政府的先天的精神和灵魂；没有主权，只有人的集合是形不成国家的。"当论及主权对于一个民族国家的重要意义时，可以得到一个明确的事实：在当代国际体系中，没有主权架构的国家无法得到以联合国为代表的国际组织的认可与保护。"① 当代的非主体民族 ② 因为没有主权所以无法创建自己的国家。例如，拥有一千多万人口的库尔德人自一战奥斯曼帝国瓦解之后就一直在苦苦谋求建立国家，但是由于没有主权的依据，它在各国行动都是非法的，它的武装组织也被多个国家认定为恐怖组织。总之，主权是形成国家的灵魂，是立足国际社会获得承认的资格。非主体民族没有主权，得不到国际法的保护，就无法进入国际体系，无法获得国际权力，无法形成持久的国家忠诚，无法获得合法地位。综上所述，主权是黏合剂，是创造国家的精神原子，具有国家的建构性功能。"上述事实反映了现代国际关系中一个严酷的事实：主权是当代民族生存不可或缺的基石，国际法和国家间组织'只认主权，不管其他'。"③

第二，保障功能。主权保障功能是指国家主权动员权力体系运用主权理念和力量来保护国家的完整、统一和安全的功能。主权保障功能来源于国际体系的国家间对集体安全的承诺。如果完全遵循野蛮的弱肉强食的丛林法则，那么无论是强国还是弱国没有任何一个国家是安全的，国际社会就不会有任何秩序可言。主权原则为各国谋求相对安全提供了一个和平与秩序的框架，让各个国家在集体安全的目标下相互承诺尊重对方的主权。国家主权的研究一般分为对内和对外两个维度。从实践层面来说，主权对内主要是保障国家统一、社会安定以及国民福祉。主权是民族国家形成的灵魂，同时也是国家抵制分裂、维护统一的法律保障。一国之内不同阶级或阶层存在不同的利益诉求，但在主权的旗帜下各阶级可以求同存异、相互妥协，实现国家的基本

---

① 王逸舟:《主权范畴再思考》,《太平洋学报》2000 年第 4 期。

② 所谓非主体民族是指非国家构成的民族，如斯里兰卡的泰米尔人、西班牙的巴斯克人、加拿大的魁北克人、科索沃的阿尔巴尼亚人等。是非主体民族还是主体民族，与一个国家的民族数量无关，取决于该国的国家性质和历史等因素。比如，中国是多民族国家，新中国是由 56 个民族共同创建的，都是主体民族。

③ 王逸舟:《主权范畴再思考》,《太平洋学报》2000 年第 4 期。

和谐与秩序，从而追求国民的长久福祉。另外，主权对外主要是保障国家独立并免遭侵略，维护海外利益。尊重各自主权是国家间行为的准则，时刻提醒和规范着各国的国际行动。他国的独立是本国行为的底线，针对他国侵略而采取军事行动的合法依据是主权的不可侵犯。维护本国的海外利益，从主权出发可以通过外交途径协调，参加国际法院或其他国际组织的裁判或仲裁，特别重要的也可以发动军事行动予以维护。总之，国家利益的内外保障无不需要主权的佑护。

第三，拓展功能。主权拓展功能是指主权自主地不断拓展其权力范围的功能，具有扩大影响势力范围的内在特性。主权是一种特殊的国家权力，所以主权天然具有不断扩张的属性，这是一种无法消灭只能规制的原始冲动。维护与增进国民福祉是主权的使命，所以，不断获取福利资源是国家生存的基本动力和存在价值。因此，拓展功能是主权作为权力的一种先天本能，是权力自主性的逻辑结果。主权的拓展性随着资本主义民族国家不断发展日益显现出来。15—17世纪的大航海时代宣告了主权拓展时代到来。帝国主义三次野蛮瓜分世界的历史虽然已经过去了，但是强势国家主权拓展的脚步从来没有停止过。一般来说，主权拓展的空间无外乎公共空间和他国空间。随着当代民主与法治的进步，强权国家很难再像过去一样公开觊觎其他国家。然而，随着科技的飞速发展，这些"饕餮主权"把目光转向了极地、太空、信息空间等人类公共空间，极力抢占未来空间。主权拓展的手段和方式是多种多样的。除了传统的军事攻击、海外军事基地之外，还有科学考察、卫星岛链、航天基站等。根据其目的是自利还是互利的标准，可以将这些拓展手段区分为积极与消极的两类。凡是"己所得即为他人之所失"的是消极的拓展行为，例如，美国借助海外基地的掠夺行为就是消极的拓展；中国倡导的"一带一路"是互惠型、共赢的国家权力的拓展，是属于积极的主权拓展。总之，主权所有权是最高的权力，也是终极权力，所以它的拓展功能是其天然属性的体现。

（五）国家主权理论的争论

在前一个问题当中我们明确了中国学界关于主权思想是经典理论的传承，但是全球化和信息化背景下世界大发展大变革大调整的格局也是无法回避的基本客观事实。"按照传统主权观，主权是绝对的、不能分割、不可共享，表现出排他性、自主性、封闭性。显然，现实中的国家主权已很难满足上述原则。对此，人们提出了不同的见解。"①这些不同的见解对传统的国家主权理论提出了前所未有挑战的同时，也为中国主权理论建设提供了发展契机。

主权理论曾为资产阶级争取其合法地位、建设统一的民族国家提供了强大的理论后盾。在17—19世纪，主权理论一直是国家理论的核心组成部分。进入20世纪后，一些西方大国还片面张扬主权的最高性，将其运用到对外政策中，为他们的侵略和扩张提供借口。对主权的异化和滥用在实践和理论两个方面引发了旷日持久的主权大论争。总的来说，贬低、否定主权思潮是20世纪西方主权理论研究的一个突出特点。②迄今为止，贬抑主权理论思潮在历史上一共出现了三次。第一次是在一战到二战期间，第二次是在二战后的冷战期间，第三次是在冷战后全球化加速发展背景下发生的。综合来说，否定传统主权理论的思想可以归纳为如下几种。

第一，民族国家终结论。全球化的发展通过生产、贸易、金融等跨国网络实现了"去国家化"（denationalization）。斯特兰奇由此断言"它直接宣告了：如果说基于将国家作为最重要分析单位的西方社会科学还

---

① 蔡拓：《全球化的政治挑战及其分析》，《世界经济与政治》2001年第12期。

② 前述内容参见肖佳灵：《国家主权论》，时事出版社2003年版，第132页。

没有完全过时的话,很大部分也已不合时宜了"①。另外,极端全球主义者诸如 Ohame、Wriston 等人直接提出:传统的民族国家已经成了全球经济中不和谐的甚至不可能继续存在的活动单位。

第二,主权共享论。持该观点的学者主要是基于欧盟等区域国家一体化的现象而提出的。欧洲一体化进程的成功实践使得传统的主权理论遭受挑战。拉斯基认为,"国家主权从来就不是一元的,而是多元的;至高无上的、绝对的和不可分割的国家主权是一个现代的偶像和政治神话;实际上,国家主权从来就是多元的"②。此外,也有一些学者,如麦基韦、福利特等,从法律、宗教、心理等角度反对单一的、绝对的主权理论。他们强调,国家不是唯一的主权者,人类利益的多元化要求国家不能垄断社会中全部权力,主权共享是国际社会发展新趋势。

第三,国家主权弱化论。世界在信息化、全球化的强烈冲击下,主权国家虽然仍是国际政治活动的基本单位,但是主权的权威不可避免地被大大削弱了。"变革论的核心是:相信当代全球化正在重组或者重新调整国家政府的权力、功能以及权威","民族国家不再是世界治理或者权威的唯一中心或者首要形式"③。该领域的代表人物有吉登斯、罗西瑙等人。

第四,主权过时论。持该观点的学者主要是近现代早期的学者,例如,狄骥提出:"这种陈腐的观念……产生了无法解决的问题,产生了永无休止而徒劳无益的争论;同时,这种观念过去一直是而且将来也永远是国内的一种暴虐行动和独裁行动根源,也是对外一种侵略和征

---

① Susan Strange: The Defective State, Daedalus, Spring1995, p55—74.

② [美]拉斯基:《主权问题研究》,美国耶鲁大学出版社 1917 年版,第 208 页。

③ [英]戴维·赫尔德:《全球大变革——全球化时代的政治、经济与文化》,杨雪冬译,社会科学文献出版社 2001 年版,第 12—13 页。

服政策根源。"①持相关论者还有德国著名学者哈贝马斯、英国的斯科特、斯特兰奇等人。学界除了上述四种主要的"新主权观"以外，还有诸如世界治理理论、新帝国主义理论和国家主权强化理论等不一而足。

拨开表象，我们将会发现隐藏其后的历史规律。类似的观点林林总总，相互矛盾、前后不一的观点比比皆是。综合评价这些众说纷纭的主权理论，运用马克思主义关于"透过现象看本质"的思想方法，基本上可以得出如下几个结论。

第一，世界信息化和全球化的影响是客观的，是不以人的主观意志为转移的。全球化的浪潮使得世界各国日益紧密相连，传统意义上的国家边界已经失去了绝对性权威。信息化的发展催生了去中心化的信息空间，国家主权的行使似乎遇到了前所未有的障碍。但是全球化和信息化是把双刃剑，在抑制传统主权模式的同时在各个方面又强化了国家的行动能力。所以，唯一能确定的就是世界的变化影响了主权的行使模式，但是很难说是弱化还是强化。

第二，世界变化影响的性质是不确定的，具体情况要视国家的不同而定，不能简单说是削弱还是强化。例如，对处于资本主义世界核心地位的国家而言，全球化扩大了它的先发优势，使其越来越强；而对更多的发展中国家而言，基础条件的局限使其在全球化的时代机遇中未能充分发展，与发达国家差距越来越大。因此，在全球化过程中确实有的国家的国家权力衰落了，但那是由于该国家发展落后于时代，而非由全球化导致，他的衰落事实上是不可避免的。全球化是主权的一次集体免疫过程，经受得住考验的国家在洗礼过后其权力必将得到进一步强化和升级。然而，中国是发展中国家中截然不同的案例。由于及时、充分地利用好了这一契机，中国迎来了前所未有的世纪伟大飞跃。

---

① ［法］狄骥:《宪法论》，钱克新译，商务印书馆 1959 年版，第 518 页。

第三，资本主义国家与社会主义国家在主权理论方面存在差异的根本原因是立场的差异。这个问题其实包含了两个方面的具体问题：资本主义国家与社会主义国家关于传统主权理论的对立以及资本主义国家对主权理论不同时期的不同态度。从历史的角度来说，"处于资产阶级的本性和资本运作的需要，当欧洲民族国家成长起来以后，资产阶级便不再强调和坚持绝对主权的理论了，这是因为：'西方国家用主权理论巩固了自己的民族国家地位之后，就陷入某种困境，即主权在国际关系中所倡导的独立原则及平等原则与资本的无限扩张性形成了难以调和的矛盾'"，"因此，资产阶级在革命成功之后便逐步走向反动，主权理念由'批判的武器'变成了'武器的批判'，其身份从主权理论的维护者和实践者变成这一理论的叛逆者和践踏者"[①]。从实践的角度来看，"其实，发达国家也明白，主权是不能放弃的，但出于冷战思维和殖民主义意识，他们坚持主权观上的双重标准，一方面坚持本国主权的至高无上和不可侵犯性，另一方面却以各种借口干涉和践踏别国的主权，其用心是非常险恶的。例如，美国决不会允许国内的任何一个少数民族脱离联邦而独立，但在中国的台湾、西藏问题上，南斯拉夫的科索沃问题上却频频推波助澜"。

第四，传统理论的时代更新势在必行，但是变的是其形式、权能和部分具体内容，其原则与精神在可见的历史时期内应该保持稳定。主权的概念演变应和其理论的发展人的成长一样，主权范畴在发展中要根据环境的变化予以适当的回应。主权针对全球化的挑战所做的相应调整，不是主权的改变（质变），就好比一个人在成长中不断地调整自己的行为方式一样，人本身没有改变，人还是这个人，变化的是他与外界的互动方式。对此，王逸舟先生认为"新的主权观应当超越旧

---

① 刘长敏：《主权理论的历史沿革及其当代思考》，《教学与研究》2002年第5期。

式的纯粹法理的层面，以更加丰富的层次、更加多样的内涵和更有动态感的形态，给国家在国际社会的新角色以更好的理论及政策说明"①。关于主权理论的时代变迁的具体研究将在下面的章节展开。

总之，主权理论的争论产生的直接原因是立场不同。西方发达国家表面要废除主权，实质是要谋求超级主权即霸权；以中国为代表的发展中国家坚决反对贬抑主权是出于对霸权主义的忧虑和对自身利益的维护。"由于民族、民族利益和各国发展不平衡的存在，民族国家需要用主权来表现国家共同体的实质。"② 因此，所有争论的本质在于：国家利益的差异以及各国发展的不平衡性。

三、小结

在现实国家的权力谱系当中，权力与主权应当是一种属种关系。按照权力—国家权力—主权的逻辑进路，笔者试着将权力与主权的关系做一个简单的梳理，从而为下文的研究打下一个基础。首先，权力作为社会关系中的影响力（具体体现为强制力、统治力），其本质是一种阶级压迫力量，其核心是利益问题。它产生的根本原因是利益的有限性，直接原因是利益间的冲突。其次，在权力谱系（包括社会权力、国家权力和国际权力）中，一个国家的权力体系无疑是以国家权力为主导，国家政治生活的核心问题是国家权力问题。当今世界面对国际困境与难题，民主浪潮驱动下的善治思想风行，呈现出某种程度的"民"（国际组织）进"官"（国家）退形势。但是世界格局和国际问题的主导仍是民族国家，各种民间组织仍只是辅助力量。在中国社会，社会

① 王逸舟：《主权范畴再思考》，《太平洋学报》2000 年第 4 期。
② 肖佳灵：《国家主权论》，时事出版社 2003 年版，第 3 页。

转型已经从计划经济转轨到中国特色社会主义市场经济时代。绝对的国家权力退出的一些领域由各种组织权力来填补,但是国家政治与经济生活的大局还是由国家权力来支撑。最后,基于上文阐释,须明确在整个国家权力体系中,主权居于核心地位,是权力中的"权力","主权是统一的、最根本的权力,国家中的一切权力都从属于主权权力"①。国家主权来源于全体人民(而非某一个阶级或部分具体的群众),是由国家行使,具有唯一性;主权是国家各种权力冲突的最终仲裁者,具有最高性;主权是国家的权力的国际代表,具有独立性。总之,主权是国家权力的最高级的形态。

关于主权的基本含义其实并不复杂,也没有太大的争议。目前,主权理论之所以呈现各执一端、众说纷纭的景象,是因为人们不同的立场。立场各异,观点自然会有巨大差异,哪怕是针对相同的事实,处于不同立场的人的认知和感受也是全然不同的。再者,人类社会历史变动不居。作为人类社会理论表征的主权理论,是各个国家根据自身利益变化不断调整的。马克思主义唯物史观认为,各个国家的利益需要变化的深层次原因是人类社会生产力的发展。主权其实并不神秘,只要我们在主权领域中始终坚持马克思主义就不会在理论上感到茫然。

---

① 吴惕安、俞可平:《当代西方国家理论评析》,陕西人民出版社 1994 年版,第 314 页。

第七章　国家主权的逻辑结构

国家主权是国家的最高权力，互相尊重国家主权已成为世界绝大多数国家的共识，国家主权意识的觉醒对于推动国际关系稳态化与人类社会发展进步发挥着重要作用。在当代国际政治的研究中，国内外学者多侧重于对国家主权的功能研究，但是少有探讨国家主权的形成基础与逻辑构成问题，对于国家主权的基本逻辑构成研究存在空白或者说还是一个边缘性的问题。深入解析国家主权的基本逻辑构成、全面把握国家主权的基本内容构成是国家主权研究的重要出发点。在此意义上，对于国家主权逻辑构成的探究不可局限于西方政治学的逻辑视角，而是要将国家主权置于政治、经济、法律以及人类文明演进的历史视野下分析，以期实现对国家主权科学化、系统化的逻辑建构。

一、国家主权结构中的国家主权权力

国家主权权力是国际关系研究领域中的本源性问题，是研究主权国家关系的重要连接点，具有较为复杂的概念和形式。从本质定位出发，国家主权权力是国家对内实现和平统治、对外实现独立自主的力量；从功能定位出发，国家主权权力是国家统治阶级用以维持自身地位的工具；从理论角度出发，国家主权是国家最高的权力，主权权力是国家主权的基本逻辑构成。

（一）问题起源：国家主权权力的基本内涵

在文艺复兴时期，让·博丹正式提出了主权的概念，将主权定义为"共和国的绝对和永久的权力"①。在《易于认识历史的方法》一书中，他将主权者拥有的权力划分为创建并定义各种重要行政官员的权力，公布和废除国家法律的权力，宣战和媾和的权力；接受低级官员申诉的权力，赦免被依法定罪之人的权力，将其作为国家主权权力的组成部分。霍布斯的主权学说认为主权权力是由两种权力机制构成，一种是代表机制，即国家是经由人民共同约定的社会契约建立起来的，主权者被选拔代表国家和人民行使权力；另一种是战争机制，即主权者通过战争手段来确立自己的权力。② 在此之后，福柯进一步提出主权权力是一种代表权力和一种战争权力之间的张力。③ 这些学者从不同角度对主权权力的理论化进行了初步阐释。但由于所处时代背景的局限性，他们对于主权权力的基本内涵缺乏本质性认知与理性的判断。

何谓主权权力？从权力体系出发来研究主权权力，一个民族国家的权力体系包括宏观层面的国家权力、社会权力，中观层面的经济权力、科技权力、宗教权力等具体领域的权力，微观层面的家族权力、个人权力等。国家权力依托于政权而存在，是伴随着政权的产生而产生、消亡而消亡的力量，一般具体包括立法、行政、司法等权力；社会权力依托于社会组织而存在，产生、存在并作用于社会，是基于社会秩序与公共管理需要而存在的力量；经济权力、科技权力、宗教权力是依托于一定的组织机构而存在的权力；家族权力是以氏族为依托，以父权为

---

① ［法］让·博丹：《主权论》，朱利安·富兰克林编，剑桥大学出版社 1992 年版，第 1 页。
② ［英］托马斯·霍布斯：《利维坦》，黎思复、黎廷弼译，商务印书馆 1985 年版，第 96 页。
③ 姚云帆：《主权权力的悬置和复归——论福柯和阿甘本对霍布斯"利维坦"概念的分析》，《世界哲学》2015 年第 5 期。

代表的权力。国家主权权力则是所有权力的集中体现，依托于国家主权而产生并存在，位于国家权力体系的最高位。国家主权是一个国家的最高权力，主权权力则是国家主权的内核，是一切国家权力的向心合力，可以生成并否决一切权力。

从权力主体角度出发来研究国家主权权力，国家主权权力即为国家主权主体——主权者所拥有的全部权力。人民主权论是当代主权理论界的共识，即主权者是人民。人民从广义的角度来解释就是构成一个国家的全部人口。但是在现实的国家生活中，人民是一个政治定义，即一个国家占统治地位的国民群体，各个国家对于"人民"的具体内涵和范围的界定有一定差异。资本主义国家的"人民"是指资产阶级及其统治联盟，社会主义国家的"人民"是指最广大的无产阶级，具体是指占人口绝大多数的工人、农民及知识分子所构成的劳动群众为主体的社会基本成员。因此，作为国家主权主体的"人民"，其重要的社会属性之一就是具有阶级性。"人民"是一个政治概念，它的范围要小于"公民"。人民作为主权者，是国家主权权力的主体，可以根据自身需求来决定如何处分自己的主权权力。此外，主权权力的性质取决于主权主体的性质。因为国家主权主体的不同就决定了国家性质的不同。这是一个关于国家属性的本源性问题。无论是君主主权、教会主权还是议会主权和人民主权，主权主体界定的标准就是统治阶级的问题，统治阶级决定了国家的性质。国家的主人是谁，国家的主权由谁享有，这是国家的根本问题，决定了国家的性质。国家的主人是以劳动群众为主体的无产阶级，这个国家的性质就是社会主义的；国家的主人是以有产者为主体的资产阶级，这个国家的性质就是资本主义的。所以，国家主权权力反映着国家的根本属性。

从权力内核角度出发来研究国家主权权力，在主权权力体系中，国家权力是最核心的部分。因此，主权权力常常以国家权力的形式表现于国家生活中。国家权力包括对内的权力，具体由立法权、行政权、司法权组成；对外权力，由独立自主的外交权、缔约权、宣战媾和的"战争权"等权力组成。所以，国家主权权力的运行是以国家为载体的。"权力是一种力量，依靠这种力量可以造成某种特定的局面或结果，使他人的行为符合于自己的目的性。"① 强制性是权力的基础特征，所以权力在根本上体现着一种控制与被控制、支配与被支配的关系。在国家主权视域下，主权者合法拥有一种控制主权的内在驱动力，主权者依靠这种内在驱动力可以控制、支配国家内的一切成员，这种内在的驱动力就是国家主权权力。

就主权权力自身而言，其具有区别于其他社会之力以及自然之力的基本属性。第一是统治性，国家主权权力是为了实现国家统治而存在的权力，国家一旦失去了主权权力，其政权也必将名存实亡。第二是抽象性，国家主权权力是一个国家所有权力的集中体现，在现实的国家与社会生活中，它从来不以具体的身份而出现，而是借由某一具体的权力形象完成它的使命。但是，它又无处无时不在，不断作用于国家与社会生活的各个领域。第三是绝对性，国家主权权力占据权力体系的顶端，每一个微观个体的意志将服从于主权者意志，或者说，主权者的意志是每一个微观个体意志的集中放大。在本质上，国家主权权力不可被分割，主权者拥有绝对权力。第四是文化性，各个国家权力的本质基本上是一致的，但是某个国家主权权力的表象则是有具体的差异的，这种表征形象的差异根源于国家文化的不同。每个国家都会延续本国历史传统而形成独特的政治文化、政党文化与国民生活文化。例如，中国的国家主权权力与美国、俄罗斯、印度等国的国际形象和外在表征是完全不一样的，内在的文化基因差异是问题的关键。

---

① 李景鹏：《权力政治学》，黑龙江教育出版社 1995 年版，第 14 页。

综上，国家主权权力依托于国家主权而产生并存在，是位于国家权力体系最高位的权力，是国家所有权力的集中体现。国家主权权力是主权者所拥有的全部权力，主权者的身份代表着国家统治阶级，进而决定了国家的根本性质，主权者依靠主权权力可以控制、支配国家内的一切成员。在主权权力体系中，国家权力是最核心的部分，主权权力通常以国家权力的形式表现于国家生活中，具有统治性、抽象性、绝对性、文化性等特征。

（二）理论渊源：马克思主义国家主权权力观

习近平总书记指出："国家之权乃是'神器'，是个神圣的东西。公权力姓公，也必须为公。只要公权力存在，就必须有制约和监督。不关进笼子，公权力就会被滥用。"[①] 党的领导干部要"树立马克思主义权力观"[②]。马克思主义主权权力观是当下如何实现正确认识国家权力、维护国家权力、运用国家权力的重要理论依据。马克思的权力本质观是对国家主权权力形式的二次抽象。以历史唯物主义为基本出发点，深入探析马克思主义主权权力观的形成、深化与发展，是深入理解国家主权权力的重要前提。

1. 马克思主义国家主权权力观的萌芽与形成

在马克思主义国家权力观诞生前，资本主义政治制度处在基本建立的时期。彼时，资本主义国家的社会矛盾尚未完全暴露，仍处在封建贵族阶级与新兴资产阶级争夺权力的阶段，自由主义权力观基本占据了资本主义国家的政治舞台。在此背景下，马克思恩格斯首先对封建贵族的专制权力进行了分析，对黑格尔的君主主权思想提出批判。"黑

---

① 习近平：《在新的起点上深化国家监察体制改革》，《求是》2019 年第 5 期。
② 《激浊扬清织密网——党和国家监督体系如何健全完善？》，《光明日报》2020 年 8 月 21 日第 4 版。

格尔应该受到责难的地方，并不在于他如实地描写了现代国家的本质，而在于他用现存的东西来冒充国家的本质。"① 马克思主义国家主权观认为，国家的现实主体是人民，国家普遍事务的执行者应为"现实主体"——人民，而非"抽象的想象的主体"——君主，黑格尔的"君主主权论"是将国家权力的现实主体异化为"抽象的想象的主体"，然而人民主权与君主主权之间存在本质区别。② 与此同时，马克思认为国家主权权力不应闭关自守，不应与社会脱离。国家主权权力的行使应该公开化，不应由等级制组织私下进行，应当始终与人民的政治生活相联系，以此消除国家与人民在社会关系中的对抗性。对于人民在国家政治生活中的地位，马克思提出"不应当把代表权理解为某种并非人民本身的事物的代表权，而只应理解为人民自身的代表权，理解为一种国务活动，这种国务活动不是人民唯一的、独特的国务活动，它跟人民的国家生活的其他表现不同的只是它的内容的普遍性"③。在这里，马克思将国家主权权力与人民利益相统一，将人民主体性与主权权力的普遍性相统一，这是马克思人民主权思想初步形成的标志。④

2. 马克思主义国家主权权力观的确立与发展

在马克思国家主权权力思想形成的下一阶段中，马克思以历史唯物主义的视角，将国家主权权力的本质来源进行了进一步的辨析。马克思人民主权思想中认为，人民是国家主权权力的直接承担者，故而人民是国家主权权力存在的前提和基础。在唯物史观视域中，人类生存的首要前提是物质生产活动，物质生产活动对于一切生活活动起决定性作用。在此逻辑下，马克思认为国家主权权力的产生是以物质生

---

① 《马克思恩格斯全集第三卷》，人民出版社 2002 年版，第 80 页。
② 《马克思恩格斯全集第一卷》，人民出版社 1956 年版，第 397 页。
③ 《马克思恩格斯全集第一卷》，人民出版社 1995 版，第 344 页。
④ 周师：《马克思的权力观研究》，湖南师范大学学位论文，2015 年。

产活动为本原的，国家主权权力的形成、运行与演变皆受物质生产活动的制约。"随着小块土地所有制日益加剧的解体，建立在它上面的国家建筑物将倒塌下来。"① 可见，物质生产方式的改变会对国家主权权力产生决定性影响。此外，马克思恩格斯创造性地将阶级斗争的理论与思想引入对国家主权权力本质的阐释中。恩格斯指出，国家权力是阶级对立的结果，最强大的、经济上占统治地位的阶级利用国家权力来维持自己的地位，尽管有时国家权力显得像个调停人一样在协调不同阶级的利益。国家主权权力是一种公共权力，国家区别于氏族组织的主要特征之一是"公共权力的设立"②；作为公共权力，国家的活动"必然应当是有普遍意义的，它的管辖范围和职权就应当包括一切被认为具有普遍意义的事情，而涉及这个或那个人的事情则不在内"③。马克思恩格斯通过对资产阶级国家政治制度的分析，揭露出资本主义制度下国家主权权力具有工具性的特征。只有通过无产阶级革命，建立共产主义国家权力形式，国家主权权力才能由阶级统治力量演变成促进人自由全面发展的力量。

3. 马克思主义主权权力观的完善与探索

在马克思主义国家权力思想逐步确立后，马克思恩格斯对国家权力的内涵与功能性定位进行了进一步的探索。早期马克思将权力进行了四种分类，其一为"父权制度下的部落首领"对部落领地的管辖权力，其二为"公民支配奴隶"的权力，其三为"贵族支配农奴"的权力，其四为"资本奴役劳动"的权力。④ 马克思主义人民主权思想形成与确立之后，马克思认为国家主权权力是一种人民群众的政治权力。马克

---

① 《马克思恩格斯文集第二卷》，人民出版社 2009 年版，第 573 页。
② 《马克思恩格斯选集第四卷》，人民出版社 1995 年版，第 171 页。
③ 《马克思恩格斯全集第四十一卷》，人民出版社 1982 年版，第 396 页。
④ 《马克思恩格斯文集第一卷》，人民出版社 2009 年版，第 521、522 页。

思指出："资产阶级共和派希望能把人民群众的政治权力降低为一种有名无实的权力，同时又能充分玩弄这种权力。"[①] 可见，人民群众的政治权力是人民主权权力的主要表现形式。基于历史唯物主义观点，物质生产活动对于国家权力产生具有决定性作用。与此同时，马克思通过对亚欧国家的历时性考察，发现国家权力对物质生产生活产生一定的反作用，国家权力形式的运用方式会对国家的生产力与生产关系产生不同程度的影响。在社会治理的层面上，国家主权权力作为统治阶级维护自身阶级利益的重要工具，对于社会公共事务直接发挥管理与指导功能。最后，马克思对于无产阶级通过革命建立国家主权权力进行了系列指导，提出无产阶级在行使国家主权权力的同时，需遵行透明化原则，消除一切压迫性权力，实行议行合一的政治体制，使国家的权力真正掌握在人民手中。[②]

（三）现实逻辑：国家主权权力的形成基础

国家权力是指国家政权依据其掌握的国家主权所行使的政治权力，一般分为立法权、司法权、行政权三部分。主权在本质上是一种最高的、基本的权力，或被视为一种绝对意志，但主权的根本指向是维护由个人利益有机组合而成的集体利益，这就决定了其越于个人而又不能凌驾于个人之上的基本特征。基于此，国家享有主权是当然且必要的。[③] 国家主权权力是一切国家权力的核心内容，是国家政权形成的基础与依据。在国家主权视域下，国家主权权力不等同于通常意义上的国家权力，应是基于国家主权性质而衍生出的国家权力。国家主权权力作为国家主

[①] 《马克思恩格斯文集第二卷》，人民出版社 2009 年版，第 115 页。

[②] 《马克思恩格斯文集第三卷》，人民出版社 2009 年版，第 164 页。

[③] 徐玉梅：《身份意义与权能意义：国家数据主权治理法治化》，《行政论坛》2021 年第 6 期。

的基本构成，是一切国家权力运行的重要基础，是一切国家权力行使的客观保障。国家主权具有对内对外的双重性质，对内具有至高无上性，对外具有独立排他性。关于国家主权权力的研究，国内学者侧重于从国际关系、地缘政治等角度进行阐释；国外学者则多从现实主义理论、权力转移理论等进行分析。但是少有研究探讨国家主权权力的形成基础与国家主权的逻辑构成及其关系。从实践角度出发，深入解析国家主权权力的形成基础对维护国家主权具有重要意义。

唯物史观认为现实世界是客观存在的"一分为二"的对立统一的关系性世界，始终强调现实世界的普遍性与联系性。在唯物史观视域中，社会存在是社会生活的物质方面，是社会实践和物质生活条件的总和，主要包括物质生产方式、自然地理环境和人口因素。物质生产方式、自然地理环境和人口因素是社会存在的前提，也是维护国家主权的基本前提，只有维护正常的物质生产、自然地理环境与人口发展才可以保障国家的主权安全。

其中，物质生产方式就是劳动者与劳动资料结合的特殊方式，也是生产力与生产关系的现实统一。物质生产方式是一个国家社会历史发展的决定性力量，是国家赖以生存和发展的物质基础，是国家一切活动的基本前提。一个国家的物质生产活动及生产方式决定了国家的统治结构、社会性质，制约着国民的经济生活。可以说，物质生产方式决定了一个国家的经济基础。国家的经济基础决定了国家对于财富的拥有程度。"任何社会财富本身都代表着一定的力量，社会财富的累积就意味着力量的扩大，社会财富的占有就意味着力量的拥有，社会财富的控制意味着力量的掌握。"[①]纵观近代以来的大国崛起，国与国之间力量对比的变化在根本上取决于国家经济实力的变化。英国作为曾

---

① 王浦劬:《政治学基础》，北京大学出版社 2021 年版，第 83 页。

经的日不落帝国，正是掌握了第一次工业革命的先机，迅速革新本国物质生产方式，才成为世界首屈一指的经济强国，因而奠定了自身的国际地位。二战之后，英国的国际地位最终为美国所取代，亦是从经济地位的滑落开始。在美苏争霸过程中，苏联之所以解体也正是由于经济体系的崩溃。反观美国，其物质生产方式的先进决定了经济实力的雄厚，因而美国成为世界唯一的超级大国。所以，物质生产方式是国家主权权力的重要形成基础。

自然地理环境是国家实现发展的必要条件之一。自然地理环境关系着一个国家的土地资源、生态资源、环境资源等国家战略资源。一个国家的自然气候、政治文化、产业结构甚至国民身体素质都与该国的自然地理环境息息相关。一个国家如果具有多元化自然地理条件，便拥有了重要的战略先机。正如汉斯·摩根索所说："一国权力所依赖最稳定的因素显然是地理。"① 具体来说，自然地理环境包括地理位置、国土大小及纵深、国土资源构成及其多元性等。地理位置决定了与他国的相对关系是否具有优势地位，是否有更多纷争，是否占有地缘便利等；国土大小及纵深决定了国家发展的空间、国力的体量，同时也决定了国家在战争状态下的生存能力与反击能力；国土资源构成的多样性反映了国家实际的生存与发展能力，是国力变化最具延展性的因素之一。

人口因素是国家实力的重要支撑。人口是社会生活的主体，是国家安全的重要基石，是国家根本的利益所在。新时代形势下，人口问题与国防、经济、社会等领域相互交织。人口是国防的基本力量，当一个国家的人口总量过少时，该国的国防安全会随之削弱；当一个国家的人口增长缓慢甚至趋于停滞时，该国会迎来老龄化、少子化社会，

---

① ［美］汉斯·摩根索：《国家间政治：权力斗争与和平》，徐昕等译，北京大学出版社 2006 年版，第 171 页。

劳动力短缺，经济发展会随之失去活力；当一个国家外来人口超过本国人口时，该国的民众力量与文化属性可能发生颠覆性改变。稳定的人口增长是国家权力形成与发展的基础，"一个国家如果没有充足的人口来创造和运用国家权力的物质工具，它显然不能成为一个一流国家"①。因此，人口是形成社会权力和国家主权权力的基本构成因素。

此外，国家主权在某种程度上甚至等同于国家生存，要保证国家获得更好的生存和发展空间，既需要代表最广泛阶级利益和稳定性的政治安全，也需要有保障国家利益不被外部力量破坏影响的军事安全。在对国家主权的维护中，国家政权是核心。从马克思主义立场出发，国家是阶级矛盾不可调和的产物，其实质是一个阶级统治另一个阶级的工具。国家以国家政治制度、司法制度与行政制度为基本指导，以国家政权机构、军队、政党、法庭等组织机构为具体依托，最终实现对国家的统治。可见，国家政权是国家主权权力的重要构成因素。与此同时，国家政权产生时，需要通过拥有武装力量来维护，正所谓"枪杆子里出政权"，军事力量是一个国家主权权力形成的重要基础，同时也是维护国家主权安全的基本保障。综上，一个国家的物质生产方式、自然地理环境、人口、政权与军事力量是国家主权权力的形成基础。

二、国家主权结构中的国家主权权能

权能，从字义上可解析为"权"与"能"的结合，"权"是代表着主权权力本身；"能"是能力，可引申为能力的表现形式。权能是一个偏义复合词，重在能，基本含义是主权所有权的表现形式。因此，在

① ［美］汉斯·摩根索：《国家间政治：权力斗争与和平》，徐昕等译，北京大学出版社2006年版，第191页。

国家生活的日常语境下，主权权能即为主权权力与主权职能的具体联结。在具体的法理分析中，可以移植私法中所有权权能的范畴来解释国家主权权能。所有权是最完整的物权，所有权主权主体享有对客体的"使用""占有""处分""收益"等方面的具体权能。同理，主权者作为合法所有人对其主权范围内的所有人、资、物等主权对象，行使占有、处分、收益等权能。当然在具体的国际关系语境中不一定是上述刻板的表达，但是其基本内涵就是上述四个方面。

同时，在国家主权的逻辑结构中，主权权力是国家主权的基本构成部分。在现实作用中，国家主权是权力与权利的结合。国家主权在国内社会可以体现为权力，在国际社会只能体现为权利。国家主权对内具有最高的统治力与支配力，这是国家主权在权力方面的属性表达，即为主权权力。国家主权对外体现为一种具有独立自主的权利，这是国家主权在权利方面的属性表达。主权权能是国家主权权利的丰富表达。在国家主权的逻辑构成中，国家主权权力更多强调的是国家主权的身份性与归属性，而国家主权权能更多体现的是国家主权在国际领域中的具体运用与表现。总体来看，在国家主权的逻辑结构中，主权权能是主体在维护主权与应对国际关系压力的矛盾斗争中，灵活运用国家主权的具体运用形式，它的本质是维护国家利益和国际和平共处的需要，是传统国家主权理论在新时代的发展，是社会主义国家人民主权的现实表达与历史进步。

（一）全球化背景下国家主权权能的生成逻辑

客观地说，传统主权理论的原则与内核没有改变，但是主权的国际实践和具体表现形式，随着时代的发展势必要发生适应性的变化。全球化背景下国与国之间的交往日益频繁，传统国际关系升级为全球化国际关系。在传统国际关系中，国际交往对一个国家而言是可选项。

但是在全球化时代，没有任何一个国家成为一个"孤岛"而独善其身。因此，基于传统国际关系现实的主权理论要做出全球化的调整，然而全球化当代的发展并没有颠覆国家利益的基石，所以主权理论的基本原则没有变化。基于以上分析，我们认为：一方面主权理论要做出全球化的适应性调整，另一方面主权理论的根本是没有变化的。由此，国家主权权能理论应运而生。全球化国际交往中，为了实现自身利益的最大化和国家的长远发展，主权国家不能够再任性地坚持主权在国际交往中的绝对性，而是要代之以某种灵活的国家妥协。这种妥协从长远和整体上看没有损害主权的根本性，所以只是主权权能运用而已。但是目前学界的通说愿意以让渡一词来表达这种变化，为了学术研究的方便，笔者就以"让渡"一词在个别地方使用。国际交往过程中，国家为了某种需求而主动"让渡"某些权益，但那是主权权能变化，不是主权本身。需要强调的是，国家主权本身依然是神圣不可侵犯的，所谓主权"让渡"，只是在全球化进程中为了更好地发挥主权的功能，将主权权能进行了统筹与运用。权能的分配并未弱化国家主权，反而使国家主权得到了延伸，使国家主权在面对纷繁复杂的全球化问题时可以更加灵活地行使权利。总之，所谓权能，从字义上厘析，即为"权"与"职能"。其中，"权"具有权力与权利两种表现形式，"职能"可以具体分为"占有""使用""收益""处分"。在当今全球化时代里，"权能"的体现尤为突出。①

国家主权是一个国家和平稳定、独立自主的重要象征，是国家的基本属性之一。国家主权对内表现为"至高无上的权力"，对外表现为"独立自主的权利"。当国家主权受到侵害时，国家主权对内的权力与对外的权利均随之受到影响。在现实的国际交往中，国与国之间出于对

---

① 吴长谦:《浅析国家主权的让渡——权能的让渡》,《学理论》2014 年第 30 期, 第 8—9 页。

国际关系以及本国利益考虑，会对某一领域的国家主权进行交换或"让渡"（是自主自利的）。在全球化背景下，国与国之间的利益诉求、区域与区域之间的利益关联以及经济组织之间的利益互通为国家主权的部分让渡提供了可能性。以欧盟国家为例，货币主权是一个国家经济主权的重要部分，国家对于本国货币的发行具有决定权、选择权等多项权益。在欧盟国家中，欧元的流通与发行在实质上就是各个国家在货币主权领域的互动与交流。为了满足国家长远和根本利益需求，国家主权在权力与权力的碰撞中进行了平衡。在保证不侵害自身主权身份与所有权的基础上，将国家主权的部分职能进行分割、转移和让渡，以此来维持国家最大利益的实现，权能的概念由此出现。

国家利益是国家对外行动的基本动因，国家主权是维护国家利益的工具。主权权能概念的产生，是为了满足国际社会的发展需要。[①] 在经济全球化的发展进程中，国与国之间相互依存、相互交流的趋势愈加明显，许多国际问题已非一国之力所能解决。在全球化时代，劳动力、金融资本、信息技术在全世界范围内实现跨国流动。尤其涉及经济发展问题，国家之间经常通过参加经济合作组织或货币基金组织的形式，将本国在经济及金融领域享受的权益进一步拓展，进而促进全球化的发展。在此过程中，国家主权权能产生了分配、转移与让渡的需要。首先要明确，国家主权神圣而不可侵犯，主权权力在国家主权的作用过程中，体现的是国家主权的强制力。与此同时，国家主权是一个国家区别于其他社会组织的重要属性，具有标志性的身份意义。从身份意义上出发，国家主权不可交换或分割。但是，从国家间权利出发，为了进一步适应发展的需要，国家主权（具有权力与权利的内外双重属性）产生了权力与权利相分离的情况。在具体运行过程中，国家主权

---

① 王仲伟、胡伟：《国家能力体系的理论建构》，《国家行政学院学报》2014 年第 1 期。

让渡的部分并非主权权力，也不是主权权力派生出的其他权利。国家主权权力表现为国家的强制力，主权权利表现为国家应当享受的待遇与权益。实际上，国家主权让渡的部分是主权权益，不是主权权力本身；同时，让的同时也会有得，让是有时间等各种条件限制的。因而权益总体没有丧失，权力自身没有损害，"让渡"是自主自利的行为。所以，在国家主权的让渡过程中只是涉及部分权益，主权权力与权利不可能成为主权让渡的内容，只是主权权能的丰富运用而已。

所谓国家主权"让渡"的意义是为了使国家主权的效能得以充分发挥，使国家利益获得最大化，并不是将某一领域的所有权和处置权让渡给其他国家或组织。所以，关于国家主权的"让渡"，让渡的内容是具体的某项权能，国家主权自身不可实现让渡。同时，国家主权权能的让渡应具有期限性、领域性等特定的规定，主权者还可以根据约定收回让渡的部分职能。以欧盟国家为例，当英国宣布脱欧之后，陆续将此前让渡给欧盟组织的货币、贸易等领域的权能收回。主权权能，作为国家主权的具体运用形式，体现的是主权具体职能的运用。这些职能可以实现主权的"使用""收益"等作用，符合国家主权"让渡"的根本目的与内在规定性。在这里需要明确，主权者对于国家主权具体权能的分配、转移与让渡不是将所有权、处置权与其他国家或组织共同享有。按照法律的一般规定，一物一权是基本准则，无论是按份共有还是共同共有，"共有的所有权在形态上是一个"①。所以，关于主权共有论的观点亦难以解释国家主权"让渡"的根本性问题，国家主权让渡的落脚点始终是主权权能。主权权能概念的产生，缘起于国家主权为了实现多形式、多层次运用而产生的权能分离。主权权能在国家主权的逻辑体系中，是与国家利益紧密相关的内容。国家主权的有

---

① 高德胜：《试论全球化背景下的国家主权》，《长春师范学院学报》2003 年第 3 期。

限让渡，实际上即是国家利益之间的价值交换与互动。英国学者杰弗里·豪曾经指出，"主权是民族与国家之间绝无止境的交易议题，在这些交易中，一个国家交出一些东西，换回另一些东西"①。主权者在特定的情境下，出于对现实利益与长远利益的考虑，选择让渡一部分主权权益后，会获得其他方面的价值或利益。

（二）政治学与国际法互动视角下国家主权权能的理论逻辑

国家主权在国际法的准则与原则中，具有其深刻的法理内涵。首先，在国际法中，国家主权被区分为对内主权和对外主权。对内主权被内化为国家在国家内部的权威性与强制性，对外主权被外化为国家在国际社会中的独立自主性，主权在某种意义上标志着国与国之间相互独立、相互平等的关系。芝加哥政治学派代表人物梅里亚姆认为："除了用于国内层面外，主权还被看作是一国与其他国家之间的关系，意味着一个政治社会相对于所有其他政治社会的独立性或自主性。"②从这一点来看，主权可以被界定为国际上的自主或独立性，可以解释为一个表征着国家主体间相互关系的范畴。郝斯廷认为："主权构成了国家的基本身份，并形成一定的规则去建构和维护国家。主权创造了合法正当的拥有唯一法律人格的行为主体，同时提供了国家身份被国际社会所承认的标准、延续身份的标准以及消灭的标准。"③主权表征了国家的身份，解决了国际社会中对于国家身份的认同问题，同时提供了国家的延续与灭亡的标准。在这里，国家主权在法理角度上被冠以明确的身份性意义。

---

① 戚渊：《重新审视主权——从古典理论到全球时代》，商务印书馆 2004 年版，第 254 页。

② 梅里亚姆：《卢梭以来的主权学说史》，毕洪海译，法律出版社 2006 年版第 186 页。

③ ［英］郝斯廷：《主权国家：国际政治中的制度变迁》，剑桥大学出版社 2004 年版，第 113—114 页。

　　随着时代的发展与进步，主权者已不再将国家主权局限于身份意义上的探索，而是着力于主权在实践运用领域的挖掘。当主权展现着对其所拥有的生产资料、劳动力、资源环境等方面的控制能力或使用能力时，主权就表现为具体的主权权能。与身份意义上的主权不同的是，主权权能意义上的主权反映的是主体对客体形成的控制和使用等能动关系。[1]主权权能描述的是一种客观的状态，表现出的是一种控制、使用的能动性力量。在传统的国家主权理论中，国家主权权能主要表现在领土、政治、外交等方面。在现实发展中，主权权能已经拓展到了经济领域、文化领域、信息领域等诸多方面，主权权能随着时代的发展不断呈现新的表现形式。在法理意义与实践应用的不同层面，国家主权的身份属性与权能属性属于辩证统一的关系。一方面，主权的身份属性决定主权权能的目的与归属；另一方面，主权权能是主权身份属性的实现方式。与身份意义的主权不同的是，权能意义的主权可以进行分配、转移与让渡。身份意义的主权体现的是主权者的控制力，权能意义的主权体现的是主权的实际应用性，更具生命力与延展性。在国家主权的让渡过程中，主权权能的部分让渡并非意味着国家主权意义上的转让，而是某一方面职能的具体转移。在国与国之间的交往与博弈中，主权权能经常被视作一种特殊的资本，通过主权权能的交换实现双方利益的互动。综上，国家主权权能是一个集合政治学与法理学的复合型概念，是国家主权的基本逻辑构成。

（三）实践运用：国家主权权能理论在中国的伟大实践

　　新中国成立后，在人民主权论的指导下，中国的国家主权由全体人民所有。一方面，自新中国成立，我们就面对着复杂而严峻的国际

---

[1]　杨帆：《从自发到自觉：国家主权的祛魅与重构》，厦门大学学位论文，2016 年。

形势，为此，中国一直坚持传统的国家主权理论，在涉及主权原则问题上毫不动摇；另一方面，为了有效处理历史遗留问题和应对复杂国际事务，中国在主权问题上侧重于"一国"核心地位的有效落实，通过合理地掌控和运用国家的主权权能，曾创造性地提出"一国两制"的制度，始终维护着国家的主权安全与核心利益。需要强调的是，在过去几十年的发展中，不论国际形势对于中国的国家主权形成怎样的挑战，中国始终在主权问题上坚持毫不退让、绝不妥协的态度，中国的国家主权始终牢牢地掌握在中国人民手中。与此同时，中国并未因为主权问题而影响国际间的交流与合作，在主权权能让渡的问题上拥有着成功的实践经验。

由于近代以来，中国始终面对着各方势力对中国主权的威胁。因此，新中国成立初期，中国对于主权问题保持高度敏感的态度。邓小平同志在会见英国首相撒切尔夫人时指出："主权问题不是一个可以讨论的问题。"① 在这里，需要解释的是，邓小平同志提出的这一观点，是在特定的历史时刻，针对特定的历史问题做出的表态，具有时代性与规定性。并且，邓小平同志所指的主权是指身份意义上的主权，而非实践层面权能意义上的主权。在1978年之后，随着中国对外政策的不断开放，中国与外部世界拥有更为紧密的联系。在此期间，中国认识到实践层面采取适当的权变策略，可以使国家的经济建设得到进一步发展。与此同时，经济全球化的发展趋势使中国的国家主权让渡难以避免。

关于中国主权权能"让渡"的实践，首先要提到"一国两制"这一伟大的政治实践。"一国两制"产生背景极其复杂，其背后的政治、经济、历史、文化等因素复杂交错。"一国两制"的提出为解决香港和澳门问题发挥了重要的维稳作用，并为日后解决台湾问题提供良好的

---

① 《邓小平文选第三卷》，人民出版社1993年版，第12页。

实践方案。对于"一国两制"的提出与实施，我们可以从应然的角度去分析实施"一国两制"的理论依据与现实依据。首先，"一国"之所以能实现"两制"，背后蕴藏着深刻的法理依据。在传统的国家主权理论中，国家主权是不可以被分割和转让的。然而，这里的"一国两制"并不是对国家主权本身的分割和削弱，而是对于国家主权运用进行全面的拓展。这里的主权可以理解为一种特殊的所有权。主权同民法概念中的所有权一样，都具备绝对性、排他性、永续性等特征，但也同样具有同所有权一样的占有、使用、收益和处分的权能。人民是主权的拥有者，也就是人民具有这种特殊的所有权。如此，香港与澳门的主权归属于中国是明确无误的。至于如何具体安排这一个归属之下的法律、制度和规定则是属于主权第二层次——权能层面的问题。因此，当我们国家在已经确定主权这一特殊的所有权主体的情况下，"一国两制"其实是对一个国家的领土所进行的灵活的制度化的安排，是主权权能理论在香港（澳门）的历史实践。所以，"一国两制"不存在主权本身被侵犯或者削弱的问题。其次，香港和澳门两个实行资本主义的地区只是被授权享有部分的主权权能，国家依然对两地拥有绝对的主权，"两制"的实行是以更加灵活的方式行使国家的所有权。最后，国家所有权是绝对的权力，从法理的角度，正确处理主权权力和主权权能之间的关系，在保障"一国"核心原则的前提下，促进"一国两制"的顺利发展。由此可见，"一国两制"是中国关于传统主权理论的创新与发展，是关于主权权能理论的一次伟大实践，充分保障了国家的主权、安全与发展利益。

社会主义中国经历了从神圣不可侵犯的绝对主权观念到改革开放后的主权权能统筹让渡实践，其中经历了时代发展与历史观念的变革。在国家主权权能的让渡过程中，主权者享有的"占有""使用""收益""处分"等职能是没有变化的，改变的只是主权权能的具体运用、统筹与组合。所谓让渡出一部分"主权"的实质，是拓展主权权能的运用即是主权权力的增强和主权权益的获得。在此过程中，由于让渡的是主权权能而非主权权力本身，所以主权者始终拥有对主权的完整所有权，并可以根据形势发展决定是否收回或是否继续让渡部分权能。中国在加入世界贸易组织后，在享受经贸权益的同时，也履行了相应的义务（也就是让渡了部分领域的部分主权权能）。一方面，中国在加入世界贸易组织之后，需要遵循该组织规定的各项基本贸易制度，如关税制定原则、禁止倾销原则、贸易补贴原则等。在加入世界贸易组织之前，中国的贸易政策与该组织的贸易制度具有明显不同，而且中国具有完全的经济决策权，可以不受任何国家或组织的干涉。在加入世界贸易组织后，中国必须让渡出一部分经济主权中关于经济决策的权能，将本国贸易规则调整至与世界贸易组织保持一致。另一方面，世界贸易组织关于关税减让问题有着明确的原则，关贸总协定的第十一条规定：任何成员除征收关税或其他费用以外，不得设立或维持配额、进出口许可证或其他措施以限制其他成员国的产品输入或输出，世界贸易组织对这一规定进行了延续保留。中国在加入世界贸易组织前，对于国家关税的征额始终保持着较高比例。在加入世界贸易组织之后，中国不得不将关税调整至世界贸易组织的规定标准。税务主权是我国国家主权的重要组成部分，中国在此过程中，实质上是将税务主权中的关于关税自主的权能向世界贸易组织进行了部分让渡。面对全球化趋势的日益发展，主权权能的分离、转移与让渡实际上是对主权职能的强化，主权权能的让渡促进了国家主权的拓展与延伸，从根本上增进了国家利益与国家长远发展。

三、国家主权结构中的国家主权权势

国家主权是国家的最高权力，其中，国家主权权力是国家主权的本质所在，国家主权权能是国家主权的具体运用形式。在当代国际形势中，由于国家实力的差异，每一个国家的主权具有不同的作用范围。个别国家由于自身国力的强大，通过组织或参加各类国际组织的方式，延展本国的主权权力，进一步扩大本国主权的作用范围，进而实现对国家主权的强化。在这里，关于国家主权的具体作用范围，可以引入主权权势这一概念来进行阐释。

（一）国家主权权势的生成逻辑

"权势"是具有中国特色的政治学话语。长期以来，关于国家主权的研究多集中于西方政治学的基本内容与逻辑体系。中国作为拥有数千年政治文明史的国家，具有独特的政治学生成土壤。对于新时代中国国家主权的理论研究，不应局限于西方政治学的学科视角与话语体系，应当引入具有中国特色的政治学概念。权势一词在《汉典》的释义中，一者形容"居高位，有势力"，二者形容不断变化的形势。在传统话语体系中，权势的主体往往为个人。当权势的主体由个人转向为国家时，权势则具有不同的核心内涵与表现形态。

在国家主权的视域下，国家主权对内具有至高无上的权力，对外具有独立自主的权利。在主权权力与主权权利的作用下，国家主权同样具有对内与对外的具体表现形式。在以《联合国宪章》为约束的国际体系下，世界各国遵循和平共处的基本原则。然而，在多极化的世界格局中，国与国之间的政治博弈与冲突不可避免。从法理角度出发，任何一个国家的主权都神圣而不可侵犯，各个国家在主权问题上都应享受同等的地位与权利。从现实角度出发，由于自身综合国力的实际差异，各国主权在政治博弈中所体现的外在表现力各有不同。在此过程中，国与国之间存在相互作用的政治力量。在政治力量的累积下，国与国之间会形成不同的力量位势。国与国处于不同的力量位势所积累的能量，可以称之为权力势能。各个国家在国际规则的约束下，依托于本国的资源、制度与组织机构会最大限度地提高本国的权力势能。在此过程中，国与国之间会形成不同的政治位势，在国际上表现出不同的威慑能力与范围。当我们描述国家主权对外表现出的威慑能力与作用范围时，便产生了国家主权权势这一概念。在当代国际关系中，主权者通过对国家主权权势的强化与拓展来确保对一切意图影响国家主权的行为体的威慑力度，以此维持国家主权的安全状态。

（二）历史渊源：从中国古代"朝贡体系"到近代西方"宗主国制度"的历时性变迁

对于主权权势的概念，可以从历史角度进行追溯。在中国政治文明史中，国与国之间曾经存在过一种特殊的关系，即朝贡关系。随着国与国之间的频繁交往与实力变迁，朝贡关系逐渐演化成为国与国之间的关系体系——朝贡体系。朝贡体系最早可追溯于我国的商周时期，朝贡体系最早是从畿服制度演变而来。当时的畿服制度是以中央政府为中心，将其他政权分为"内服"、"外服"与"蛮夷之地"。其中，"内服"是受中央政府直接控制的政权；"外服"是受中央政府册封，为中央政府间接控制的政权；"蛮夷之地"则是不受中央政府控制的地方。在此制度中，以中央政府为核心，以"内服政权"为内围，以"外服政权"为外围，形成了国家主权圈层化的态势。"中央政府—内服—外服"组成了中原王朝的权势范围。其中，"内服"是商王直接统治的王畿地区，"外服"是商族以外的各附属国。随着中原王朝的"内服"与"外服"的领域不断扩大，中原王朝的权力影响范围随之扩大，中原王朝的权势愈加上升。秦汉时期，随着文化统一，畿服制度过渡成为朝贡体系。从汉朝的武帝时期开始，西域诸国纷纷臣服于汉朝，以中原王朝为主的朝贡体系趋于完善。汉朝在册封其他臣服政权的同时，也保持着对外部力量的威慑。"明犯我强汉者，虽远必诛"正是汉朝权势的集中体现。明朝时期，朝贡体系得到了辉煌的发展。郑和带领舰队远赴西洋，将中原王朝的国威与力量充分展示，将中原文化进一步在海外传播，向大明朝贡的国家达到了 148 个，迎来了朝贡体系的全盛时期。到了明朝中后期，由于海上贸易的开放与繁荣，朝贡体系逐渐向海上贸易体系进行转向。在晚清时期，由于闭关锁国与国力减弱的影响，朝贡体系名存实亡，清政府的权势逐渐走向衰弱。近代随着西方列强的崛起，中国沦为半殖民地半封建社会，朝贡体系最终走向崩溃，国家主权权势亦逐渐消亡殆尽。国虽在，势已去。

与此同时，追溯西方政治文明史的发展，亦可以进一步深刻对国家主权权势的理解。西方的宗主国制度是世界政治文明史中极具代表性的一项制度，是西方殖民主义衍生的政治产物。西方的宗主国制度类似于中国古代的藩属国，但其核心概念又不完全等同。宗主国制度的核心在于宗主权的产生与作用，宗主权在英文中的释义为 suzerainty，其词源原本是用来形容奥斯曼帝国及其附属国家的关系的。但是，宗主权实际上是指一国使其他国家从属于自己，同时可以干预其内政与外交的权力。在宗主权的具体作用下，宗主国可以拥有仆从国的外交权，同时仆从国保留一定的自治权。于宗主国而言，拥有更多的仆从国是其主权作用范围的扩大，也就是主权权势的增加。宗主国制度产生于封建制度与资本主义制度，宗主国往往通过政治压迫、暴力手段与经济手段实现对本国主权权势的扩张。英国作为最早进行产业革命的国家，曾经也是世界上最大的宗主国，在世界范围内一度实现对本国权势的扩张。在此之后，资本主义国家相继争夺殖民地，至 1914 年，英、法、美、德、日等资本主义强国掠夺的殖民地达 6500 万平方公里。在国际权势配置中，宗主国身份成了最具权势国家的象征。在宗主国的制度体系内，宗主国的主权权力的影响范围可以延展至每一个仆从国，进而促成宗主国主权权势的不断加强。

（三）实践基础：当代国际竞争中国家主权权势的生成、强化与转移

从现实角度出发，主权权势是主权权力在国际上的延伸。在国际社会中，国家主体往往会通过增强主权权势来提升国家的影响力，进而实现国家利益的增加。与此同时，主权者通过增强主权权势的方式，可以在国际政治博弈中进一步提升自身的威慑力，有利于维护国家主权的安全状态。主权权势的实践基础立足于当今国家实力发展不平衡的国际体系，尤其是大国的实力增长会加剧这种国际政治态势。国家权力是国家主权权势的来源，国家权力的强弱直接取决于国家的内在实力。随着国家实力的此消彼长，主权者的主权权势也会发生增长、削弱与转移。

1. 历史实践：英美之间主权权势的交替与发展

国家权力是主权权势的基础，国家权力依托于国家的人口、地理环境、资源、物质生产方式、制度基础以及军事力量，许多国家通过强化国家权力进而实现国家主权权势的提升。追溯 19 世纪的英国，英国通过引领第一次工业革命，革新了物质生产方式，成为世界第一工业大国，并开创了一种新的文明。在此期间，英国人口进入了快速的增长期，从 18 世纪至 19 世纪初，人口总量从 850 万增长到 2100 万，英国成为欧洲国家人口增长率最高的国家。[①] 直到 19 世纪末，英国凭借强大的经济实力与军事实力建立了全球性的殖民帝国，充当着欧洲大国之间的均势平衡器[②]，成了世界瞩目的"日不落帝国"。日不落帝

---

① 刘新成:《世界史·近代卷》，高等教育出版社 2007 年版，第 98—110 页。

② 刘新成:《世界史·近代卷》，高等教育出版社 2007 年版，第 103—113 页。

国是指不论何时都有领土处于白昼中的帝国，通常用来形容国势强盛、在全世界均有殖民地并掌握当时全球性霸权的帝国。通过对日不落帝国含义的解析可以得出，英国将领土主权、经济主权、政治主权在世界范围内实现了极具广度的延伸，日不落帝国的称谓标志着英国的主权权势达到了顶峰。

20 世纪初期，欧美各国对于技术革新的追逐，加之英国自身传统产业的落后，德国、美国先后在经济体量上超过了英国。随着两次世界大战的结束，英国的经济实力受到重创，从美国的主要债权国变为美国的主要债务国，进而失去了世界金融中心的地位。与此同时，二战后世界反对殖民地国家的热潮高涨，英国在世界各地的殖民地统治受到严峻挑战。在 20 世纪 60 年代，英国的殖民地体系彻底崩溃。在此期间，由于国家实力的下滑，英国的国家权力随之下降，英国的主权权势不断被削弱，最终丧失了昔日的国际主导地位。在两次世界大战中渔利的美国，在《雅尔塔协议》中与苏联共同获得了超级大国的地位。在此之后，美国大力发展金融体系、科技实力与军事实力。在 1944 年，美国建立布雷顿森林体系，美元取代英镑成为具有主导地位的货币，美国将本国的货币主权进一步拓展至世界。即使在布雷顿森林体系瓦解之后，美元仍然发挥着世界主要储备货币的功能。在美苏争霸过程中，美国为了抵抗苏联的欧洲扩张，主导成立了北大西洋公约组织。在这个国际军事同盟组织中，美国作为核心国，在军事上保护西欧诸国的国家安全，在经济上也享受着至高的权益。通过北约等同盟组织的成立，美国将自身的主权权势不断拓展至欧亚大陆。随着 1991 年苏联的解体，美国成为世界上唯一的超级大国。美国在政治、军事、经济、科技等领域的发展，使其国家权力日益增加。作为拥有单极霸权的美国，其主权的作用范围领先于世界各国，积累了最为强盛的主权权势。

2. 未来面向：主权权势过渡与转移

随着世界多极化格局的发展，由一国主导世界的时代难以为继，国家主权权势亦会随着超级大国的衰落而逐渐削弱、分化并转移。需要注意的是，主权权势的转移并非单纯地将一个国家原有的主权权势转移到另一个国家，而是原有的主权权势会逐渐在各个领域实现分化与分解，主权权势不再过度集中于某一国家。"权势转移"理论源起于西方政治学界对国家实力发展不均衡的国际体系的评估。该理论直接将权势转移与大国战争联系起来，认为国际体系并非无政府状态而是一种等级制。因此，战争根本上源于更为广泛深刻的大国内部的权力增长过程，特别是大国的实力增长逐渐达到与霸权国家"势均力敌"的过程。[1] 因此，国家主权权势的转移是顺应国际形势发展的客观规律。

近些年来，美国作为国际社会中主权权势的引领者，在各个领域的发展屡受重挫。在经济方面，金融危机、次贷危机的冲击使美国经济实力严重受损，美元的地位受到严重威胁，其经济主权的扩张态势陷入萎缩。在军事方面，美国此前发动的阿富汗战争与伊拉克战争使美国深陷战争泥淖，受到其他主权国家的抗议与抵制而逐渐丧失国际社会的支持，其军事力量的扩张范围亦随之缩小。在政治方面，自特朗普政府以来，美国多次退出各个世界组织，放弃对部分领域的控制，导致其政治公信力锐减。在国家安全方面，自新冠疫情暴发以来，由于疫情防控措施不力，美国的国民安全受到严重威胁，国力受到空前的重创。在百年变局与世纪疫情交织的时代背景下，美国未能尽到超级大国的责任与义务，国际地位不复从前。国家权力会随着国际和国内环境的变化发生改变，外部权力和内部权力二者相互影响、相互作用，共同为国家的主权权势发挥支撑性作用。随着美国对外权力和对

---

① 张蕴岭：《新时代需要新的权势转移理论》，《世界知识》2020 年第 24 期。

内权力的逐渐缩减，其国家权力呈现逐渐弱化的趋势，其主权权势亦随之分化、转移。

在百年变局与世纪疫情交织的时代背景下，国家主权权势的转移问题成了国际视野最为关注的问题之一。关于国家主权权势的转移，最核心的问题便是主权权势的转移方向。自党的十八大以来，中国综合国力实现了整体性跃升，国际影响力也日益扩大。随着中国经济的繁荣发展、社会文明的进步以及国际形象的提升，中国的和平发展已经受到了世界的普遍关注与鼓励支持。从国家实力角度而言，中国已经成为在美国之后综合国力最强、最具实力，对世界拥有主导性权势的国家。因此，中国也不可避免地成为美国在国际权势竞争中最强大的对手。为了维护国际局势的稳定，中国和美国都需要对未来主权权势的转移问题进行进一步的思考与行动，既要调整理念，也要规范行为。对美国而言，放弃曾经的霸权思想，对于主权权势的转移持顺其自然的态度，将更多资源用于国内的开发与建设是上善之道。对中国而言，首先，要正确对待国家主权权势的转移问题，对于主权权势的拓展持积极态度。作为世界上最大的发展中国家，中国在新一轮的主权权势转移中要敢于争取居于世界舞台中央。但也要注意，中国实现国家主权权势拓展的同时，也要乐见其他国家同样立于世界舞台中央。其次，中国需要继续倡导构建基于共处、共融、共建、共享的人类命运共同体思想，依托于"一带一路"的发展规划，将中国的主权权势进一步拓展。只有拥有更大范围的主权权势，中国才能更好地承担起国际责任，履行国际义务，在世界舞台上更好地做出中国贡献。最后，对于中国国际形象的建构，要将中国和平发展的实质向世界进行清晰准确的表述，避免引起他国的战略误判，使中国主权权势的拓展之路更加顺畅。

四、小结

在当代国际政治的研究中，国内外学者多侧重于对国家主权的功能研究，但是少有探讨国家主权的形成基础与逻辑构成问题，深入解析国家主权的基本逻辑构成，全面把握国家主权的基本内容构成是国家主权研究的重要出发点。国家主权的逻辑结构主要包括主权权力、主权权能、主权权势三个方面。主权权力是一切国家权力的核心内容，是国家政权形成的基础与依据；主权权能是国家主权的具体运用和表现形式，具有"使用""占有""处分""收益"等方面的内容；主权权势是各国主权具有的不同的作用范围，是主权权力在国际上的延伸。

国家主权权力是国际关系研究领域中的本源性问题，是研究主权国家关系的重要连接点，具有较为复杂的概念和形式。强制性是权力的基础特征，所以权力在根本上体现着一种控制与被控制、支配与被支配的关系。国家主权权力是一切国家权力的核心内容，是国家政权形成的基础与依据。从理论角度出发，国家主权是国家最高的权力，主权权力是国家主权的基本逻辑构成。从现实角度出发，一个国家的物质生产方式、自然地理环境、人口、政权与军事力量是国家主权权力的形成基础。

权能，从字义上厘析为"权"与"能"的结合，是权力行使的各种可能方式、方法和渠道。在国家主权的视域中，主权权能即为主权权力与主权职能的具体联结。在具体分析中，可以移植所有权权能的概念来解释国家主权权能。在实践中，主权职能可体现为"使用""占有""处分""收益"等方面的内容。在国家主权的逻辑结构中，主权权力是国家主权的基本构成部分。在现实作用中，国家主权是权力与权利的结合，国家主权权力更多强调的是国家主权的身份性与归属性，国家主权权能更多体现的是国家主权的具体运用性与表现性。总体来看，在国家主权的逻辑结构中，国家主权权能是国家主权的具体运用形式，任何形式的主权权能都是国家主权的功能体现与表达。在国与国之间的交往与博弈中，主权权能运用能力经常被视作一种特殊的资本，通过主权权能的交换实现双方利益的互动。综上，国家主权权能是一个集合政治学与法理学的复合型概念，是国家主权的基本逻辑构成。

国家主权是国家的最高权力，其中，国家主权权力是国家主权的本质所在，国家主权权能是国家主权的具体运用形式。在当代国际形势中，由于国家实力的差异，每一个国家的主权具有不同的作用范围。个别国家由于自身国力的强大，采取组织或参加各类国际组织的方式，将本国的主权权力进行延展，使本国主权的作用范围进一步扩大，进而实现对国家主权的强化。在这里，关于国家主权的具体作用范围，可引入主权权势这一概念来进行阐释。在政治力量的累积下，国与国之间会形成不同的力量位势。国与国处于不同的力量位势所积累的能量，可以称为权力势能。各个国家在国际规则的约束下，依托于本国的资源、制度与组织机构会最大限度地提高本国的权力势能。在此过程中，国与国之间会形成不同的政治位势，在国际上表现出不同的威慑能力与范围。当我们描述国家主权对外表现出的威慑能力与作用范围时，国家主权权势这一概念便产生了。在当代国际关系中，主权者通过对国家主权权势的强化与拓展来确保对一切意图影响国家主权的行为体的威慑力度，以此维持国家主权的安全状态。

第八章 国家主权法律关系的内容——国家利益

主权法律关系，从基本法理角度来说，包括主体、客体和内容三个方面。在时代发展中，主权法律关系的构成因素必然要发生相应的变化，这是社会发展规律所决定的。主权理论是国际关系理论的基石，国家利益是国际交往的基本出发点，新时代背景下，主权法律关系的内容集中表现为国家利益。百年变局与世纪疫情的交织意味着人类政治历史新纪元的到来，这不仅是人类疫情防控与集体生存的新纪元，还是国际关系发生重大变化的新纪元。在全球治理体系和国际秩序深刻变革的背景下，构建新型的国际秩序与国际关系成为重要命题，国家利益的互动与争端将成为国际关系变化的核心指向。主权理论是国际关系理论的基石，国家利益是国际交往的基本出发点，国家主权与国家利益之间存在深层次的逻辑关系。在实现中华民族伟大复兴的新征程上，维护国家主权与国家利益是历史之应然、实践之必然。深刻把握国家利益的内涵、本质与逻辑构成是维护国家利益的理论前提。坚持国家利益导向，制定最有利于维护国家利益的外交政策是构建人类命运共同体的实践前提。无论是应对人类共同挑战的需要，还是维护国家主权、安全、发展利益的需要，时代的变化与挑战都呼唤着主权视角下国家利益理论的创新和发展。

从国际关系的理论出发，国家主权是国家合法属性的构成基础，是维护国际关系的基石；国家利益是国际关系的出发点和落脚点，国家间共同利益是国际合作的基础，国家间利益相悖是国际冲突的根源。从法律关系角度出发，国家利益是主权法律关系中主体与客体相互影响和作用的核心内容。国家主权是现代国际关系的基本前提，国家利益则是国际关系的决定性因素。如汉斯·摩根索所言："国际政治中实际上的最后语言是国家利益。"[①] 尽管全球化的浪潮逐渐消解着国家间的沟通界限，但国家利益始终是衡量国家交往的尺度；信息化社会的形成并未弱化国家的利益疆界，国家主权依然是国家利益的屏障；由国际法主导的和平解决争端的方式逐渐成为维持国际秩序的共识。国家主权的内容和形式随着世界形势的发展而发生变化，然而国家利益作为主权法律关系核心内容的地位始终未发生改变。国家利益既是国际关系理论研究的核心概念，也是国际法理学的重要范畴。从法政治学的理论维度出发，以国家主权为具体切入视角，对国家利益进行内涵解析与逻辑建构，具有重要的创新意义与时代价值。

一、国家主权视角下国家利益的核心要义

在长期的探索与研究中，学界对于国家利益的内涵与外延尚无共识性、明确性界定。随着国际社会的多元化发展，民族国家的需求逐渐趋于复杂，公众对国家利益的诉求和理解也是变动不居。在此背景下，可以从历史维度出发，以政治学与法理学为共同语境，以国家主权为研究视角，对国家利益的基本内涵进行剖析和探索，以期深入揭示国家利益的核心要素。

---

① ［美］汉斯·摩根索：《政治学的困境》，芝加哥大学出版社 1958 年版，第 54 页。

（一）国家利益的语源探析

在西方话语体系中，利益常用 benefit 或 interest 来表达，二者的语义基本一致。以 benefit 为例，该词源自拉丁文形容词 bene，意为 good、honorably、properly 等，译为益处、优势等概念。在利益法学理论中，利益被解释为法律的根源，是人们的一种欲求，是法律共同体中存在的"渴望与追求"。在学术界，国家利益有两种英文译法：national interest 和 interest of state，这两种翻译反映了国家利益的两种不同语境含义。national interest 直译为民族国家利益，与之相对的是同盟利益、国际社会利益；interest of state 直译为国家（政府）利益，与之相对的是地方利益或者公民利益。同一词源的两种含义在不同语境下的具体应用体现了国家利益含义的丰富性。在现代汉语体系中，利益的词源释义并不复杂。《新华字典》对于利益的解释为"利与害相对，利益就是好处"。《现代汉语词典》将利益定义为好处。可见，在汉语日常语境中，好处是利益的通识性解释，能够满足主体需要的状态即为好，主体所需要的事物（方面）即为处。立足于汉语的基本语义，"国家利益"是指对于国家有好处的事物。综上所述，中外关于国家利益的基本含义及普遍性阐释大致相同或相似，即为"能满足国家主体的需求或有利于国家主体的事物"。但是，"国家利益"一词在国际政治实践理念方面具有不同含义，在法理层面的具体内涵、范围和实现方式同样存在差异。

（二）当代国家利益内涵与外延的发展变迁

在第二次世界大战之后，随着国际关系学的发展与国际法治实践的深入，国际学界对于国家利益内涵的界定进入相对清晰和系统的时期。自 20 世纪 50 年代开始，现实主义学派将国家利益与战后的国际关系相关联，主张国家利益是国际关系的中心。代表性人物如汉斯·摩根索，将"国家利益"界定为"由国家权力所决定的利益"，其具体表现为"自由、安全、繁荣"等内容。[①] 当时，我国正处于主权独立与领土安全受到外部势力的挑战，外交关系受到资本主义国家阵营围堵的时期。具有国家临时宪法性质的《中华人民共和国共同纲领》中明确指出武装力量的任务是保卫中国的独立和领土主权的完整，保卫中国人民的革命建设和一切合法权益。毛泽东指出中国建立外交关系的基本条件为"遵守平等、互利及互相尊重领土主权等原则"[②]。在国内，国家的生存与安全被视作国家利益的主要方面，而和平与发展则居于相对次要的地位。在这一阶段，国家利益的本质是国家权力实现的利益，主要表现为安全利益、政治利益、外交利益三个方面。

20世纪80年代以来，随着经济全球化的兴起与发展，人类社会处于政治、经济、文化等领域的重要转折期，国家利益的实现呈现出新的发展图景。在国际上，新自由制度主义学派提出暴力和冲突并非实现国家利益的唯一形式，通过国际制度的合作可以实现国家间利益的最大化。代表性人物罗伯特·基欧汉将"国家利益"概括为"财富和权力"，其中经济利益在国家利益中的权重日益显著。[③] 新现实主义学派则认为经济利益可以是国家利益的一个重要面向，但国家利益的核心议题仍是冲突与和平的问题。代表性人物肯尼思·沃尔兹认为国家的最终追求是安全，安全利益始终是国家利益的核心。[④] 在20世纪90年代中后

---

① ［美］汉斯·摩根索：《国家间政治：权力斗争与和平》，徐昕等译，北京大学出版社2006年版，第3页。

② 《毛泽东文集第六卷》，人民出版社1999年版，第2页。

③ ［美］罗伯特·基欧汉编：《新现实主义及其批判》，郭树勇译，北京大学出版社2007年版，第180页。

④ ［美］肯尼思·沃尔兹：《现实主义与国际政治》，张睿壮、刘丰译，北京大学出版社，2012年版，第77页。

期兴起的建构主义学派认为国家利益应包含理念主义的内涵。该学派的创立者亚历山大·温特指出："一个国家在生存、独立和经济财富这三种利益之上，还必须加上第四种国家利益，那就是集体自尊。"在国内，邓小平一方面坚持"国家的主权、国家的安全要始终放在第一位"①；另一方面指出"社会主义现代化建设是我们当前最大的政治"②"要把经济建设当作中心"③。可见，在这一阶段，经济利益逐渐发展成为国家利益的重要组成部分，并与安全利益的重要性逐渐呈现并列趋势，国家利益由原有的力量性逐渐转向物质性。同时，观念性与精神性的国家利益开始彰显。

进入21世纪，国内学界对国家利益的研究逐渐系统深入，国内学者基于国内外形势的演变，以生存、发展与需求为基本角度，对国家利益的内涵与外延进行界定。刘跃进等从生存角度出发，指出"国家利益是以国家为完整主体的利益"和"国家赖以生存的基本因素"④。王逸舟从发展角度出发，认为"国家利益是指民族国家追求的主要好处、权利或受益点"⑤。阎学通从需求角度出发，将国家利益具体解释为"一切满足民族国家全体人民物质与精神需要的东西"⑥。在这一阶段，国家利益既包括物质需求，也包括精神需求。其中，物质上的需求体现在国家维持正常运转的经济条件和满足国民生活需要的物质基础，精神需求体现在国际社会对于国家主权、国家地位与国家尊严的承认与尊重。

新时代以来，习近平总书记对于国家利益做出系列重要论述。具体来看，包括坚持"维护国家主权、独立、领土完整、安全"的"核

---

① 《邓小平文选第三卷》，人民出版社1993年版，第348页。
② 《邓小平文选第二卷》，人民出版社1994年版，第163页。
③ 《邓小平文选第二卷》，人民出版社1994年版，第250页。
④ 刘跃进：《认识"国家利益"需要理清的几个关系》，《社会科学战线》2005年第1期。
⑤ 王逸舟：《国家利益再思考》，《中国社会科学》2002年第2期。
⑥ 阎学通：《中国国家利益分析》，天津人民出版社1997年版，第4、10、11页。

心利益"，全面推进经济、政治、文化、社会、生态文明建设的"长远利益"，进一步拓展海外利益、海洋利益、网络空间利益、外层空间利益等"战略利益"。此外，习近平总书记指出，要实现好、维护好、发展好最广大人民根本利益，紧紧抓住人民最关心最直接最现实的利益问题。由此可见，人民性是中国共产党国家利益观的鲜明特征，人民利益正是社会主义国家利益的根本。党的二十大提出"以中国式现代化全面推进中华民族伟大复兴"的宏伟蓝图，显示了中国式现代化的推进与拓展是中国当前最重要的发展利益。习近平总书记从整体视角阐释了国家利益，包括核心利益、根本利益、战略利益、发展利益和长远利益，进一步深化了国家利益的层次性与系统性；他在具体内容上将国家利益下沉到各个场域，既涵盖传统的安全利益、政治利益、经济利益，又包括外层空间、国际公海、极地等国际公域的利益，以及网络、信息等虚拟空间的利益，进一步丰富了国家利益的内容范畴。

　　综上，国家利益既是一种观念，又是一种概念。国家利益是国家政治行为的出发点，是满足国家和人民生存、发展与需求的基本因素。作为国际政治的核心，国家利益代表着国家的一种持久且恒定的价值追求。所以，国家利益的内核存在质的稳定性与连续性。但是，历史条件与外部环境的变化会影响国家利益的具体表现或实现形式，其内容体系也随之发展和变迁。

（三）国家主权视角下国家利益的核心要义

　　在国际法的准则与原则中，国家主权具有深刻的法理内涵。一方面，在国际法理论中，国家主权被分为对内主权和对外主权。对内主权被解释为国家在其领域内的权威性与强制性，对外主权被解释为国家在国际社会中的独立自主性，体现在国与国之间的相互独立和平等。主权表征了国家的身份，解决了国际社会对于国家身份的认同问题，并提供了判定国家延续或灭亡的标准。从这一层面而言，国家主权被赋予明确的身份性意义。从法理概念上剖析，身份是指某一个体与共同体中的其他成员的法律关系。所以，主权不论是对内还是对外都标志着身份、地位的相互关系。另一方面，在法理建构上，主权作为具有身份属性的权力，与物权与所有权存在本质上的区别。首先，虽然物权与所有权也可以映射某种主体之间的相互关系，但物权必须建立在某个确定的物上才能存在和延续，进而展现物权主体与非物权主体之间的关系。其次，在功能的表达上，物权体现的是物权主体对于物权客体的拥有、控制和使用的能力。相对于因物而生的法律关系，无论物权主体对于物权客体如何处置，都不会改变物权主体的身份。但是，作为具有身份属性的主权，其相关处置将直接影响主体的身份。主权作为一种特殊的身份权，体现着在特定历史条件下的身份秩序的安排，这种身份秩序的安排，也是主权者享受各项权益的根本来源。

法是国家权力的意识形态化和制度化，法的作用是国家权力运行过程中的体现。[①] 国家权力是法的载体和支点，国家主权作为国家最高权力，对国家内的一切物质力量具有管理与控制的能力。国家利益作为国家的基本需求和需求趋向，成为国家主权法律关系的主要内容。国家利益具体表现在生存、发展、文明选择等需求上，具体落实在政治、经济、外交等现实领域中。国家主权从法理角度上可以反映主体之间的身份关系，同时可以反映主体对客体形成的控制和使用等能动关系。国家作为特殊的物权所有者，享有的一切权利都由主权派生。国家主权的作用方向根据国家的具体需求而生，国家主权的具体作用形式，从过去的领土、政治、外交等方面，拓展到经济、文化、信息等领域。

因此，笔者认为对国家利益的分析，不应再局限于以"国家"为

---

① 张文显：《法理学》，高等教育出版社 2018 年版，第 76 页。

唯一研究对象，而应尝试以国家主权为分析框架，将国家利益细化到主权者决策和行为动机的层面。国家权力的承担者与义务的履行者是主权者，因此，在国家主权视域下，国家利益即是主权者的利益，具体表现为主权者所要争取和获得的需求的总和，是国家主权行为和运作体系的根本指向。主权者的利益是由于主权者的身份属性而拥有的国家利益，是一种从"单一个体利益"走向"集体个体利益"的利益需要形式。这种利益形式不仅是国家的全部利益需要，更是长远的、根本的、全局的以"主权者"形式出现的利益需要。国家利益需要摆脱国民个体需要的局限性，以社会总代表——"主权者"的形式出现，更具有权威性和代表性。从整体来看，国家利益源自主权者三个方面的需要，即生存需要、发展需要和文明选择需要。

生存需要是主权者的基本需要，也是其不可侵犯与剥夺的需要，是国际社会各主权者应当互相尊重的需要。生存需要包括国民的温饱、可居、安全与秩序等四个方面，它们构成了国家的根本利益。温饱是国民生命延续的第一要素；可居是国民实现其居所权利的基本前提，也是安居生活的基础；安全是国民自身及生活不被侵害的基本保障；秩序是国民社会稳定、有序运行的必要基础。这四个方面可以用法政治学话语表达为主权独立、领土完整和社会安全。在具体实践中，主要表现为国家领土不被侵犯，国家资源不被掠夺，内政不受干涉，政府没有外来势力颠覆，国民的基本生活有保障等。

发展需要是主权者在满足生存需求的基础上产生的更高层次的综合需求，属于战略利益中的长远需要。因此，在特定情况下，发展需要较之生存需要处于次要地位。即国家发展所需的条件相较于国家生存而言有更高的要求，且具有更强的战略性。[1]我们需要从长期发展战

---

① 张琏瑰：《国家利益辨析》，《中共中央党校学报》1998 年第 4 期。

略的视角审视国家利益的演进形态，国家利益的部分内容或许并非现实所亟须，但极有可能是未来之选择。发展需要包括资源可延续、社会可发展、技术可进步、权力可拓展等几个方面。具体体现为国土资源开发与保护协调发展，社会各阶层各领域稳定和谐，国家产业链完整安全，关键领域核心技术基本独立，国际影响力逐步拓展等方面。

　　文明选择需要是主权者在生存发展中的精神价值需要。生存与发展是国家现实的两种不同层次的状态，而在这两个层次中又有各自的精神存在方式和需要。因此，国家利益除了涵盖生存和发展需要之外，还包括一个重要的研究维度——精神文明需要。无论国家正处于以生存为主导的阶段，还是以发展为主导的阶段，都需要与之相适应的制度、文化和理念。因此，"文明选择需要"比"精神需要"更为准确。文明选择需要是主权者生存与发展需要的综合体现，是特定民族国家存在方式、发展道路的选择，是一种战略性的需要。文明是一种理念、制度与文化的集成，既不是单一的概念，也不是一个具体特定的模式，而是人类社会生活方式的一般体现。文明没有所谓先进与落后、优良与低劣的区别，只有发展阶段、不同层次视角的差异。因此，各民族国家有选择自己文明方式的权利，这是各民族国家的根本利益所在，也是国际社会维护和平的基本原则。

二、国家主权视角下国家利益的法益本质

　　国家利益既是国际关系的交往基点，亦是国际法学的重要研究范畴。从法政治学的实践角度出发，国家利益并非抽象和空洞的概念，而是具备明确的诉求与指向。关于国家利益的深入研究，不应局限于日常语境或单向度的传统政治学解释，而应以法政治学为理论视角，从国家主权的法理逻辑以及国家利益的本质特征出发，系统地解析国家

利益的法益本质。

（一）利益的本质与特征

法学界关于利益的争论主要聚焦于主观说、客观说与折中说等观点。主观说认为利益是意识的客观反映，是人们对于生活需要的意志指向。[①] 客观说认为利益是人作为一定的社会成员而生存、发展的对象和现象的客观关系的表现。[②] 这一理论并未否认利益与意识之间的关系，但强调了利益的客观实在性以及其对意识的决定作用。折中说则认为利益同时包含主体需要的主观性和客体对象实在性。鉴于此，本文采用折中主义立场，认为"利益是在一定的社会形式中满足社会成员生存、发展需要的客体对象"[③]。

法政治学视域中的利益具有如下特征：其一，客观性。利益是主体所需要的客观对象，是主体之外的客观对象；客观对象对于主体的满足是客观实在的。利益可区分为物质利益与精神利益，该二者对于主体的影响和价值都是可感知、明确的。以生活中常见的精神嘉奖为例，行业荣誉称号对从业者的影响巨大，能直接影响其职业积极性，并关联着物质与精神生活的品质。其二，主观性。主观性体现了利益满足主体需要的本质特征，主体需要映射了国家利益主体的主观性。但是，法的利益并不是特定个体所认为的利益，而是以社会一般观念所确认的利益。正如日本法学家美浓部达吉所言，"法所保护的利益的概念，不必问保护对象主观感情上认为有利益与否。即使保护对象在主观上不感其价值，而在法的见地上，其人的利益也应被保护"[④]。其三，冲突

---

① 刘小平：《为何选择"利益论"？》，《法学家》2019 年第 2 期。
② 孙国华：《法理学教程》，中国人民大学出版社 1994 年版，第 85 页。
③ 张明楷：《法益初论》，中国政法大学出版社 2003 年版，第 169 页。
④ ［日］美浓部达吉：《法之本质》，林纪东译，台湾商务印书馆 1992 年版，第 43 页。

性。利益缘何需要法律的保护？根本原因是利益资源的有限性与人的欲望的无限性之间的矛盾。具体表现为社会各利益主体由于利益分配而产生的冲突，包括个体之间、个体与团体之间、团体与国家之间的冲突等。据此，我们将法益按照利益主体的不同区分为：个体利益、集体利益、全民利益和国家利益。基于秩序化的需要，法律将各种利益的冲突控制在社会允许的范围内，使法益概念集中呈现为"定分止争"的重要价值。

（二）法与利益的互动逻辑

利益是一切个体生存的条件，对于利益的追求和保有既是个体的基本人权，也是恒定的自然法理。因此，马克思明确指出："人们所奋斗的一切都与他们的利益有关。"[①] 鉴于利益是群体的共同趋向，且利益具有有限性，因此，利益的实现需要一个基本的规范体系，即法律。正如法学界普遍认为的，所有的法律，没有不为着社会上某种利益而生，离开利益，便没有法的观念的存在。也就是说，法是正当利益的表现，利益是法的目的。同时，利益的实现过程是复杂的，总有个体或团体超越正当性边界侵害他人利益，"当一个分配正义的规范被一个社会成员违反时，平均正义便开始起作用"[②]，就需要法来主持正义。显然，利益是法所规律的目的，而正义则是法所规律的最高标准。总之，法是利益实现的保障和分配正义的规则，利益是法的核心与目的。

在法与利益的互动关系中，法不仅是利益的保障，而且增进了利益的丰富与发展。"法本身不能创造利益，但在具备一定客观条件下，法可以促进一定利益的形成和发展。也就是说，法不仅可以确认已有

---

① 《马克思恩格斯全集第一卷》，人民出版社 1956 年版，第 82 页。

② ［美］博登海默：《法理学——法哲学及其方法》，邓正来译，华夏出版社 1987 年版，第 254 页。

的利益，而且能够促进立法者自觉追求的利益的形成和发展。"[①] 立法不仅决定了执法、司法以及守法的导向，也决定了法治运行的基本格调。尽管法不是利益本身，但它能激励各利益主体根据自身的利益追求，创造更多的机会去实现利益。法的禁止功能限制了利益实现的危害行为，保障了基本的利益秩序。而法的激励功能则调动各主体的积极性，使其去创造新的利益空间和形式，从而推动社会生产力的全面进步，为获得更多、更大的利益创造条件。

（三）国家利益的法益本质

国家利益的本质是主权者的利益，其在"家天下"时代以"宗庙"和"神器"为象征，在当代社会则以民族国家为其外在形式，其内涵的本质是统治阶级的阶级利益。首先，国家利益是以全民族形式出现的统治阶级的利益。为何是以"全民族"形式出现？在国家的基本构成中，人是核心和关键因素，民族则是人的某种聚合形式。因此，"全民族"的认同相当于获得了合法性的基础，且当代国际社会主要由民族国家构成。为何是统治阶级的利益？个体利益通过阶级形式体现和保障，社会由不同的阶级或阶层构成，国家是各阶级为了自身利益进行争夺、妥协与和解的舞台。因此，最终的国家利益既不是各阶级利益的简单相加，也不是统治阶级的全部阶级利益，而是以统治阶级为代表的各阶级利益的综合体现。

其次，国家利益是利益体系中的最高利益。任何国家都由不同的阶级或阶层构成，因而形成了由各种利益构成的利益体系：个体利益、集体利益、区域利益等。然而，在所有利益中，能够代表全社会的、最优先保障的只能是国家利益。国家利益是最高性质的利益，其他利益

---

① 孙国华:《法理学教程》，中国人民大学出版社 1994 年版，第 89 页。

只能在与国家利益相符、相向的基础上得以实现。国家利益与国家权力的关系是辩证统一的，国家利益的实现强化了国家权力的权能，国家权力的强化也会助力国家利益的实现。

最后，长远的国家利益具有世界历史形态。从国内视角审视，国家利益不仅仅是统治阶级的利益。从国际视角探析，国家利益也不是某个国家独享的利益。各国和平共处于一个国际体系中，信息化和全球化的浪潮使所有国家紧密相连。所以，从系统化的角度来说，任何国家间的行为都是国际行为；任何主权国家想要实现其利益，就必须协调相应的国际关系。否则，一国所得，即为另一国之所失；一时之所得，亦将成为他日之所失。此外，国家利益的实现还要具有历史大局观。工业文明向人类深刻揭示了以破坏自然为手段的经济发展最终会葬送所有文明，持续的短期利益行为会使国家与人类社会发展陷入危局。因此，追求国家利益的实现不仅要考虑他国的利益，还要具有大历史观的视野，时刻检视发展中的短视行为。

"法益是指根据宪法的基本原则，由法所保护的、客观上可能受到侵害或者威胁的人的生活利益。"[1][2] 国家利益是法律应当特殊保护的利益，国事无小事，国家利益不存在可有可无的利益。国家利益作为一种特殊的法益，应当由以宪法为核心的国家法治体系全方位保护。国家利益作为一种特殊的法益，是以民族国家为主体的集合性利益，代表了一个国家整体的、全面的和长远的利益。上升为国家法律保护的利益都是法益，但并非所有利益都是法益。例如，公民的日常生活争端可能对个体产生影响，但并非所有争端都需要国家法律介入。公民和其他一般主体的利益需求与内容有很多，但需要国家和法律介入的

---

① 张明楷:《法益初论》，中国政法大学出版社 2003 年版，第 167 页。

② 本书所指的法是广义的，既包括严格意义上的国内法（制定法和判例法），也包括国际法，还包括人类社会共同遵循的法精神和原则。

只是其中的一部分。但是，国家利益的全部内容都应当得到法律的全面保护。国家法益是主权者的利益，是最高的利益形式；国家法益具有公共性，它集中代表了社会整体的利益；国家法益具有多重属性，既是阶级性与民族性的统一，也是普遍性与特殊性的统一。

三、国家主权视角下国家利益的逻辑结构

作为一个理论概念，国家利益具有抽象性与具体性的双重属性，探究国家利益的本质，即为审视主权权力关系的结构和逻辑。在这一视角下，国家利益的分类和构成需依据一般性法律关系的构成框架，对应具体的社会现实加以剖析。

（一）国家利益的主体

主权者即国家利益的主导者和受益者，关于国家利益主体的讨论离不开主权理论。自主权概念被提出，各类主权形式的诞生，以及主权的实质问题（统治阶级问题）等，始终是国家利益理论探讨的核心焦点。从君主主权到教会主权，再到议会主权和人民主权，这些不同的主权形式在不同时期都有特定的历史背景和社会需求。尽管这些主权形式有所不同，但其本质界定的标准都在于哪一个阶级具有统治地位，即统治阶级决定了国家的性质。

当代主权理论的共识是人民主权，即主权者是人民。但是，各国对"人民"的具体内涵和范围的界定存在差异。作为主权者的人民是国家权力的主体，代表着国家的统治阶级。作为国家权力主体的"人民"，具有阶级性这一重要的社会属性。资本主义国家的"人民"是指资产阶级及其统治联盟，而社会主义国家的"人民"具有更深刻的内涵。关于人民概念的理解与界定，需要以国家的指导思想与执政党的政治

纲领为基本参考。中国共产党对于人民概念的理解，以马克思主义的人民观为根本依据。毛泽东指出，人民是一切能够促进社会发展进步的阶级、阶层和社会集团。[①] 马克思主义认为，"人民"这一概念并非单纯的意识形态话语，而是在现实领域中具有实际形态的群体。[②] 在马克思主义人民观中，人民并非抽象存在，亦非局限于某一社会集团，而是在现实领域中具有广泛性、先进性与进步性的群体。

（二）国家利益的内容

国家利益的内容关乎国家的安全和人民的福祉。总体而言，国家利益是所有主权国家行为的根本指向，是国家力图争取和获得的需求总和。可见，国家利益的核心内容就是人民需求的满足。国家主权的内容决定了国家主权的行为。国家利益是国家行为的准则和目标设计的定盘星，决定了国家政策的方向以及战略选择。美国法学家阿尔弗雷德·塞尔·马汉指出："自身利益是国家政策合法的、根本的行动原因，它不需要任何烦琐的说明来论证其合理性。除了国家利益，政府不会在任何其他的基础上不断地采取行动。"[③] 因此，主权理论的变迁、主权实践的诸多调整都是以国家利益为中心展开的。从抽象层面来看，国家利益是国家永恒的追求。从国际关系的实践角度出发，国家利益会随着时代的变迁和国家需求重心的不同而发生调整。具体而言，国家利益是由生存利益、经济利益、政治利益、文化利益、安全利益和外交利益等方面构成的有机统一体。其中，国家的生存是国家延续发展的基础，如果国家不存在，其他利益就无从谈起。因此，生存利益

---

① 《毛泽东文集第七卷》，人民出版社1999年版，第205页。

② 《马克思恩格斯全集第三卷》，人民出版社2002年，第174页。

③ ［美］阿尔弗雷德·塞尔·马汉：《亚洲问题及其对国际政治的影响》，范祥涛译，三联书店出版社2013年版，第103页。

是构成国家利益的最基本部分。马克思主义认为，社会生产力是社会发展和社会进步的最终决定力量，是全部社会历史的物质基础。所以，在国家利益的内容体系中，经济利益为核心利益。国家利益的具体内容是丰富的、多元的，其构成和演变具有时代性特征。从国家利益内容体系的时代构成出发，可以深入把握国家间政治的基本发展规律。

（三）国家利益的对象

国家利益的作用对象包括具体的物质、人口以及其他构成国家利益的任何要素。这些对象的界定，取决于主体需求和国家利益的具体表现形式。首先，国家利益的对象是满足主体需要的载体。没有主体需要，就没有国家利益的对象。对象因需要而存在，需要界定了对象及其范围。因此，需要的变化将导致对象的变化。其次，国家利益对象具体而明确。理论上，对象的范围没有具体限制，凡是为国家所需要的事物，均可视为国家利益的对象，无须翔实地论证或规定。依照国际法，一国主权范围内的人口、土地、自然资源等都是国家利益的对象。最后，国家利益的对象具有无限性和发展性。只要主体有所需，任何事物都可能成为国家利益的对象。目前，关于国家利益对象的阐释，学界倾向于给出列举性的规定，而非限制性或绝对性的规定。原因在于，随着社会生产力和科技的发展，人类可以不断地拓展利益空间，国家也会不断地扩大利益对象的范畴。如在现有的国家主权疆域之外，许多国家正在积极拓展在极地、太空等人类公共区域的利益空间，发掘更多满足人民需求的利益对象。

四、小结

国家利益是国际关系的基点，因而也是国际政治的一个基本范畴；从国家主权法律关系角度讲，国家利益是主权法律关系主体与客体相互影响和作用的核心内容，是主权运作体系的基本指向。在国家利益的实现上，各流派的观点各有长短，在许多具体问题上也是针锋相对，但是总体来说人类社会治理思想的代际更替呈现出文明、开放和务实的趋势。在如下几方面也达成了基本的共识：国家利益是国家政治行为的出发点，国际社会相互依存相互作用，国际共同利益是国际协调的基础。但是另一方面，西方学者囿于阶级和指导思想的局限，使得他们的思想难免会带有民族偏见和价值缺陷。他们虽然认识到了国家间的相互依存，但是总是意图在奴役他国的基础上求得自身的繁荣；他们执着于国家利益最大化的追求而无视人类社会的共同繁荣与发展。总之，他们对于国家利益理论的丰富与发展固然是一种进步，但是我们必须洞视其资本主义天然的狭隘性和资产阶级自私自利的本质。

总体来看，国家利益的结构涉及国家利益的具体构成、各要素的相互关系、整体的建构逻辑等，是国家利益现实生命力的体现。在国家主权视角下，国家利益以主权者为主体，以国家与人民的需求为核心内容，以具体事物为基本对象。主权者是国家利益的主导者和受益者，国家利益的内容由主权者的需求决定，从而决定主权者的行为，是抽象性与具体性的统一。同时，国家利益的对象作为实现国家利益的载体，在现实领域中呈现多元化的形式和时代特征，会随着时代变迁与主权者需求的变化而发展。

总之，国家利益的形成是非常复杂的，其影响的主体因素从严格意义上也不限于上述三点。但是过于宏观的因素与本书主题相距过远，过于微观的因素不属于主权研究范畴。从宏观的角度来说，一切国家具体利益的内容及表现形式的变化皆源自生产力的发展及其与生产关系的相互作用，国家利益—国家政策—国家行为这是国家利益实现的动力逻辑；从微观的角度讲，个别社会事件的发生是偶然的但是其背后的根本原因是国家的社会基础，事件—情势—趋势这是国家利益实现的发生规律。

第九章　全球治理视角下国家主权的主要影响因素

依据马克思主义辩证唯物主义思想的基本原理可知：任何事物的影响是多方面的，不可能是简单的好或者是坏，也就是说事物的影响至少是有积极的与消极的两个维度；但是另一方面，为了便于理解和实践，我们又需要善于抓住事物矛盾体系中主要矛盾的主要方面。目前，新时代的发展对于传统国家主权理论及其实践的影响是多方面、多层次的，对此，我们谨以各方面对主权的消极影响来深入研究主权未来的发展及其应对。

国家主权作为一个完整的实体，由内部主权和外部主权两个方面的内容构成。国家主权无论是对内还是对外，两个方面都是缺一不可的，具有不可分割性。国家主权依托于一定的领土、人口和组织机构存在和运行，是一个国家固有的权力。从主权的逻辑结构出发，国家主权权力是主权者恒定固有的，不可进行分割、转让。主权权能是可变的，在特定条件下可以进行分配、转移与让渡。国家主权权势也是随着国家内外形势的发展，处于一个动态的变化过程。与此同时，主权权力、主权权能与主权权势之间存在一定的关联性，因而造成了随着某一方变化，另外两方也不得不随之发生改变的发展事实。在当今时代背景下，诸多因素正是通过对国家主权权力、权能、权势的作用，进而实现对国家主权的影响。

一、全球化发展导致国家主权权力弱化

全球化发展对国家主权的影响，最直接的表现就是全球化过程中对国家之上的经济和政治发展权力的不断索取，直至将非世界性的国家全部纳入资本主义世界市场体系之中。早在全球化理论提出前，马克思就曾深刻指出"资产阶级，由于开拓了世界市场，使一切国家的生产和消费都成为世界性的了"，在经济全球化的推动下，世界被越发地勾连成为一个统一的整体，一个国际性的用以调节国家间在世界市场活动中的交往方式的权利原则便呼之欲出了。正是在此基础上，奥本海、凯尔森等国际法学者开始呼吁通过弱化国家主权原则的方式，来保障国际市场的平稳运作。

然而，从现实角度出发，对那些无法在国际交往中保持足够的实力维持本国国家利益的主权国家而言，资产阶级就"迫使它们在自己那里推行所谓文明制度，即变成资产者。一句话，他按照自己的面貌为自己创造出一个世界"。发达的资本主义国家利用全球化的手段，通过商品和资本输出，来实现对欠发达国家价值理念和政治经济制度的"主观改造"，以建立起一个符合发达国家发展需求的世界市场。在这一点上，马克思主义绝不否认资本在欠发达国家发展过程中所发挥的巨大作用，但是他更清醒地指出，在任由国际资本扩张的国家体系内，他们被赋予了强大生产力的同时，也已经蕴含了足够瓦解这个体系的力量。

在纯粹以资本市场交易为主导的国际自由市场经济条件下，各国经济潜力被充分激发的同时，资本当然也会为了给自己创造更大的经济市场空间而对一切原有的主权原则和政治规则进行持续的弱化直至彻底取代，并在此基础上重构以经济利益和资本追求为唯一驱动的国际资本主义世界。从这个意义上看，全球化至少从三个角度对传统的国家主权原则能力进行弱化和分解。

对国家维护主权能力的弱化。首先，对主权国家自身而言，只有极少数国家能够在纷繁复杂的国际交往中有足够的能力应对其他强国或者世界市场发展的外部性影响。即使是在本国市场内，随着国际风险投资和金融资本的涌入，也不太可能始终保持自身经济政策的独立性和对于本国产业资源环境的绝对控制，而这恰恰是传统国家主权最为核心的权利之一。其次，在外部环境上，资本的逐利性决定了占据市场主动地位的发达资本主义国家不可能也不会通过设置一个绝对公平的世界市场环境来实现每个国家均衡利益的共同发展，处于市场劣势的主权国家只有通过出让部分国内资源要素禀赋条件才能够被允许在这场不公平交易中获得不相称的经济和政治利益。最后，在已经存在的国际政治和贸易型组织上，由于每个主权国家在这些组织内话语权的确认并不是平均分配，所以它们依然是严格倾向于发达国家利益的，因此弱小国家仅有出让国家主权的权力，却鲜有因此而要求与发达国家对等主权权利的权力。

如发生在 1997 年的东南亚金融危机，其实质就是国际热钱为了追求短暂的资本收益而对东南亚国家开展的一次投机性经济行为。此时东南亚各国虽然已经成为全球化市场的重要组成部分，但是它们并不具有向国际市场转移风险的能力和基本的国际环境。来自发达资本主义国家的资本迅速击垮了各国的国家经济安全防线，国家经济主权在国际资本面前荡然无存。在此后十几年的经济发展中，各国为了摆脱此次金融危机的影响，不得不将本国的金融体系置于国际经济组织的监管之下，国家经济主权让渡于国际社会之中。反观 2008 年发生在美国的次贷金融危机，以及现阶段正在发生的美国通货膨胀危机，实质上却未能够对美国国家经济安全造成实质性影响，反而是美国贸易市场的承接方南美洲、亚洲和部分欧洲国家成为美国这几次经济危机的实际承受者。

对国家发展主权能力的弱化。一方面，出于维持国家主权核心利益的需要，弱小国家不得不在全球化的市场交易中选择出让部分边缘主权权益，或者选择无视强势国家对本国主权的侵犯，以期能够获得本政府对国家主权的长期持有的外部支持。而无论弱小国家做出何种选择，其实质是体现了在全球化背景下国家对国家主权的结构性弱化，通过将主权置于国家发展的次要位置，实现在全球化发展中的短暂收益。另一方面，强势国家在全球化过程中通过经济交往、政治输出等将自身的意识形态和国际交往利益主张灌输给弱势国家，尤其是所谓"主权过时论""无国界经济"等理论，将自身对弱势国家经济的盘剥和资源的掠夺合理化、合法化。事实也证明了，在全球化体制下，极少有国家能够在保持自身国家快速发展的同时，完整地保存在经济、军事、文化以及政治独立方面的主权不受其他国家影响或者侵犯。

这部分内容尤其体现在 2001 年以来美国协助中东国家发展经济和"实现"民主政治的过程中。21 世纪以来，这些国家主动或者被动地允许美国在这一地区驻军和参与解决地区冲突，以期获得更为稳定的国际石油市场。但不能对国际原油价格拥有话语权，对当地政府来说他们急需的仅是通过这种出让国家经济和军事主权的方式来获得对国家核心主权——政权的长期控制。可实际情况是在经历了长达二十年的战争洗礼后，中东地区国家非但没有获得更为民主和自由的政治环境，就连他们一开始通过出让经济主权企图获得的政治稳定都变得遥不可及，根本原因就在于在全球化的背景条件下，他们根本无力发展和维护本国国家主权，自然也就无法获得经济利益和政治稳定的主权权利及其孳息。

对国家实现主权能力的弱化。无论是国家维护主权能力的弱化还是发展主权能力的弱化最终都体现为一种主权国家实现本国国家主权能力的弱化。对内，资本的渗透和无序扩张导致全球化语境下的主权国家很难通过统一国内市场和对本国资源要素禀赋的完全控制获得在国际交往中的话语权，甚至对于处于弱势的国家根本无法保证自身主权处置的权利始终保持在本国国民手中。对外，全球化带来的超国家行为体和强势国家开始以各种名义对弱势国家国内政治和经济活动进行不同程度的干预，为了证明这种干预的合理性，西方大国甚至制造出了新干涉主义，通过在国际环境中营造出一种主权已经过时的氛围，将对主权国家的政治干预作为建立统一和谐的世界政府的组成部分和发展过程。

二战以后由美国和苏联分别牵头成立的大型国际组织在本质上都具有新干涉主义的部分特征，从时间线上来看，同时还有否定主权理论的盛行。在全球化背景下，不是主权国家主动选择加入或者成立某个国际组织来达到实现国家主权利益的目的，对弱势国家来说，只能被动地通过主权让渡的方式实现国家安全和基本的主权权利。苏联解体后，随着以美国为主导的国际秩序的确立，无论是在联合国还是在石油输出国组织下，弱势国家都不得不在美国强权政治的笼罩下开展本国经济和社会生产活动。

从根本上说，全球化对于弱势国家的影响有正反两个层面。首先，全球化从未否认主权国家是国际交往的基本组成单位，不能也不会排斥主权国家在全球化进程中的主体地位。相反是将国家关于各自主权利益的声索作为国际规则制定的一项重要依据，将发展共同的和无差别的国际间利益作为国际法规和政策协议制定的远景目标。这在实际上展现了在全球化进程中"无国界"的国际法与"有国界"的国家主权的动态博弈过程，一方面为了追求利益最大化的国际市场，国际法将弱化国家主权原则作为共同发展的要素条件；另一方面，主权国家又要求国际规则必须充分尊重和保障本国国家利益的完整性，主权国家出让部分主权的条件必须是能够获得它所期待的另一部分主权权利的实现。从另一个角度看，这实际上也体现了全球化进程中，主权国家维护主权能力不断增强的过程。

二、信息化时代对国家主权的冲击

随着信息技术的迅猛发展，主权领域已不再局限于传统的物理空间，而是向虚拟的信息空间延伸。信息空间突破了传统物理空间的限制，它的去中心化特征和边疆的不确定性为维护国家的主权安全带来了新的挑战。习近平总书记指出，虽然互联网具有高度全球化的特征，但每一个国家在信息领域的主权权益都不应受到侵犯，互联网技术再发展也不能侵犯他国的信息主权。信息时代的到来，尤其是互联网技术的发展与普及，使得信息资源不再局限于纸质媒介或其他传统的物质载体，而是广泛存在于信息空间之中。维护信息安全的难度空前加大，信息资源能够超脱物理的边界从而被其他国家窃取、掌握和利用，进而对国家安全产生极大的威胁。

信息作为一种资源，与人类的利益紧密地联系在一起。信息作为一种重要的战略资源，能够对战争的走向产生决定性的影响。由于信息技术的变革，信息的传播速度加快并且信息的传播范围逐步扩大，信息资源在军事、经济和政治等领域都具有重要的价值。第二次世界大战以后，以美国为首的西方国家由领土入侵转为其他领域的入侵，继续进行殖民掠夺。因此，主权的内容从领土主权扩展为经济、政治和文化等其他领域。信息时代的到来使得主权的内涵再一次得到了丰富和拓展，信息资源成为信息时代各国竞争和维护国家利益的重要因素，对信息领域的重视程度自然要提升到国家主权的高度。在此过程中，以互联网为代表的信息技术的飞速发展是信息主权诞生的标志。从传统的印刷媒体到无线电技术再到卫星技术，信息技术的发展使得国家主权的边界不断弱化，直到互联网技术的出现加剧了各国之间的"信息势差"，国家的信息安全从对内和对外两个方面遭受到严重威胁，因此信息主权作为维护各国在信息领域争取自身权益的依据而产生。

传统的国家主权有着天然的排他性，但是随着信息时代的到来，人们逐步从传统的物理空间进入虚拟的信息空间，信息空间的去中心化特征与传统主权的权威性发生了冲突，这就使得信息空间中的信息主权需要被赋予新的内涵，从而化解这种矛盾。从法理的角度，信息主权作为一种所有权，它对信息资源具有占有、使用、收益和处分之权能，因此基于这一角度国家可以对信息主权的权能进行一定的让渡，当然这种让渡要以保证国家利益为前提。信息共享权正是在保证国家利益的前提下，对某些信息资源进行共享，以达到各国在信息空间中相互合作、共同发展的目的。

尽管信息空间没有边界，但信息空间中的信息有主权。信息主权是指民族国家在维系国家主权安全的信息技术、信息资源、信息传播等基础信息设施方面拥有完全独立自主的管控、选取、研发和不被侵犯的驾驭权力。在这之中，国家应对涉及国家核心利益的信息资源进行绝对的掌控，既不能让本国的信息资源随意流出或造成损害，也不能让国外的有害信息随意渗透到我国的信息空间之中。一方面，涉及国家核心利益的信息资源（如军事、政治等机密信息）的流出或者破损，将会对我国的国家安全造成严重的威胁，因此必须立足于国家安全的视角对此类信息资源的控制和保护进行顶层设计，以维护我国在信息空间中的信息主权。另一方面，国外信息的渗透同样会严重损害国家利益。例如，美国作为信息强国经常会在信息空间中渗透资本主义的意识形态和价值观念，借助互联网以网络作品、影视、文字等方式渗透这些信息，从而对受众产生潜移默化的影响。这种影响的直接结果是影响或者改变受众的世界观与价值观，使社会的不稳定的因素增加。长此以往，甚至有可能颠覆一国的政权，造成国家与社会的分裂。因此，需要对可能使我国意识形态和上层建筑造成危害的外来信息进行严格控制，以保护我国的国家安全不受侵犯。

随着互联网的普及，信息空间中的去中心化特征分散了国家权力对于信息的管控，各种错误的信息和有害的言论在信息空间中广泛传播，进而反作用到现实世界，这将会引起社会的不安和动荡。互联网的出现最大限度地促进了人们的表达自由，任何个人都能够发布信息、表达观点。但与此同时也出现了不利的一面，由于信息空间中的信息不需借助任何物质载体就能够表达意义，因此与现实的物理空间相比，人们有时不是在表达事实，而是更多地创设"事实"。借助这种创设的"事实"，信息空间中的某些个人或群体把具有危害性的信息拼凑其中，从而实现自己的意图。例如，"西方豢养了大量网络职业黑写手，在新媒体上诋毁我国政治制度和建设成就"[1]。针对这些问题，则需要信息主权的介入，对信息空间中的信息进行有效的管控和引导。与其他信息技术不同，互联网从创设时起就存在着主权国家先天缺位的情况，然而随着人们广泛地进入信息空间之中，人们建立起了一个虚拟却真实存在的社会。这个虚拟社会是现实世界的映射，进而加剧了国家主权在网络空间的虚化。

信息化对于国家主权权力行使最大的影响就是透过网络信息技术创造的新的"第五空间"——网络虚拟社群。与其他影响国家主权发展演进的因素不同，网络虚拟社群本身就是超越了传统主权国家疆域限制的一种世界性的社群组织。相较于传统的主权理论操作空间，网

---

[1] 王传利:《新媒体背景下的网络舆情与意识形态安全》,《人民论坛·学术前沿》2019年第7期。

络虚拟社群实质上更类似于人类社会的"自然状态"，尤其是在早期发展中由于缺乏必要的政府监管，无政府主义成为网络社群中最占主流的社会思潮。在他们看来，网络虚拟世界是和谐且充分自由的，不应该受现实的传统的国家主权理论限制。在国内，他们主张打破已有的"国家—社会—个人"权力分配和互动模式，转而使用一种基于网络技术和大数据支持下的"国家—个人"双向互动模式，实现对国家治理的直接参与。在国际上，网络信息和资源的跨国流动显得更为便捷，建立在传统意义上的主权观念和行为管控形同虚设，以国家为中心的国际治理体系在一定情形下也不得不依仗跨国的网络化虚拟平台的介入——特朗普时期的"推特治国"就是一个十分明显的例证。

而当我们确实将网络虚拟化社群作为一个"自然状态"进行考察时，不难发现，它不仅不是一个如西方自由主义学者描述的充分自由且自主的"自我保存"状态，反而是由于权威体系的缺失，更加接近于霍布斯所描述的"赤裸裸的战争状态"，与此同时，民众的活动极易走向两个极端：一是受到各类无政治意识因素的支配，演变成为具有极度冲动性、狂暴性和群体情绪单向极化的群众的"暴动"；二是在各自利益的诱导下，"有理性"地追求自我利益，最终导致社会或者国家整体利益的流失和社会的自我毁灭。而无论是哪种情形，虚拟社会的盲从精神都决定了关键意见领袖（Key Opinion Leader，KOL）在整个社群活动中的核心领导地位，这位关键意见领袖而非传统的国家主权所有者，就直接决定了在当下发生的虚拟社群活动未来走向以及对现实世界的实际影响。

对国家主权的行使来说，其根本作用方式是通过在社会中设立绝对的和可靠的政治权威，将国家政治权力应用于对其国民和社会发展的管理之中。而网络虚拟空间所塑造的意见领袖实质上就是对政治权威的重构，在被打破了的传统国家主权治理体系下，网络信息的无国界性和主权权威的去中心化被充分融合，世界各国企图依靠传统主权统治思想继续控制或者无视网络信息交换中产生的"网络乌托邦主义"变得绝无可能。从网络信息发展的基本特点出发，网络虚拟社群至少在三个层面上对传统国家主权原则产生虚化的影响。

网络信息的去中心化对政治权威的虚化。恩格斯指出，一定的权威和服从都是我们所必需的，"而不管社会组织以及生产和产品流通赖以进行的物质条件是怎样的"[①]。对主权国家而言，政治权威是实现其政治权力合法化的必然途径，而一定的政治权力只有经由法定或者道德的程序转化为相应的政治权威，才能够得到民众的认可和支持。在网络虚拟社群中，普通民众通过掌握信息生产和发布的权力，成为社会"新的话语权力新贵"，其结果就是导致权威性的话语权不再是国家的专利；另外，网络信息的去中心化产生的一众权威，同时也导致了社会民众对传统政治权威的不信任，权威的泛化最直接的后果就是多角度下的话语权的滥化与民众在自身利益相关性引导下的自觉立场。

新冠疫情暴发以来，广泛存在于西方国家的疫情防控体系下政府权威与社会公众之间的矛盾，本质上说就是在舆论信息在网络虚拟社群传播中造成的新的话语权力体系对传统政治权威和国家主权的虚化。在这种体制下，国家治理不再是彻底地由代表着国家主权和政治利益的传统政治权威来直接领导，网络虚拟社群通过主体分解和政治渗透的方式，从根本上分化和瓦解着国家主权权威，并借以此来重构公众普遍参与并发挥影响的多元主体治理模式。

网络信息的虚拟化对政治主权权利的虚化。一方面，在国内政治环境中，反对派利用网络信息生成的便捷和低成本，通过营造政治舆论、渲染政治氛围的方式与当权者开展政治斗争，最终导致民众对整

---

① 《马克思恩格斯选集第三卷》，人民出版社 1995 年版，第 226 页。

个国家主权体系的失望，而在这样以主权为内容和工具的斗争中，网络虚拟社群逐步掌握了制造舆论压力的主动权，越来越成为一个拥有足够多信息资源和民众力量的，能够与政府进行讨价还价的政治性组织。另一方面，国际舆论也恰恰利用这样的方式对网络不发达国家进行不间断的意识形态输出和政治利益压榨，信息资源的便捷性在带来文化多元化发展的同时，也为国家主权安全带来了新的更深层次的安全隐患。

2004 年，在乌克兰爆发的栗子花革命，其根本推动力量就是在总统大选结束后，由乌克兰国内外势力在新闻媒体和网络报道中不断宣称本次大选是由于新当选总统亚努科维奇舞弊造成的。因此，乌克兰境内爆发了一系列大规模抗议运动，最终乌克兰最高法院不得不在民意的胁迫下宣布本次选举结果无效。而在此后举行的第二次选举中，作为国家主权核心组成部分的政治主权和选举独立，则必须置于国内和国际观察员干预监督之下，才能够得以实现。

网络信息的无界性对经济主权权利的虚化。首先，从经济发展的角度来看，网络技术的进步推动了跨国贸易和国际性投资的便利化。通过网络虚拟平台，一国的投资者可以更加便捷地了解到其他国家的经济市场环境和产业发展现状，整个投资和贸易的过程变得更加透明化和简约化。其次，从企业经营风险角度来看，网络空间的虚拟化同时也带来了网络信息的非真实性，人为主观的网络信息编辑从而也就增加了企业市场经营的实际风险。最后，从国家所要承担的经济发展风险来看，在本国企业承受国内外市场经营风险，国家也要因此相应承接企业风险对本国总体经济造成的冲击外，国家也很难通过强制性经济手段来控制本国资本的对外流出和他国资本在本国内的活动，而这些在实质上就是对本国经济主权的一种虚化。

与此同时，国家针对在网络虚拟社群交易往来中产生的经济行为也很难加以监督。当一个实体产业创造的经济价值和有形资产通过网络平台转移到信息资源之上，如何评判它的价值增值和实际利润，对国家经济主权的行使来说是一个很大的挑战。当前，在我国屡见不鲜的新型网络逃税、漏税现象恰证明了国家在这方面维护自身经济主权完整的不足。21世纪以来，国际性的金融经济风险和网络意识形态风险已经成为国家主权安全领域斗争的重要内容。

三、非国家行为体对传统国家主权的侵蚀

与传统被认为是能够在国际社会交往中，以独立的政治身份参加国家事务与争端处理，并且发挥实质性影响的国家行为体不同，非国家行为体主要诞生于二战以后。非国家行为体是指国家之外的，同样能够以独立身份参与国际事务的实体，它同样以民族国家为活动核心，是国际关系发展到一定阶段的历史性产物。按照非国家行为体组成部分的性质，一般包括国际组织、跨国公司、非政府组织、民族分离主义和恐怖组织等。在关于非国家行为体的研究中，可以通过探寻其对国家主权权力与权利关系的影响机制和运作模式，进一步分析非国家行为体对国家主权关系再分配的影响。作为与国家行为主体相对应的一个政治社会学概念，非国家行为体具有三个方面的特征。

第一，要素的可变性。与国家行为体不同，非国家行为体虽然同样由民众作为其基本的组成要素，但不需要特定的人员构成。其成员也因不同的组织，在文化、语言、政治立场、宗教信仰和种族等问题上存在着不同。而且对部分非国家行为体而言，他们也并不需要特定的疆域、经济组织和主权观念，反而是利用网络信息化和全球化手段，实现非国家行为体的政治追求。

第二，场域的自由化。对非国家行为体而言，除非是特定条件或

者时事政治革命斗争需要，一般不需要对组织活动场域有专门的要求。霍尔斯蒂根据非国家行为体在这一内容上的分歧，将其划分为领土型非国家行为体和非领土型国家行为体。领土型非国家行为体，如一些国家内存在的恐怖组织和民族解放运动组织、国家分裂主义势力等，其主要特征就是在一定的场域范围内开展活动；非领土型国家行为体，如联合国、世界银行等，它们不依赖于特定的场域，对主权权力也不做任何要求。

第三，形式的多样化。从非国家行为体发起人是否是国家，可以分为政府性组织和非政府组织；从发起目的是否是政治性的，可以分为政治性组织和非政治性组织，其中非政治性组织又可以依据其具体发起目的的不同进一步划分为经济性组织、环保组织、文化组织等。与此同时，跨国公司、跨国商贸平台等虽然都不具备国际法主体资格，但都实际上或多或少对国际社会发展产生影响，在形式上也属于非国家行为体的一种。

在与国家主权关系上，随着 1648 年欧洲三十年战争结束，欧洲各国正式签订《威斯特伐利亚和约》，将明确领域、人口等要素作为一国区别于他国的国家主权的重要组成部分的时候，一种用以约束各国间主权行为的非国家行为体就已经在国际政治交往中发生影响。自此以后，世界范围内的非国家行为体开始被广泛建立起来，包括影响较大的联合国、欧盟、世界贸易组织、石油输出国组织等国际组织，以及天主教、基督教、伊斯兰教等宗教团体，国际奥委会、国际红十字会和罗马俱乐部等非政府组织等。虽然牵涉领域不同，但这些非国家行为体的存在，实际上对相应领域内国家主权权力的行使和本国主权者对主权权力的享有造成了十分直接的边缘化影响。

国际性组织导致的国家主权权威的边缘化。一方面是在国家主权对内的至高无上性的边缘化影响上。国际性组织的设立从一开始就需要参与国家让渡部分国家主权，无论是经济、军事或者政治主权，需要交由一个共同公认的国际组织进行统一治理。因而在一国国内发生相应的主权行使责任时，就会发生与让渡给国际组织的主权功能上的重合，尤其是在全球化的大背景下，国际组织干预国内主权活动的行为特征就变得更加明显。另一方面是在国家主权对外的独立完整性上。自主权国家参与相应的国际组织开始，就已经主动放弃了在该问题处理上的绝对权威地位，国际组织经由该组织通过的国际性法律规则，以及对组织内国家"共同主权"的行使，直接对国家的主权行使环境和过程进行干预。

跨国公司导致的国家经济主权的边缘化。首先，在资本输入国，跨国公司通过全球性的资本流动和贸易往来，不断加深对所在国的经济影响，对某些发展中国家来说，跨国公司甚至直接垄断了本国的经济命脉。如大多数中东石油国家，它们的石油开采权和定价并不服从和服务于本国经济发展实际，反而是仰仗于美国石油巨头——洛克菲勒公司及其他国际石油巨头公司的决策。这在实际上就直接控制了发展中国家对于本国的经济主权。而对于发达国家，由于绝大多数跨国公司的母公司都设立在这些国家，这一事实也就决定了跨国公司开展国际性经济活动的首先利好方必须是发达国家。而与此同时，资本的逐利性也决定了跨国公司并不愿意为发展中国家资源枯竭后提供任何福利性资本输出。

其次，在资本的输出国影响上，跨国公司强大的资本力量能够为其自身带来更多的社会和自然资源禀赋，资本的趋利避害也不允许跨国公司将从国际上赚得的资本无偿上缴给国家，他们一方面要求母国给予其更加自主的经营权利，一方面又要求在政治和社会上获得更高的地位，以此换取更多的资本发展空间。

最后，在整个国际社会影响上，为了追求更高的经济和资本收益，一些跨国公司利用网络平台和各种金融衍生工具，在国际范围内开展大规模金融投机行为，对整个国际经济稳定发展造成了极为严重的影响。而与此同时，对于一些国家它们甚至选择直接干预国际事务，但其在一国投资利益受损时，不惜利用颠覆政权和发动战争的方式直接威胁一国的主权和领土安全。例如，20 世纪 90 年代以来，由一些大型石油跨国公司在中东地区发动和支持的中东战争等。

非政府组织导致的国家治理主权的边缘化。与国际组织和跨国公司不同，非政府组织一方面不具有直接的政治属性和国际法地位，另一方面没有直接的营利性经济要求和成熟的营利组织。从组成成分上来讲，非政府组织指的是在各国国内和国际上由非政府组成的经济、政治、法律、社会等民间性团体或组织。非营利性是其最重要的一项属性特征，所以在我国一般性法律规定上，将非政府组织定性为"非营利性组织"。非政府组织的这一特性也为其在本国国内的国家治理和参与国际事务管理上提供了十分必要的话语权。冷战结束以来，随着国际强权政治在国际舞台上越来越受到世界各国的排斥，第三世界的崛起也对传统的国际干预政治产生了冲击，和平与发展成为世界主题，政治发展中的人文关怀和人本主义逐渐凸显，非政府组织活动在各国国内和国际社会各个领域日益频繁，其对于国家主权行使的影响也越发引起各国的重视。

从非政府组织对国家治理主权的影响上来看，一方面，对国内非政府组织来说，其存在与发生作用的方式实质上是对国家主权在本领域范围内的分割。随着非政府组织在本国影响力的不断加强，尤其是在环保、人权等相关领域内的非政府组织，成为主权国家在决定本国发展策略与人权政策时重要的牵制因素。另一方面，对一些国际化的非政府组织而言，它们具有更直接的国际干预能力，对于主权国家行为的影响程度也远超单一国家所能管制的范围。而一些发达国家则利用此类非政府组织需要国际资助以维持自身存在或者某种强权政治为其干预行为背书的特性，对应属于别国主权管辖范围的事件横加指责，以满足发达国家的政治利益。

非国家行为体导致国家主权的边缘化还表现在，随着全球化程度的不断加深，国际性公共治理危机频发与传统国家主权理论之间产生的悖论。尤其是随着新冠疫情的暴发，越来越多的民众因不满本国的疫情防控政策和对他国疫情管控，呼吁国际社会进行强制性干预和调查，一些发达国家也趁机通过世界卫生组织等国际性卫生健康机构对相关国家进行疫苗控制和利益压榨。在这种情形下，一方面传统主权理论要求各主权国家在处理应对突发事件时保持绝对的独立性，以及本国政府政策的绝对政治权威；另一方面，世界发展不平衡的现实和病毒传播的无国界性要求各国必须部分放弃主权观念，合作抗疫。虽然对主权国家来说，选择接受发达国家疫情防控干预就等于放弃了对本国卫生健康管理的主权要求，但各个国家为了实现疫情防控的整体利益以及缓解国际舆论压力，不得不放弃对于相关主权的声索，转而将这部分主权交予由发达国家主导的世界卫生组织等非国家行为体。也就是说，在这个主权出让过程中，传统国家主权理论被全球性公共治理问题的现实需要侵占，对发展中国家而言，其既是要求主权完整和独立的声索方，也是主动放弃主权方，而这本身就是关于主权发展的一种悖论。

在人权问题、环境发展和生态保护问题以及打击恐怖主义等全球性的公共问题上都存在类似的主权悖论。从根本上看，全球化程度的加深在创造了更加深刻的国家联系的同时，也将原本属于一国的问题国际化了。大量全球公共性治理危机的产生，已经远远超出了一国能够独立应对的范畴。而出于解决这些危机的紧迫需要，国家就必须同意通过让渡部分国家主权的方式，实现全球协同治理。而在实际过程中，由于经济发展水平的不均衡和相关信息不对称导致的巨大差异，也导致了不同国家在处理不同公共性危机时的不同地位与作用价值。而在这一过程中，对占有普遍优势的发达国家来说，则是试图通过主权让渡的方式，实现对发展中国家的利益绑架和主权控制。

四、人权国际化运动对国家主权的挑战

自国家产生以来，个人与国家关于权力的争夺始终贯穿于人类历史发展进程中。人权是人生而固有的权利。按照主体区分，人权可以分为集体人权和个人人权。集体人权是相对于个人人权而言的某一类人所应享有的人权，包括国内集体人权与国际集体人权。个人人权是基于个人基础的，每一个人都应享有的权利，主要内容为个人作为社会个体与国家成员参与政治、经济等活动享有的权利。人权是个人权利与集体权利的统一，是人的政治、经济、社会、文化等各个方面权利的总称。

国家主权与人权都是随时代发展的客观存在，二者的理论起源与发展历程虽然不同，然而在现实发展中呈现相互交织、相互影响的态势。人权与主权的互动是推动人类政治文明发展的重要力量，也是国家与国家成员关于权力的博弈。人权在最初是少数资产阶级国家为表达体制优越性而提出的一种政治诉求，在第二次世界大战后逐渐引发国际关注。联合国曾是国家主权最有力的合法性来源，同时《联合国宪章》为人权的国际化提供了良好的规范，为人权国际化的发展创造了良好的政治条件。随着人权国际化程度的进一步加深，超越国家权力的人权保障实践活动愈演愈烈，逐渐形成了对国家主权的显著性侵蚀。传统的国家主权在面对来自国际的人权运动时，其强制力难以得到有效发挥，陷入力不能及的发展困境。历史照见现实，人权保障的

国际化运动对于国家主权的干涉与挑战始终存在。

人权保障的国际化运动从本质上来讲，是人类社会文明的进步与突破，是国民权利与国家权力的交锋。然而，国际化的人权保障活动往往在国家政治博弈中发生异化。自 20 世纪美苏冷战时期，跨国人权保障运动就成为大国竞争中的斗争工具。美国总统肯尼迪曾针对跨国人权运动发表言论，声称"要充分利用人权问题发挥道义上的影响力"。在肯尼迪政府之后，美国通过支持欧洲的系列跨国人权运动，从而达到对苏联与东欧国家的压制目的。从当前国际形势来看，使国家主权受到侵蚀的国际化的人权保障活动一方面包括国际人权组织对他国人权问题的干涉行动，另一方面包括个别国家主导的对他国人权事务的过度关注行为，导致全球性公共人权问题不断出现并日益恶化。正如英国学者约瑟夫·拉兹指出："人权可以用来针对一切国家主体与国际组织，而且还可以用来对抗个人势力以及其他国内力量，这是人权的特殊之处。"在当代跨国人权保障运动中，将人权问题延伸到国家主权问题已经是常态化趋势。人权问题对于国家主权的销蚀是从内而外的，通过对国家内部力量的分化与煽动，进而影响国家权力的运用，使国家主权权力逐渐削弱乃至丧失。

在国际法视野下，国家主权与人权的关系实质上是内在统一的。人权在法学界的定义纷繁复杂，究其根本而言，人权应是不以国家存在为前提的，人生而具有的权力。国家主权却是以国家的存在为前提，具体指国家独立自主地处理内部事务的最高权力和对外独立自主不被干涉的权利。其中，国家这一概念产生的重要作用是保障人的基本权利，人权不以国家存在为前提，亦不以国家主权存在为前提。实际上，人权与国家主权最根本的问题就是人权具有对抗公权力的天然属性。互相尊重国家主权已成为世界绝大多数国家的普遍共识，第二次世界大战后，《联合国宪章》虽然将人权的国际保护规定为一项国际义务，但并不意味着其他国家或组织可以用跨国人权保障活动的名义去干涉别国内政。《联合国宪章》首先明确："不得授权联合国干涉在本质上属于任何国家国内管辖之事件。"美国政府历来鼓吹所谓"人权高于主权"的观点是偏颇的，没有任何法律依据。1991 年，美国发动海湾战争，美国宣称发动此次战争的主要目的是打击伊拉克严重侵犯科威特人权的侵略行为。抛开其他政治因素不谈，美国以保护人权为主题对一个主权国家发动战争，实质上已经对别国主权造成了不折不扣的侵犯行为，对人权保障的国际化运动造成了极大的负面效应。实际上，现行的国际法反对以保护人权为借口对他国内政进行任何形式的干预，不干涉内政原则已经成为一项普遍承认的国际法原则。

当今的跨国人权保障活动对于国家主权的威胁，一方面是由于国际形势发展对国家主权在客观上造成了削弱，诸如联合国的维持和平行动、国际反恐怖主义活动等。在全球化发展的趋势下，许多难题仅靠一国力量无法解决，需要国与国之间、国际组织之间的合作方可推动问题的解决。在客观上，这些组织活动会对国家主权造成潜移默化的影响。另一方面是个别国家或组织从主观上对他国主权的意图侵犯，诸如一国对别国内政的干涉、一国对别国以保护人权名义进行军事行动。个别大国依托于本国的综合国力，有意对别国主权进行侵犯，进而实现本国主权权势的进一步扩张。

国家主权与人权的相互关系是法政治学领域中的重要研究问题之一，随着国家的发展与个人对生活的追求，国家主权与人权之间的张力需要消解。不论是在理论研究上还是在现实实践中，国家主权与人权的发展都应走向契合之路。在维护国家主权与保障人权之间寻求到一个恰当的平衡点，既能使国家主权不受侵犯并得以行使，又能使人权亦得到相应的保护，最终形成对立统一的动态平衡关系。

五、国际干预主义对国家主权的冲击

在国际法领域中，国际干预主义与不干预原则是一组关于国家主权的对偶性概念。首先明确，国家干预并非泛指国家与国家之间的侵权行为。《美国百科全书》将国家干预定义为"一个国家对其他国家内部事务或国际关系的专横干预"。吉恩·莱昂斯认为，"国家干预是指带有目的性跨越国家界限的行为"。拉沙·奥本海认为，"干预是一国为了维持或改变事物的实际状况而对别国事务进行的专横干涉"。国际干预是指"数个国家或国家共同体对于违反国际法律规范与国际社会意愿的组织或行为进行的政治、经济、军事等强制性行动的总和"。在《联合国宪章》中，不干预原则被确立为"各会员国在其国际关系上不得使用威胁或武力，或与联合国宗旨不符之任何方法，侵害任何会员国或国家之领土完整或政治独立"。然而，在现实中，《联合国宪章》也没有完全排除干预。在国际法与国际政治范畴的解读中，虽然没有直接将国际干预与国家主权相提并论，但是从本质出发，国际干预与国家主权存在密切关联，主要是指主权国家之间的关系碰撞与利益交涉。

自 19 世纪初，由人权问题引发的国际干预在欧洲开始蔓延，并逐渐由欧洲扩展到整个国际社会。从 1827 年至 1876 年，英法等国曾借口奥斯曼土耳其帝国屠杀该国少数民族而发动不同规模的战争，进行武装干预。在第二次世界大战结束后，随着人权保护意识深入人心，以人道主义干预为主要形式的国际干预开始占据主流。在 1994 年，卢旺达发生了种族屠杀的恶性事件，法国以同语言国家的名义派遣了人道主义干预部队对屠杀进行制止。在冷战期间，争取国家自由运动成为国际干预行为的主题，其中以苏联对"第三世界"国家进步的干预行为最具代表性。在冷战结束后，随着"一超多强"世界格局的奠定，国家干预主义呈现了多元化的发展趋势。2003 年，美国以"人道主义"为借口，对伊拉克进行了武装侵犯，对伊拉克的国家主权造成侵害的同时，也对伊拉克人民造成深重伤害。可以说，国际干预自古有之。国际干预在表现形式上可以分为两类，一类是直接地、公开地进行干预，另一类是间接地、隐藏地进行干预。前者的主要行为包括武装干预、经济制裁与政治威胁等系列行为，后者主要包括蓄意造势、暗中分化、煽动舆情、间谍破坏等行为；前者是对国家领土主权、经济主权与政治主权等国家基本主权的损害，后者是对信息主权、文化主权等非传统国家主权的侵蚀。

首先，国际干预行为从本质上区分，一方面是指对别国内政进行强制性的干预，另一方面是指对别国与其他国家的国际关系或行为进行蓄意的干预。国家主权具有两方面的特性，一方面对内表现为国家处理内部事务的最高权力，另一方面对外表现为国家独立自主的权利。关于国家主权对内、对外的两方面表现，国家干预行为均造成了不同程度的影响。可以说，国际干预主义与国家主权的根本属性是明显根本对立的。其次，在《联合国宪章》中，不干预原则被确立为"各会员国在其国际关系上不得使用威胁或武力，或与联合国宗旨不符之任何方法，侵害任何会员国或国家之领土完整或政治独立"。作为现代国际法的基本原则之一的不干预内政原则，是指任何国家或国家集团不得以任何理由直接或间接干涉其他国家国内管辖事件的原则。国际干预主义的行为本质即是一个国家或国家的集合对于别国政治、领土的干预，与不干预内政原则的实际内容相悖离。最后，在国际交往中，国家主权原则是协调国家行为体关系的国际原则，国家主权平等是国与国之间共同承认的基本准则，也是国际法的基本原则之一。在国际干预行为中，干预者作为主权国家或者主权国家的集合在对其他国家的内外事务进行干预时，体现了干预者的国家主权实际要高于被干预者的国家主权的实质。如此，国际干预主义违反了国家主权平等的基本原则。国际干预主义以人道主义、国际道义为虚名，实际上奉行的是"强权即公理"的霸权逻辑，以捍卫国际公义为名，行获取本国私利之实。

联合国不是超越国家主权的世界政府，而是由主权国家组成的全球性组织。因此，联合国的干涉行动与国家主权原则应始终保持一致。然而，《联合国宪章》一方面强调国家主权平等，另一方面授予安理会常任理事国特殊地位，实际上造成了对其他国家主权的侵犯。联合国安理会做出的决议并不一定完全符合宪章精神及其原则，导致实践中对国家主权不同程度的侵犯。特别是冷战结束以来，国内冲突已经成为冲突的主要表象，联合国机制发挥的作用也主要是针对国内冲突，干涉主权成为一个较为普遍的现象。联合国对国家主权的限制主要体现在集体安全机制之上。但是，这种限制与干涉只是在国际和平与安全受到威胁时，或在主权国家受到侵犯时才适用。不能因此认为联合国具有干涉其他国家内政的普遍权力。由此，以联合国等国际组织的名义所进行的集体干预是国际干预的主要形式，国际干预的范围愈加广泛化。

六、新自由主义思想对国家主权的影响与冲击

新自由主义思想最早诞生于 20 世纪 30 年代，是当代西方经济学理论中着重强调市场经济应当完全自由放任的理论思想。新自由主义思想推崇以自由化、市场化、私有化为特征的经济运行体系。在 20 世纪 70 年代末，新自由主义思想得到西方多数发达国家的认可，成为西方经济学的重要组成部分，并且为全球绝大多数政党所热切推崇。新自由主义思想主张弱化国家在经济领域的权力，以市场代替国家进行经

济的宏观调控。对国内经济进行主观调控是国家经济主权的重要体现，新自由主义思想所体现的"国家无能"与"市场至上"的观点是对国家主权的实质挑战。随着时代的发展，新自由主义思想在许多国家已经得到了进一步的实践，其理论框架中的漏洞与现实实践中的负面效应也在逐步显现。然而，新自由主义借势于全球化的发展趋势，始终在政治、经济、意识形态领域传播负面影响。

新中国成立后，我国始终坚持社会主义道路，实行以公有制为主体、多种所有制经济共同发展的基本经济制度。我党在经济领域不断探索发展是为了消除贫困、改善民生、逐步实现共同富裕，最终实现共产主义的崇高理想。新自由主义以主张完全彻底的私有化为前提，将所有进行经济生活的人定义为本性自私自利的"经济人"，不断将人追求私利的自私观念放大。信奉新自由主义者将自己的阶级性普遍化为人的本性的同时，不断夸大私有制经济的作用，并诽谤攻击我国的公有制经济，尤其是针对我国的国有企业，更是极尽抵制。新自由主义思想认为人性都是自私的，社会主义制度下的国有企业发展违背了人类的本性，其生产工作的效率必然低迷。同时，新自由主义者捏造虚假事实攻击国有经济，宣称国有经济做大做强后将对民营经济形成重创。他们诽谤国有经济是国家形式的垄断，损害了国民的实际利益，长此以往，将造成国富民穷的情况。与此同时，他们不断曲解公有制经济的作用，认为公有制经济的产生将造成市场竞争的不公平，并刻意鼓吹社会主义公有制经济与现代化的市场经济无法相容的虚假观点，甚至提出只有消灭公有制经济才能建立完整的市场经济体制的口号。一方面，新自由主义对我国经济主权进行思想上的侵袭与渗透；另一方面，新自由主义思想通过传播违背客观事实的历史唯心主义观点，对我国以社会主义公有制为主体的基本经济制度进行曲解与抹黑，对我国政治领域与意识形态领域的国家主权进行侵蚀与挑战。

作为一种公共权力，主权总能在市场中体现其存在的必要性，社会的崛起并不必然就意味着主权衰落，主权和市场各有其活动的不同领域，它们承担着不同的职能，社会整体的健康发展需要二者共同努力。新自由主义者认为国家对经济的宏观调控将降低经济发展的速度，遏制经济发展的形式。他们推崇"市场万能论"，认为国家经济应该完全市场化。他们坚信自由市场经济是最高效的经济形式，可以解决一切经济难题，使各方资源得到最佳配置，为个人谋得最多的福利，并防止严重的全面的经济危机的发生。然而，新自由主义者所鼓吹捏造的虚假观点在具体实践中屡遭碰壁。新自由主义经济所主张的完全市场化和彻底私有化，从最浅层的角度看，可以在一定程度上提高市场活力，进一步提升生产的效率。但在实际情况中，不加管束的竞争必将会引起恶性的垄断，这是无法以人的意志为转移的。不论是经济学理论还是实际的经济活动都能够证明，市场不是万能的，任何不受调控的经济活动必将会引起市场的严重失衡。以资本主义国家为例，政府缺乏对市场的调节，少数垄断性财阀获得高额利润，给国家和人民造成了深重的影响和巨大的灾难。

在现实中具有讽刺意义的是，真正在经济领域实现高速发展的西方发达国家政府从未放弃对经济的宏观调控，反而部分盲目信奉新自由主义经济的国家被搞得遍体鳞伤。历史实践证明，新自由主义是西方资本主义国家为了实现本国主权的进一步扩张而传播的发展思想。通过对别国主权的弱化，进而实现对自身主权的扩张与对别国主权的侵蚀。新自由主义本质上是牺牲多数经济基础并不牢固的国家来成全大多数资本雄厚的国家。它的目的并不如它所鼓吹的想要达到全球的经济体都能相互成就，而是为了实现少数国家在国际资本上的垄断，进而达成扩张国家主权的根本目的。资本主义的世界观是一切以经济利益至上，而新自由主义代表的亦是垄断资本的力量，因而其与资本主义国家的追求基本吻合，却与社会主义国家所追求的本质背道而驰。

美国学者诺姆·乔姆斯基将新自由主义界定为华盛顿共识，从侧面反映了新自由主义思想绝非单纯的经济主张。新自由主义思想不只是某种强制性的经济价值判断和政治决断，而且还有扩张性的政治文化价值判断和政治文化决断。因此，新自由主义构建的全球秩序，在相当程度上可以说成是资本主义秩序在全球范围的扩展。美国由于具有强大的实力，成为这种秩序的代言人和主导者，表面上新自由主义冲击了主权概念，但实际上它扩张了美国主权，冲击了非美国国家主权。在相当的程度上，新自由主义对民族国家主权的合法性以及主权格局构成巨大冲击。新自由主义已经具有了政治体制、经济体制与文化体制的三种特性，同时也具备了政治权力、社会经济权力和文化意识形态三重性质。作为产生于西方资本主义世界经济基础上的一种理论思想，新自由主义已经逐渐在国际上占据强大的势力，其经济财富的力量正在演变成政治权力与文化权力，对国家主权形成巨大威胁。

七、小结

国家主权权力是主权者恒定固有的，不可进行分割、转让。主权权能是可变的，在特定条件下可以进行分割、转移与让渡。国家主权权势也是随着国家内外形势的发展，处于一个动态的变化过程。与此同时，主权权力、主权权能与主权权势之间存在一定的关联性，因而造成了随着一方变化，另外两方也发生改变的发展事实。在当今时代背景下，全球化发展、信息时代的冲击、非国家行为体、人权国际化实践、国际干预主义与新自由主义思想正是通过对国家主权权力、权能、权势的作用，进而实现对国家主权的影响。

全球化发展是将非世界性的国家全部纳入资本主义世界市场体系

之中的过程，全球化发展意味着国家主权的生存环境与外部条件迎来重大变迁。对实力薄弱的主权国家而言，一方面出于维持本国国家主权核心利益的需要，弱小国家不得不在全球化的市场交易中选择出让部分边缘主权权益；另一方面，强势国家在全球化过程中通过经济交往、政治输出等将自身的意识形态和国际交往利益主张灌输给弱势国家，进一步将自身对弱势国家经济的盘剥和资源的掠夺合理化合法化。在全球化背景下，极少有国家能够在保持自身国家快速发展的同时，完整地保存在经济、军事、文化以及政治独立方面的主权不受其他国家影响或者侵犯。

与此同时，全球化对于弱势国家的影响是正反两个层面的。主权国家在出让部分主权的同时，也能够获得它所期待的另一部分主权权利的实现，在某种程度上实现主权国家对于维护主权能力的不断增强。

信息化时代的发展使主权领域已不再局限于传统的物理空间，而是向虚拟的信息空间延伸。信息技术的发展使得国家主权的边界不断弱化，加剧了各国之间的"信息势差"，导致国家信息安全在对内和对外两个方面受到严重威胁。一方面，涉及国家核心利益的信息资源的流出或者破损，将会对我国的国家安全造成严重的威胁；另一方面，国外信息通过网络进行意识形态渗透同样会损害国家利益。信息主权作为维护各国在信息领域争取自身权益的依据而产生，信息化对于国家主权权力行使最大的影响就是透过网络信息技术创造的"第五空间"——网络信息空间，信息空间的去中心化、虚拟化和无界性为维护国家的主权安全带来了新的挑战。我们需要立足于国家安全的视角对此类信息资源的控制和保护进行顶层设计，以维护我国在信息空间中的信息主权。

非国家行为体相较于国家行为体，具有要素的可变性、场域的自由化、形式的多样化等三个特点。国际组织导致的国家主权权威的边缘化，一方面体现在国家主权对内的至高无上性，另一方面体现在国家主权对外的独立完整性。国际组织通过国际性法律规则以及对组织内国家"共同主权"的行使，直接对国家的主权行使环境和过程进行干预。跨国公司通过全球性的资本流动和贸易往往导致国家经济主权的边缘化，资本的逐利性决定了跨国公司并不会为资源枯竭后的国家提供任何福利性资本输出，也不会将收益上缴国家。非政府组织的非直接政治属性与非营利性为其在本国国内的国家治理和参与国际事务管理提供了话语权，导致国家治理主权的边缘化。此外，随着国际性公共治理危机的频发，许多国家不得不同意通过让渡部分国家主权的方式，实现全球协同治理。

人权保障的国际化运动从本质上来讲，是国民权利与国家权力的交锋，国际化的人权保障活动往往在国家政治博弈中发生异化。传统的国家主权在面对来自国际的人权运动时，其强制力难以得到有效发挥，陷入力不能及的发展困境。人权问题对于国家主权的销蚀是从内而外的，对国家内部力量的分化与煽动，进而影响国家权力的运用，使国家主权权力逐渐削弱乃至丧失。实际上，人权与国家主权最根本的问题就是人权具有对抗公权力的天然属性，许多西方国家以保护人权为借口对他国内政进行任何形式的干预，对人权保障的国际化运动造成了极大的负面效应。当代国际化人权保障实践对于国家主权的侵蚀方式主要体现为能力性侵蚀、意志性侵蚀、效应性侵蚀、环境性侵蚀与结构性侵蚀等。国家主权与人权之间需要维持一定的张力来消弭二者冲突产生的负面影响。

国际干预在表现形式上可以分为两类，一类是直接地、公开地进行干预，另一类是间接地、隐藏地进行干预。国际干预行为从本质上区分，一方面是指对别国内政进行强制性的干预，另一方面是指对别国与其他国家的国际关系或行为进行蓄意的干预。国际干预主义的行为本质即是一个国家或国家的集合对于别国政治、领土的干预，与不干预内政原则的实际内容相背离。在国际干预行为中，干预者作为主权国家或者主权国家的集合在对其他国家的内外事务进行干预时，体现了干预者的国家主权实际要高于被干预者的国家主权的实质。国际干预主义通常会以人道主义、国际道义为名，实际上奉行的是"强权即公理"的霸权逻辑，以捍卫国际公义为名，行获取本国私利之实，在具体实践中对国家主权进行不同程度的侵犯。

新自由主义思想强调市场经济应当完全自由放任的理论思想。对国内经济进行主观调控是国家经济主权的重要体现，新自由主义思想所体现的"国家无能"与"市场至上"的观点是对国家主权的实质挑战。随着时代的发展，新自由主义思想在许多国家已经得到了进一步的实践，其理论框架中的漏洞与现实实践中的负面效应也在逐步显现。然而，新自由主义借势于全球化的发展趋势，始终在政治、经济、意识形态领域传播负面影响。一方面，新自由主义对我国经济主权进行思想上的侵袭与渗透；另一方面，新自由主义思想通过传播违背客观事实的历史唯心主义观点，对我国以社会主义公有制为主体的基本经济制度造成极大的曲解与抹黑，对我国政治领域与意识形态领域的国家主权进行侵蚀与挑战。

第三篇

国家治理视域下国家主权的实践研究

　　国家治理现代化实质上就是在充分发掘现有国家制度资源的基础上，实现国家在结构与功能方面的现代性建设，亦即提升国家治理结构的规范度与治理能力的有效性。为了进一步提升国家治理的有效性和可持续性，就需要对主权理论与实践关系做出适配性、互恰性和建设性的调整与更新。新时代的国家治理现代化需要对国家治理结构进行调适性的优化，对国家主权功能进行实践发展，透过功能改造和功能释放，引领性地促进国家的高质量发展。[①] 时代是思想之母，实践是理论之源。随着时代的变迁，国家主权在海洋、极地、外层空间、信息空间等多维领域均实现不同程度的拓展，亦随之形成具有时代特征的国家主权理论。

---

① 黄建洪：《理解新时代国家治理的五个关系维度》，《国家治理》2018 年第 42 期。

第十章 海洋主权的实践研究

随着人类探索海洋空间的程度逐渐深入，海洋主权产生。海洋主权是突破西方国家海洋霸权、重塑海洋空间秩序的理论基石。就我国来说，海洋主权是国家主权的重要组成部分，捍卫海洋主权对维护国家主权、安全、发展利益，对建设海洋强国，进而建设社会主义现代化强国意义重大。当前，中国的海洋形势复杂多变，同周边国家的海洋主权争端频发。为了应对日益复杂的主权利益多重冲突，必须深化对海洋空间、海洋秩序、海洋主权基本理论和规律的认识，才有利于进一步思考应该采取什么样的主权战略维护我国海洋主权和利益。

一、由"表层"到"立体"：海洋空间的探索与利用

（一）世界海洋空间的探索与利用

海洋是生命的摇篮，人类从诞生到发展，始终与海洋有着密不可分的联系。海洋是地球气候的调节器，它可以吸收人类排放出的二氧化碳等温室气体，从而调节地球的气候与温度。不仅如此，陆地与海洋的比例大约分别占全球总面积的 29% 和 71%，海洋中蕴藏着丰富的资源有待人类开发。随着人口的不断增长与陆地资源的紧缺，人类由陆地走向海洋已经成为历史发展的必然趋势。目前，海洋空间已经成

为人类生存的第二空间。

尽管人类文明的诞生与发展依赖海洋，但是人们对海洋空间的认识和利用要远落后于陆地空间。在对海洋空间漫长的认识过程中，随着科学技术的发展与航海技术的进步，由近海到远海、从表层到立体，人类对海洋空间的探索不断深入。首先，人类对海洋空间的认识从近海开始。古希腊文明是海洋文明的源头，所以古希腊文明又称海洋文明。古希腊所在的地中海东部地势崎岖不平，平原十分稀少，但其周围海岸曲折，有着丰富的海洋资源。独特的自然地理条件决定了古希腊人不是以农耕为主，而多是走向大海，从事航海贸易活动。然而受航海技术的限制，古希腊人的航海活动只不过是沿着海岸线前进，并没有能力深入远海中。

从地理大发现开始，人类对海洋空间的认识由近海发展到远海。在地理大发现的前几个世纪，勇敢的古代斯堪的纳维亚人就从冰岛出发，到达了美洲。当然这只是特例，一直到地理大发现时期，人类才真正开始对远洋航线的探索。随着航海技术的进步，以及人们对在海洋探索中不断积累的天文、地理等方面知识的掌握，人类对远洋探险越来越充满期待。陆地丝绸之路受阻后，在欧洲各国贵族的支持下，勇敢的海航人士和冒险家纷纷出海，希望开辟一条通往东方的海上之路。哥伦布到达美洲的冒险、麦哲伦的环球航行、达·伽马绕过好望角，大航海时代的到来使人们对海洋空间的认识不断深入，东方文明和西方文明走向交流和碰撞，世界开始连接为一个统一的整体。地理大发现以后直到19世纪末，世界大洋的主要航道都已开辟。与之相伴随的是自由贸易主义与殖民主义的兴起，航海技术占据优势的欧洲国家率先完成了对海洋航线的探索，海外殖民地相继出现，海洋空间中的海洋霸权开始建立起来。

二战以后，以美国为首的海洋强国对海洋空间的开发和利用由表层到立体，海洋空间的经济价值与战略价值急剧上升。由于古代航海技术落后，人们对海洋空间的利用只是单纯地停留在海洋表层，通过简单的航海活动来获取一些鱼类资源或者运送物资。地理大发现后新航路开辟，海洋作为运输航道的作用凸显。海洋空间的价值不仅在表层，立体的海洋空间中蕴含着丰富的海洋生物资源与海洋矿产资源，以及取之不尽用之不竭的海洋化学资源和能源资源。近百年来，人们在以大陆架为主的海洋底土中发现了大量的石油资源与矿产资源，这使得人类对海洋空间的探索由表层走向立体。1945 年，美国总统杜鲁门在没有经过国际协商的情况下，单方面宣布美国对其相邻海域的海底资源拥有控制权。"杜鲁门公告"标志着以国家为主体的活动单位进入立体的海洋空间中，对海洋利益的争夺范围不断扩大，情况也更加复杂。[①]现如今，人类对海上、海中和海底三个部分有了更为深刻的认识，各国从经济、政治、文化和军事等多个层面对海洋空间做出了战略部署，对海洋空间的开发利用不仅包括传统的海上运输，还包括海上城市和海上机场、海上工厂、海底隧道、海底军事基地等。

　　总的来说，早期人类对海洋空间的认识要远逊于对陆地空间的认识，科学技术的进步和人类社会发展的需要构成了人类探索海洋空间的外因和内因。由于地理环境、人口因素以及水上出行工具的改进，人们逐渐进入海洋空间中从事生产与贸易活动。随着造船技术与工艺的变革，以及西方国家对开拓海外市场和寻找原料产地的强烈需求，各国纷纷寻求去往东方的新航线。至此，世界开始连接为统一的整体，西方文明和东方文明发生碰撞，世界大洋的主要航道都被人类开辟出来。二战以后，人类在海洋空间中的活动由表层走向立体，人类对海洋空间的依赖逐渐增强，关于海洋空间的开发与利用已经关涉到许多

---

① 杨国桢等:《中国海洋权益空间》，海洋出版社 2019 年版，第 7 页。

国家的根本利益。因此，以国家利益为核心的国家主权自然延伸到海洋空间中。

（二）中国海洋空间的探索与利用

早在殷商时期，中国古人已经可以利用舟船进行捕鱼和商业活动。中国古人富有冒险精神并充满智慧，他们模仿鱼鳍发明了风帆，木帆船的出现使得船只的远航能力增强。人们又通过对自然风力的研究，总结出季风变化的规律，从而保障了航行的安全。[①] 航海技术的改进与航海知识的累积，为日后勤劳勇敢的中国人民探索海洋空间奠定了基础。

中国古人对海洋空间的探索史壮阔辉煌，其航海活动与海上丝绸之路紧密地联系在一起。古代海上丝绸之路分为南海航线和东海航线两条线路，海上丝绸之路始于先秦，诸多的史料和考古发现可以证明，先秦时期的岭南先民在南中国海与太平洋沿岸都曾留下过足迹。秦汉时期是海上丝绸之路的形成时期，秦始皇时期，造船业的规模扩大并且造船技术水平有了很大的提升。1975 年考古发现的秦代造船遗址，其规模相当大。根据该遗址的主要特征可以判断出，秦代已经有能力造出宽 8 米、长 30 米、载重五六十吨的木船，秦代航海技术的发展为中国古人今后向远洋发展奠定了基础。两汉时期，从南海通往印度洋的航线被打通，东汉时期已经与罗马帝国有了第一次往来。因此，两汉时期海上丝绸之路开始真正形成并发展。中国历代王朝不断更替，但海上丝绸之路从未中断，直至宋元时期海上丝绸之路进入鼎盛时期。中国古代对海洋空间的探索为唐、宋等朝代带来了巨大的经济利益，中国的丝绸和瓷器远销世界各地。在海洋空间中从事的商业贸易活动极大增加了朝廷的财政收入，促进了工商业的发展。

[①]　熊显华:《海权简史:海权与大国兴衰》,台海出版社 2017 年版,第 18—19 页。

在明朝政府的支持下，郑和率领世界上规模最大的船队七下西洋，完成了人类首次大规模在远洋中航行的壮举。明朝对于海洋空间的探索，为世界航海事业做出了巨大的贡献。同时就其自身来说，明朝的朝贡体系得到了扩展，并且在政治、经济、文化等方面产生了深远的影响。然而，由于闭关锁国的影响，明清时期是海上丝绸之路的衰落时期，明清对海洋空间探索的规模逐步缩小，民间海航活动受到严格限制。自 1840 年鸦片战争以后，西方列强用坚船利炮打开了中国的大门，中国的海权逐步沦丧，被西方列强强行割占了大片领土。直到 1949 年新中国成立以后，中国才重新恢复了海洋主权，以独立平等的姿态进入海洋空间中。新中国成立以后，中国积极开展海洋空间的相关建设，与西方国家在海洋方面的差距逐步缩小，并从立体海洋空间的思维出发进行战略部署。现如今，我国的深潜技术已进入世界前列，"蛟龙"号是我国自主研发的载人潜水器，2012 年 6 月，在马里亚纳海沟创造了下潜 7062 米的中国载人深潜纪录，这标志着我国具备了载人到达全球 99% 以上海洋深处进行作业的能力。海洋资源方面，2011 年 7 月 19日，经国际海底管理局核准，我国在西印度洋国际海底区域获得 10000 平方公里的多金属硫化物资源矿区。

总的来说，中国古人曾在海洋空间中取得了极为辉煌的成就，在航海与造船技术方面达到了领先世界的水平。与西方国家的海洋活动相比，中国的海洋活动呈现出和平性的特点。尽管古代中国的航海技术水平领先世界，但其从事的基本上是和平性的商业贸易活动，而非殖民性掠夺。在郑和七次下西洋的过程中，明朝政府主要是彰显军事实力和拓展朝贡体系，其政治意图明显大于经济意图。甚至在航行中因为对外邦朝贡者进行大量赏赐，从而引发了国内的财政危机。然而，近代以来中国沦为半殖民地半封建社会的历史事实表明，在海洋空间中占据优势，即海权的强大，是一个国家保持强盛的重要因素。日本也曾像中国一样因闭关锁国而导致落后，但后来经过明治维新，以及积极的海上政策和海上力量建设走向强大，避免了被西方列强支配的命运。纵观海洋空间的发展史可以发现，沿海国家不一定是强国，但是强国一定是沿海国家。在未来，一个国家的强大将取决于对海洋空间的利用与海洋资源的开发。海洋因便捷的海上通道具有重要战略地位，海洋空间的价值在于其本身，在于其空间的利用以及所蕴含的丰富资源。因此，中国的未来在海洋，建设海洋强国是中国走向社会主义现代化强国的重要一环。

二、由"海洋霸权"到"海洋主权"：海洋空间秩序的构造与重塑

主权具有双重属性，对内代表着国家的最高权力，对外代表着一国在国际交往中平等、独立的国际地位。自《威斯特伐利亚合约》签订以后，主权开始由理论走向实践。主权是维持国际关系和秩序的基本原则，但西方国家时常会根据国家利益的需要而违背主权原则。有论者指出："霸权或强权国家往往凭借其实力，通过异化主权原则，扩大自己的'国家利益疆界'，侵占别国的国家利益，轻视和践踏主权平等原则，结果造成了事实上的主权不平等。"[①] 西方国家凭借强权把主权当作有力的工具，当维护自身利益时他们把主权作为依据，当侵犯别国利益时，西方国家又否认主权。尽管如此，主权依旧是发展中国家维护自身发展的强有力的护盾。自二战以后，广大亚非拉国家纷纷走向独立与振兴，主权成为构建以独立平等为核心的国际关系的基石。

---

① 肖佳灵：《国家主权论》，时事出版社 2003 年版，第 481 页。

（一）海洋主权发展的历程概述

海洋主权的发展历程遵循着与传统主权相似的轨迹，不论是海洋主权的理论还是实践，决定其内容与走向的根本因素是国家利益。在海洋空间的秩序构建中，最开始表现为海洋强国之间围绕海洋霸权所展开的争夺，在竞争中占据优势的一方能够对更加广阔的海洋空间行使海洋主权。海洋霸权的争夺从地理大发现开始，一直到第二次世界大战，持续了多个世纪。最开始是葡萄牙和西班牙之间的斗争，随后相继崛起的海洋强国如荷兰、英国等，纷纷参与到海洋霸权的争夺之中。这期间以格劳秀斯的《海洋自由论》为代表，以及围绕"海洋自由"所展开的争论，体现出了这一时期人们对海洋主权的认识与理解。在荷兰的海上力量崛起之前，西班牙与葡萄牙在海洋空间中一直占据着主导优势。而之后荷兰海运贸易日渐繁盛，海上实力不断增加，其自然想要扩大海洋主权的统治范围。西葡两国与荷兰之间的矛盾不断扩大，因此荷兰东印度公司邀请格劳秀斯为公司的利益辩护。格劳秀斯主张的"海洋自由"观念即海洋不可占有的理念遭到了许多人的攻击和反对。例如，1613 年，威尔伍德为了维护英国捕鱼权所撰写的《海洋法概览》；1625 年，弗莱塔为推行西班牙海上霸权所著述的《论西班牙王国对亚洲的正义统治权》；以及 1635 年，塞尔登为表达英国的海洋主权思想所写的《闭海论》等。[①] 不论是主张海洋自由，还是主张对海洋拥有主权，甚至如塞尔登主张的英国对海洋具有无限的、绝对的主权，其争论的焦点不在于国家能否对海洋拥有主权，而是在于一国海洋主权的范围究竟多大，是否海洋的任何部分都能置于海洋主权的管辖之下。直到 17 世纪领海学说产生之后，海洋主权的范围才逐渐清晰

---

① 张晏瑲:《国际海洋法》，清华大学出版社 2015 年版，第 26 页。

起来，但在海外扩张与殖民主义的背景下，海洋空间的秩序依旧被海洋霸权支配，主权成为一种异化的理论原则，广大海上力量弱小的国家在海洋主权上并不具有平等的地位。

17 世纪以后，海洋空间中的海洋霸权逐渐发展，直至 20 世纪发展到顶峰。1890 年，美国军事家马汉出版的《海权论》成为各国争夺海上霸权的"宝典"，在马汉的海权理论的指导下，美国积极进行海军建设并控制海洋，这为美国日后成为超级大国奠定了坚实的基础。《海权论》的核心思想是制海权对一个国家具有重要作用，可以说，谁控制了海洋，谁就可以控制整个世界。其中，地理位置、自然结构、领土范围、人口数量、民族特点和政府性质是影响海权的六个要素。马汉的海权理论对后世产生了深远的影响，正是在马汉的海权理论的影响下，日本才开始积极发展海上力量，成为海洋强国并走向了对外扩张的道路。围绕海洋霸权的激烈斗争自第二次世界大战以后开始缓和，海洋空间的混乱秩序得到改善。在各国的共同努力下，历经三次联合国海洋法会议的反复商讨和研究，《联合国海洋法公约》（以下简称《公约》）终于在 1982 年通过，《公约》对各国海洋主权的范围进行了规定，因此它的诞生标志着世界海洋空间中新的国际关系与国际秩序被建立起来。

《公约》规定了各国对领海具有主权，以及可以对专属经济区和大陆架行使主权权利。主权权利指的是基于国家主权而产生的一种权利，这种权利具有同国家主权一样的特性，即排他性。然而这种主权权利是一种不完全的主权，"从国际社会主流来看，大部分国家根据《公约》规定将专属经济区的'主权权利'作为了国家经济主权的一部分"[1]。尽管《公约》中没有明确说明，但自从《公约》颁布以来，各国在海洋空间的实践中已经在专属经济区和大陆架上行使了事实上的经济主权。

---

[1] 杨国桢等：《中国海洋权益空间》，海洋出版社 2019 年版，第 57 页。

因此，各国海洋主权的范围包括本国的领海与内水所拥有的全部主权，以及在专属经济区和大陆架所拥有的经济主权。此外，具有某国国籍的船舶同样拥有主权，船舶可以看作移动的主权空间，但不论是民用船舶还是军用船舶都不具备绝对的主权，各国在对待船舶的问题时，既要维护本国的主权权益不受侵犯，又要遵循国际法的基本原则，尊重他国的国家主权与海洋权益。

（二）海洋主权与海洋权益的关系辨析

海洋权益是现代国际海洋法中的重要概念，与海洋主权具有密切的联系。20 世纪 90 年代以来，我国颁布的《中华人民共和国领海及毗连区法》指出要维护国家的海洋权益，由此将海洋权益这一法律概念引入国家的法律中。随着我国海洋建设的发展，海洋权益越来越为人们所熟知，成为我国在海洋建设以及同各国加强海上合作交流的重要概念。习近平总书记指出，要做好应对各种复杂局面的准备，提高海洋维权能力，坚决维护我国海洋权益。[1] 既然在海洋法规和国家领导人的重要讲话中都强调海洋权益，海洋主权的概念是否失去了价值和意义？实际上，海洋权益与海洋主权都在维护我国国家主权、安全和发展利益中发挥了重要作用。两者之间的联系与区别，我们应放到空间的角度去理解。

一方面，海洋权益与海洋主权都属于国家主权的范畴，但二者的侧重点不同。海洋主权是国家主权在海洋空间中的自然延伸，强调的是国家在海洋空间中的权力属性，具有绝对的排他性，主权权力不可让渡。而海洋权益是基于国家主权所衍生的权利和利益的总称，更侧

---

① 《习近平在中共中央政治局第八次集体学习时强调 进一步关心海洋认识海洋经略海洋 推动海洋强国建设不断取得新成就》，《人民日报》2013 年 8 月 1 日第 1 版。

重权利属性。基于空间的角度分析，与陆地空间不同，海洋空间具有流动性、共享性的特点，这就使得各国除了领海以外，在其他领域中不能享有完全的、绝对的主权。因此，海洋权益这一概念在海洋空间中辐射范围更广，需要考虑到其他国家在海洋空间中的利益。

另一方面，二者之间相互联系、相互作用。第一，保障海洋主权是国家享有海洋权益的前提。主权涉及国家的核心利益，近代以来国家主权的沦丧表明，只有获得主权独立才能获得国际社会的承认，进而争取国家的发展利益。同样，在海洋空间中，如果没有独立而又强大的海洋主权，那么争取海洋权益将会举步维艰。第二，争取海洋权益能够更好地维护和发展海洋主权。主权是权力和权利结合的复合型概念，海洋权益概念的运用，增加了中国在海洋空间中与各国交流合作的变化性与协商性，对突破西方国家的海洋霸权，增强自身的主权权能具有重要的理论意义和实践意义。

三、新中国成立以来中国海洋主权的理论创新与实践探索

（一）1949 年至 1979 年：以海防为重点，坚决捍卫海洋主权

在长达 44 年的冷战期间，世界上任何一个国家都不可避免地被卷入其中，新中国成立以来中国的海洋主权思想正是在冷战的背景下形成并发展的。1949 年 4 月 23 日，中国人民解放军的第一支海军部队才正式诞生，由于起步较晚并且缺乏相应的装备和技术，可以说新中国成立初期我国的海上力量十分薄弱。这一时期我国虽然结束了近代以来有海无防的境况，但我国的海洋主权事实上处于一种"危权"状态，一些沿海岛屿还没有收复，并且以美国为首的西方国家随时有侵犯我国

海域的可能。1949 年 1 月，毛泽东在《目前形势和党在一九四九年的任务》一文中指出："我们从来就是将美国直接出兵占领中国沿海若干城市并和我们作战这样一种可能性，计算在我们的作战计划之内的。"[①]可见，中国共产党一直对海上面临的严峻形势有着清醒的认识。尽管新中国成立后我国实行"一边倒"的外交方针，但由于国家利益的冲突，中苏开始交恶，双方矛盾和冲突扩大，在 20 世纪 60 年代达到顶峰。中苏交恶对我国陆权产生了极大的威胁，国家利益的重点向陆上防御倾斜，这也在一定程度上放缓了我国海洋战略实施的进程。国家利益决定主权理论和实践的发展方向，因此 1949 年至 1979 年我国海洋主权的理论和实践呈现出以海上防御为重点的特征，具体内容包括以下三个方面。

首先，海洋主权是国家主权的重要组成部分，中国的海洋主权不容侵犯。自古以来，中国的各个历史朝代都十分重视陆权，海权意识十分薄弱。一方面是受传统农耕文明的影响，历朝对土地极其重视；另一方面是各个朝代所受的威胁主要来自西北内陆，中国周边其他国家的海上军事力量不构成主要威胁。明清时期受闭关锁国政策的影响，海上军事实力逐渐落后于西方，直到西方列强用坚船利炮攻破了中国的大门，海权才引起了清政府的重视。然而，甲午中日战争的失败标志着洋务运动的破产，中国的海权沦丧，面临着有海无防的悲惨境遇。

新中国成立以后，以毛泽东同志为核心的党的第一代中央领导集体高度重视对海洋主权的维护，采取了一系列措施和行动维护国家的海洋主权。第一，维护岛屿主权。岛屿的地理位置特殊，具有领土主权和海洋主权的双重属性。岛屿分为大陆岛和海洋岛，大陆岛靠近大陆，与国防安全密切相关，海洋岛距离陆地较远，但对于巩固海防和维护

---

① 《毛泽东文集第五卷》，人民出版社 1996 年版，第 231 页。

海洋权益具有重要意义。20 世纪 60 年代中期，美国战机频繁入侵我国海南岛上空区域。面对美国频繁挑衅的行为，依照毛泽东指示，我国海军航空兵击落多架美国军机，从而有效地捍卫了岛屿主权。1973 年，南越公然宣布对我国的南沙和西沙群岛拥有主权，并将其纳入南越版图。南越当局不仅无视我国外交部的声明和警告，更进一步出动军舰侵犯我国的岛屿主权。为维护国家主权与领土完整，中国海军舰艇奉命将南越军队赶出西沙群岛，取得自卫反击战的胜利。第二，收回海关。海关是一个国家与其他国家进行经济交往的重要机构，与国家主权密切相关。鸦片战争以后，清政府逐渐丧失了对海关的管理权。1859 年，总税务司的设置标志着中国的海关主权彻底被帝国主义把持，尽管国民政府进行了一些斗争，但民国时期英国仍控制着中国的大部分海关管理权。新中国成立后，中央人民政府于 1949 年 10 月 25 日设立海关总署。海关总署由人民解放军直接接管。由此，中国收回了海关主权，社会主义性质的海关开始建立。1950 年 3 月，中央人民政府政务院发布《关于关税政策和海关工作的决定》，随后公布《中华人民共和国暂行海关法》和新的海关税则，为维护中国的海关主权奠定了法律和制度基础。

其次，强大的海上军事实力是维护海洋主权的根本保障。新中国成立后，尤其是在 20 世纪 50 年代初，毛泽东多次发表对建设海军的相关论述。面对我国南部的海上威胁，毛泽东指出："在选定必守的岛屿上则必须是永久性的和十分巩固的工事。"①20 世纪 50 年代初，毛泽东关于海军建设的系列论述具有三层含义。第一，建设强大的海上军事实力，为收复台湾做准备。台湾是中国领土不可分割的一部分，新中国成立后，收复台湾的任务提上日程。党中央最初计划用武力解放

---

① 《毛泽东文集第六卷》，人民出版社 1996 年版，第 251 页。

台湾，并进行了大量的部署和行动。1950 年夏天，海南、舟山群岛解放，
为人民解放军解放台湾岛打下了基础。然而，新中国成立初期海上军
事实力薄弱，大兵团渡海攻台作战无法在短时间内准备充分，再加上
1950 年朝鲜战争爆发后，美国派遣第七舰队进入台湾海峡，阻止我们
解放台湾，因此武力解放台湾的计划被推迟。朝鲜战争结束后，我们
根据实际情况把对台政策由原来的武力解放转变为和平解放，但发展
海上力量，建设强大的海军仍是解放台湾的根本保障。第二，为了防
止帝国主义侵犯我国的海洋主权，进而威胁内陆。20 世纪 50 年代开始，
美国与中国周边的沿海各国如菲律宾、日本、韩国等相继签订安保条
约，计划在海上对中国形成新月形包围，此举符合美国国务卿杜勒斯
于 1951 年提出的岛链战略。1954 年，美国和蒋介石集团签订了《美蒋
共同防御条约》，台湾岛成为第一岛链中的关键一环，美国企图把台湾
岛变成永不沉没的航空母舰。面对帝国主义的海上威胁，只有增强海
上军事实力，才能有效地维护海洋主权。第三，建设海军不能一蹴而就，
需要根据实际情况有计划、有步骤地进行。由于长年战争，新中国成
立初期百废待兴，并没有足够的资金支持海军建设。即使如此，党中
央仍高度重视海上安全，在早期苏联提供的 3 亿美元贷款中，有一半
用于海军建设。[①]

　　最后，根据国家利益的变化，对维护海洋主权的战略进行调整。陆
权与海权相互作用，相互影响。当陆权受到严重威胁时，国家的发展
和防御重心必然侧重于陆上防御，这一点马汉在《海权论》中有过详
细论述。马汉指出了地理位置对发展海权的重要影响，英国有海峡作
为与欧洲大陆相隔的水上屏障，因此英国不需要投入大量的精力去维

---

　　① 杨娜、杨威：《毛泽东与新中国早期的海洋战略——基于国家利益的视角》，《吉林大学社
会科学学报》2019 年第 5 期。

持陆军。法国则不然，法国一方面需要应对来自内陆的威胁，并且在地中海一侧和大西洋一侧都需要进行海上防御，这就分散了法国的海上兵力，所以在与英国的海洋竞争中法国处于劣势。新中国成立初期，我国维护海洋主权的战略呈现出积极主动的特点。例如，最初中国准备用武力解放台湾，并采取了一系列的海上战略行动。尽管金门岛战役损失惨重，但随后解放军又重整旗鼓，在1950年3月的海南岛战役中获得胜利，成功地解放了海南岛全岛。在1953年的东山岛战役中击退了国民党金门防卫司令胡琏率领的军队，成功地守住了东山岛。又如，在新中国成立初期，苏联对中国提供援助，有一半的贷款新中国用于海军建设。以上事例都可以看出早期我国维护海洋主权所呈现出的积极主动的特点。然而，中苏交恶直接导致我国陆权受到严重威胁，因此我国的战略重心从海权转移到陆权。"同时，由于缺乏大量的经费投入、智力支持以及国家综合国力的支撑，我国海军发展的步伐放缓，近海防御逐渐成为人民海军的主要目标。"①

（二）1979年至2012年：增强主权权能，灵活发展海洋主权

一个国家在制定方针政策时，了解自身所处的时代至关重要。所谓时代，就是国家在特定历史时期所处的方位。只有定位准确，才能够沿着正确的道路前进，中国的海洋战略和海洋思想正是根据时代的改变而不断发展的。从国际层面来看，和平与发展已成为时代主题。尽管当时冷战还未结束，但是邓小平已经从冷战的阴影中敏锐地捕捉到了和平发展的可能。1985年，邓小平在会见日本商工会议所访华团时，从政治和经济两个方面论述了世界走向和平发展的历史趋势。中国是

---

① 杨娜、杨威：《毛泽东与新中国早期的海洋战略——基于国家利益的视角》，《吉林大学社会科学学报》2019年第5期。

第三世界国家中的一员，虽然第三世界国家处于贫穷落后的状态，但是二战后随着政治地位的提升，第三世界国家已经成为维护世界和平、反对霸权主义和强权政治的重要力量。经济方面，第三世界国家的人口占世界人口的绝大多数，只有第三世界国家的经济发展起来，才有利于发达国家对外进行商品贸易。所以邓小平指出："现在世界上真正大的问题，带全球性的战略问题，一个是和平问题，一个是经济问题或者说发展问题。"[①] 从国内层面来看，改革开放以来，我国的经济发展水平不断提高，国家建设也以国防为重点转移到以经济建设为中心。国家主权在经历了新中国成立以来的一段"危权"时期后，主权安全得到保障，因此增强主权权能，发展国家主权成为重点任务。海洋主权作为国家主权的组成部分，如何增强海洋主权的权能是以邓小平为核心的党的领导集体需要解决的问题。

在这期间，1982 年通过的《联合国海洋法公约》对海洋空间中的格局与秩序产生重要影响。第二次世界大战后，第三世界国家纷纷独立，并且紧密联合在一起，形成了一股不容忽视的政治力量。在国际海洋法会议中，第三世界国家以手中的表决权作为有力武器，对《公约》的形成和通过产生了重要影响。《公约》于 1994 年正式生效，代表着新的海洋法与海洋秩序的确立，对于反对传统的海洋霸权，建立公平、自由的海洋空间格局具有积极意义。然而，《公约》生效以后，海洋空间的秩序虽然有所好转，但新一轮的海洋圈地运动就此展开。《公约》中规定的领海、专属经济区和大陆架依然存在争议。我国的海岸线漫长，周边海洋邻国众多，一共有九个国家，分别是韩国、日本、菲律宾、马来西亚、文莱、印度尼西亚、越南、朝鲜。我国海洋主权面临的挑战仍十分严峻，在黄海、东海、南海均面临着复杂的情况，岛屿主权、

---

① 《邓小平文选第三卷》，人民出版社 1993 年版，第 105 页。

专属经济区与大陆架争端日趋激烈。面对这种情况，我国需要在保证和平发展的前提下，增强主权权能，以更加灵活的方式维护海洋主权。因此，这一时期我国海洋主权思想的主要内容可以分为经济、政治、军事等部分，在实践中从不同方面发展海洋主权。

第一，发展海洋经济，以海权带动陆权。领土是国家主权的基础，一个国家想要发展壮大，必须以领土作为根基。陆权与海权的关系十分密切，海权的发展对陆权建设具有重要的推动作用。邓小平是改革开放的总设计师，改革开放以来，邓小平高度重视海洋经济建设。1970年以来，我国经济特区实行特殊的经济政策，为引进外资、先进的技术与管理方法创造了优越的环境。1984年，我国又开始划定沿海开放城市和沿海经济开放区。由此可见，从最开始东南沿海的局部区域，到整个沿海城市的系统开放，再到沿海经济开放区的建设，我国由点到线、由线到面，以海洋经济建设带动东部地区的经济发展，进而推动内陆整体的经济提升。这种规划布局可以看出党中央高度重视海洋的经济价值，以海权带动陆权发展。为了配合海洋经济建设，我国在海洋渔业、海洋运输业、海上石油、海上生态与船舶制造等多个方面均有了长足的进步。我国出台了多部法律法规，保障海洋经济建设。例如，1986年颁布了《中华人民共和国渔业法》，经过2000年、2004年、2009年、2013年四次修正，促进了我国渔业资源的开发与合理利用，有效地维护了我国从事渔业生产者的合法权益。与新中国成立至改革开放前的历史时期不同，新中国成立初期由于国防建设的需要，虽然开展了一些海洋经济与海洋科研方面的工作，但始终只是一些边缘性的工作。改革开放以后，我国的海洋经济建设与海洋研究逐渐系统化、深入化，有效地增强了我国海洋主权的经济权能。

第二，"搁置争议、共同开发"是对海洋主权理论的创新。"搁置争议、共同开发"最开始是20世纪70年代邓小平为解决中日钓鱼岛争端所提出的政治主张，后来也运用于解决南海问题。新中国成立后，美国等国家先是在 1951 年同日本签订了"旧金山和约"，擅自将钓鱼岛划入琉球群岛。1971 年，日美又签署了一份关于琉球群岛的"日美协议"，美国单方面宣布将琉球群岛管理权交给日本①，把钓鱼岛纳入日本领土范围内。南海争端自 20 世纪 60 年代以来，矛盾越发突出。越南、菲律宾、马来西亚等南海周边国家不断侵犯我国南海主权，占领了我国南海多处海域与岛礁。面对复杂的海洋局势，邓小平从和平解决的角度出发，提出了"搁置争议、共同开发"的主张，并在 70 年代以来的多个场合发表过论述。例如，针对钓鱼岛问题，邓小平指出："对于这个问题以及同类的纠纷，后来我们提出了一种设想，就是可否采用共同开发的办法加以解决。"②针对南海问题，邓小平指出："一个办法是我们用武力统统把这些岛收回来；一个办法是把主权问题搁置起来，共同开发。"③

邓小平提出的"搁置争议、共同开发"政策，是对海洋主权理论的创新。一方面，"搁置争议、共同开发"要以"主权属我"为前提。"搁置争议、共同开发"并不是放弃我国的海洋主权。相反，是在捍卫我国海洋主权的前提下，以更加灵活的方式去行使海洋主权。"搁置争议、共同开发"的政策是在维护我国海洋主权的前提下，符合《公约》精神的方针政策。另一方面，主权是一种特殊的所有权，在保证"主权属我"的前提下，共同开发有利于丰富我国海洋主权的权能，从而更好地维护我国海洋主权。针对这一问题，有论者从海洋主权和海洋产权的角度出发，论述了增强主权权能，维护海洋主权的重要意义。黄少安从主权的产权属性入手，介绍了海洋产权的一系列规律。例如，

---

① 杨国桢等：《中国海洋权益空间》，海洋出版社 2019 年版，第 63 页。

② 《邓小平文选第三卷》，人民出版社 1993 年版，第 293 页。

③ 《邓小平文选第三卷》，人民出版社 1993 年版，第 87 页。

在产权的实际占有规律中，占有和开发积极主动的一方将在主权或者产权争端中处于更加有利的地位，因此我国可以通过行使海洋产权的方式来维护海洋主权。[①] 其实这个海洋产权就是海洋主权权能的一个表现形式，实质是共享使用权和收益权；这个实践战略是主权原则性与主权行使灵活性的有机结合，既然站在世界和平的大局不能马上强行收回，那不妨在坚持主权的前提下与争议方共同开发，待日后时机成熟再全部收回，做到了有理有利有节。这就表明，在"搁置争议、共同开发"的政策下，我国应更加积极主动地开发和利用海洋资源。

第三，以近海防御为重点，维护海洋主权。新中国成立后，由于海上实力薄弱以及海军建设资金缺乏，我国很长一段时期内实行的是近岸防御的海洋战略。改革开放以来，随着中美关系以及中苏关系的缓和，我国的陆防压力得到缓解，并且海上环境也得到改善，这为我国发展海上力量、进行海军建设提供了难得的机遇期。由于海上政治环境的变化，我国维护海洋主权的战略由近岸防御逐步转变为近海防御。近海作战的目的是扩展我国沿海防御的战略纵深，并且突破美国对我国设下的第一岛链的封锁。因此，近海的范围不在近岸，也不在国际海域，而是维护我国海洋主权以及海洋权益的海域范围。我国近海防御的海洋战略有如下特点：第一，基于我国海洋军事建设的防御性特点，我国不会发展海上霸权。从国际来看，和平与发展已成为时代趋势，近海防御的海洋战略符合我国外交政策的基本立场与和平共处五项原则的基本精神。从国内来看，改革开放后，经济建设成为我国发展的中心，在维护海洋主权的前提下，开展和平的海上建设活动符合我国的根本利益。第二，积极主动性。我国近海防御的海洋战略不是消极被动的，尤其是《公约》颁布实施以来，针对专属经济区和大

---

① 黄少安：《海洋主权、海洋产权与海权维护》，《理论学刊》2012 年第 9 期。

陆架的划界争端日趋激烈，只有积极进行海上力量建设，建设一支精干、顶用的现代化海军，包括加快核潜艇和战斗舰艇的研发，才能从根本上保障我国海洋主权不受侵犯。第三，长期性。近海防御的海洋战略既是对之前防御性战略的继承，也为今后我国的海上军事建设指明了方向。不论我国的综合国力发展到什么程度，我国海军的防御性质都不会变，永远都不会发展海上霸权。

21世纪以来，世界各国越来越认识到海洋对于国家发展的重要性。可以说，21世纪是海洋的世纪也不为过。因此，世界各国都加强了对海洋的研究和开发利用，海洋空间中的竞争日趋激烈。面对海洋事业的挑战以及维护海洋主权的任务，新时代以来我国从经济、政治、军事、生态、科技等多个方面，进行海洋强国建设，有效地维护了国家海洋主权，增强了海洋主权的权能。

（三）2012年至今：建设海洋强国，构建"威而不霸"的海洋主权

主权思想是在一定的时代背景下，为捍卫国家利益而产生和发展的。中国特色社会主义进入新时代，国际和国内环境都发生了深刻的变化。海洋主权作为国家主权的重要组成部分，其理论与实践在新时代条件下也在不断变化和发展。总体而言，推动新时代我国海洋主权理论与实践发展的因素主要有内部和外部两个方面。

从外部方面来看，第一，和平与发展仍是时代的主题。苏联解体后，世界呈现出一超多强的格局。虽然局部纷争不断，但整体形势趋向和平与稳定。与20世纪80年代邓小平对时代局势的判断相比，现如今和平与发展的主题没有变，但中国的国际地位已经迅速提升，中国正日益走入世界舞台的中心。无论是政治角度世界、亚太地区的和平稳定，还是经济角度全球的经济发展，中国都在其中扮演着越来越

重要的角色。也正因如此，我国海洋事业迎来了历史上最好的发展时期。第二，大国海洋战略的调整。在一定意义上，国际政治实际上就是大国政治，大国与大国之间的关系变化从根本上影响着国际形势的发展走向。大国海洋战略的调整也会促使我国维护海洋主权的战略发生改变，这里的大国主要指的是美国。美国为了维护其在亚太地区的利益，长期对台出售军事武器，阻止两岸的统一；并且，在中日钓鱼岛争端与南海问题上，美国也支持日本和南海周边国家同我国进行争夺，阻碍问题的和平解决，严重侵犯中国的海洋主权。事实上，美国一直把中国作为其在亚太地区的战略对手，无论是 2009 年奥巴马政府提出的重返亚太战略，还是 2017 年特朗普政府提出的印太战略，其实质都是推行海洋霸权战略，阻挠中国的和平崛起。任何的交流沟通都要以强大的国家实力作为保障，只有提升海洋实力，才能切实维护海洋主权。第三，中国周边海洋形势的发展与变化。中国目前与海上八个周边国家都有海洋争端，基于国家利益的变化，周边海上国家的主权战略也会发生改变，这就使得我国的海洋形势复杂多变。如何构建灵活务实的海洋主权战略，以适应复杂的海洋形势，是当前所要面对的新课题。

从内部方面来看，一方面，社会主义现代化强国的目标决定了我国海洋主权发展的基本方向。新中国成立后一直到改革开放的历史时期，由于国家基础实力薄弱，外患不断，这一时期我国的海洋主权战略主要侧重于战略防御和发展海军，这为我国维护海洋主权提供了坚实的物质基础。改革开放以来，和平与发展成为时代主题，并且我国的工作重心转移到经济建设上来，这一时期我国的海洋主权战略以维稳为主，侧重于法理维护和发展主权权能，该时期我国颁布了大量的海洋法律文件。进入新时代以来，建设社会主义现代化强国是国家发展的奋斗目标，我国海洋事业的发展直接影响到社会主义现代化强国的建设。正如习近平总书记指出，海洋在国家经济发展格局和对外开放中的作用更加重要，在维护国家主权、安全、发展利益中的地位更加突出。[①] 海洋涉及国家安全与国家核心利益，海洋主权是我国海洋事业发展的基石，因此新时代我国海洋主权的发展方向要从"增权"向"强权"转变，"强权"不是"霸权"，而是具有强大主权权能和威慑性的主权。

另一方面，和平崛起的国家发展道路决定了我国海洋主权的和平性质。从历史上看，大国往往会把自身的主权变为霸权，进而从其他国家身上攫取利益。而当另一个新兴大国崛起时，由于国际社会利益关系的变革，传统大国与新兴大国之间总会伴随着战争。从古至今，似乎没有国家能跳脱修昔底德陷阱。中国作为新兴大国，引起了以美国为首的西方国家的高度警惕。长期以来，"中国威胁论"经由西方媒体大肆渲染，对我国的国际形象造成了许多负面影响，这种影响加深了与我国存在海洋争端的周边国家的偏见。事实上，我国不论是维护海洋主权还是发展海洋主权都始终具有和平性质，这是由我国走和平发展的国家道路决定的。首先，我国走和平发展道路由国家的根本利益决定。在海洋空间的活动中当然要以主权国家为基本单位，但是维护和发展主权并不等于主权国家有权追逐超越国际法的国家利益的最大化。中国维护海洋主权的战略行动，只是为了积累足够的威慑能力来维护我国的主权权益和国家利益，没有扩张称霸的战略意图。尤其是在流动的海洋空间中，除领海之外国家所拥有的海域并不具有完全的主权权能，只有通过和平、发展、合作、共赢的方式，才能在缩小和消除分歧的基础上谋求利益的共同点，这符合我国的根本利益。其次，

---

① 《习近平在中共中央政治局第八次集体学习时强调 进一步关心海洋认识海洋经略海洋 推动海洋强国建设不断取得新成就》，《人民日报》2013 年 8 月 1 日第 1 版。

中国走和平发展道路受传统文化的影响。与西方游牧文明和海航文明所呈现出的侵略好斗的文化不同，中国的农耕文明往往表现的是追求和平与安定。这种追求人与自然和谐、人与人和谐的传统文化在战略层面有着具体表现。在古代，中国建立起了以中原帝国为核心的朝贡体系，在这种等级制的政治秩序下，中国历代王朝对待朝贡国并不像西方一样采用武力歼敌、建立殖民地等手段，而主要采用威慑和安抚。新中国成立后，我国历来坚持防御性的国防政策，中国开始成为维护世界和平的坚定力量。因此，和平崛起的国家发展道路决定了我国建设海洋强国，是为了建设具有和平性质的海洋主权，而非发展海上霸权。

综上所述，由于外部和内部双重因素的制约，我国在新时代条件下海洋主权的理论和实践表现为建设海洋强国，构建"威而不霸"的海洋主权。这里的"威"是指与以往维护海洋主权所呈现出的相对被动的主权战略不同，中国的海洋主权发展与主权战略的制定应更加积极主动，要具有足够的威慑性。"威而不霸"表明，中国建设海洋强国所展现出的海洋主权是和平性质的，并非像西方国家一样长期推行海洋霸权。中国在海洋空间中强调的是主权国家之间的平等交流与合作，而非强权政治与对抗掠夺。因此，新时代我国海洋主权思想旨在回答建设海洋强国与反对海洋霸权这两者之间并不矛盾，以及在海洋空间中海洋秩序发生深刻变革的情况下，我国如何捍卫国家的核心利益，维护我国拥有的广泛的海洋权益。新时代中国海洋主权的实践体现为以下三个方面。

第一，建设海洋强国，构建威慑性海洋主权。党的十八大报告第一次明确提出了建设海洋强国的目标，"建设海洋强国"是一个时代性概念，它表明我国从全局性、系统性和战略性的高度来看待海洋。习近平总书记指出，党的十八大作出了建设海洋强国的重大部署。实施这一重大部署，对推动经济持续健康发展，对维护国家主权、安全、发展利益，对实现全面建成小康社会目标、进而实现中华民族伟大复兴都具有重大而深远的意义。从中可以看出建设海洋强国的三重意义，从推动经济发展，到维护国家的主权和发展利益，再到中国梦的实现，都离不开海洋事业的建设。海洋主权是我国发展海洋事业的基石，建设海洋强国能够为维护海洋主权提供坚实的物质基础。进入 21 世纪以来，威胁我国海洋主权的因素日益增多，不仅包括经济、军事等传统的海上威胁，还包括非传统的如海洋生态污染、海洋渔业资源过度捕捞、海底矿产资源开采的安全风险等非传统的海上威胁。以海洋环境和生态为例，由于全球气候变暖和海洋增温，南太平洋岛国图瓦卢会逐渐失去其国土，所有国民将被迫移民。而中国每年因海洋环境恶化和海洋灾害频发，造成了相当大的经济损失。因此，我国建设海洋强国不仅要在海洋经济和海洋军事上有所作为，更需要在海洋生态、海洋科技等领域占据领先位置，从而更好地应对海上传统威胁与非传统威胁的挑战。

主权对内代表着国家的最高权力，对外是一个国家国际主权身份的象征。从法理的角度来看，主权是身份权的一种体现，具有国际和国内的双重属性。虽然国际上主权代表着身份的平等，但实际上国家的综合国力或者主权权能的提升会对主权产生实质性的影响，进而影响各主权国之间的交往。新中国成立后，由于中国国力水平相对有限，南海周边各国对我国海洋主权进行了实质性侵犯。尽管改革开放以来中国的综合国力和海洋实力迅猛提高，但我国海洋主权在国际上的身份权仍有待提升。例如，2016 年临时组建的仲裁庭对菲律宾政府单方面提起的南海仲裁案进行最终裁决，判定菲律宾胜诉。虽然这场仲裁只是一场闹剧，没有任何法律效力，但在国际上对我国造成了一定的负面影响，也表明我国的海洋主权并没有得到应有的承认和尊重。因此，为了维护我国的海洋权益，增强在国际上的涉海维权能力，我国建设海洋强国的目标之一，就是要建设具有威慑性的海洋主权，使其他国家不敢侵犯。并且，中国是一个爱好和平的国家，但释放善意并不等于软弱可欺，中国在处理海洋争端问题时仍然会坚持以和平、谈判的方式解决，但面对海洋主权被侵犯时，也不排除使用军事手段的可能性。

第二，推动共建 21 世纪海上丝绸之路，彰显和平性海洋主权。21 世纪海上丝绸之路是 2013 年 10 月习近平总书记在访问东盟时提出的战略构想。随后，在 2015 年 3 月 28 日，我国发布了《推动共建丝绸之路经济带和 21 世纪海上丝绸之路的愿景与行动》，对"一带一路"从时代背景、共建原则和框架思路等八个方面进行详细阐释。21 世纪海上丝绸之路不仅是一条海上经济繁荣之路，它对于维护我国海洋主权，进而促进国家主权的建设具有重大意义。

推动共建 21 世纪海上丝绸之路有利于构建海洋命运共同体，彰显我国和平性海洋主权。习近平总书记指出，我们人类居住的这个蓝色星球，不是被海洋分割成了各个孤岛，而是被海洋连接成了命运共同体，各国人民安危与共。海洋命运共同体是人类命运共同体的重要内容，彰显了和谐的海洋理念。西方的海洋文明和海洋理念自古就呈现出侵略性的特点，正是在侵略性理念的指导下，西方通过海洋进行殖民扩张，发展海上霸权。在南海争端上，美国一直挑唆南海周边国家与中国为敌，企图遏制中国海洋崛起的进程。美国致力于把对抗性的海洋理念推广向全世界，在海洋空间中构建起以美国为中心的新尺度和新秩序。然而，"零和博弈"的海洋理念并不符合所有国家在海洋空间中的发展与实践，也不符合经济全球化与文化多元化的历史发展趋势。海洋命运共同体是对海洋霸权思想的超越，其思想中所蕴含的和平、交流、合作、共赢的价值理念是引领未来海洋秩序的风向标。通过 21 世纪海上丝绸之路的全面推进，把海洋串联成友好之海、和平之海，彰显我国海洋主权的和平性质，能够为我国建设海洋强国消除负面影响，提供良好的机遇和外部环境。并且，推动共建 21 世纪海上丝绸之路，不仅会促进沿岸国家的经济发展，而且会加强各国的政治互信与文化交流，从而有助于维护国家的主权安全。受"中国威胁论"的负面影响，中国周边的海洋国家一直对中国的海洋崛起保持警惕和疑虑，通过对中国海洋主权和平性的彰显，将会获得海上丝绸之路周边各国的好感，从而改善和加强中国在周边海域的地缘政治优势。这对我国冲破美国设下的岛链，维护国家的主权安全具有重大意义。

第三，坚持"主权属我、搁置争议、共同开发"的方针，制定灵活务实的海洋主权战略。自从邓小平在 20 世纪 80 年代提出"搁置争议、共同开发"的思想以来，这一方针的实施为我国缓和海洋争端问题取得了一定的成效。然而，经过 40 多年的发展，这一方针在实施过程中仍然存在许多不尽如人意的地方。例如，在南海争端问题上，我国南海主权被侵犯的现象十分严重，我国有近 50 多个岛礁被南海周边各国侵占。在油气资源方面，许多南海周边国家如越南、马来西亚、菲律宾等在我国"十段线"以内非法开采石油，获取巨大的经济利益。南海周边国家对南海资源的掠夺性开发严重侵犯了我国的海洋经济主权。面对这种情况，我们首先应看到，"搁置争议、共同开发"仍是解决南海问题最行之有效的办法。武力解决并不符合中国的发展利益，邓小平提出的"搁置争议、共同开发"的方针是基于当时中国的发展现状主张将主权问题暂时搁置起来，等日后时机成熟再加以解决。但这并不等于我国放弃了对南海区域所享有的主权权利，"搁置争议、共同开发"始终要以"主权属我"为前提。因此，习近平总书记指出，要坚持"主权属我、搁置争议、共同开发"的方针，推进互利友好合作，寻求和扩大共同利益的汇合点。①

　　"主权属我、搁置争议、共同开发"虽然指明了我国在应对海洋争端时所要遵循的宏观原则，但是仍要制定灵活务实的海洋主权战略，把宏观的方针转变为具体可行的路径。一方面，要把"搁置争议、共同开发"的原则转化为有效的运行机制。例如，我国设立三沙市对维护南海诸岛和岛礁的主权，保护南海海域环境具有重大意义，是我国对南海海域行政管理体制的创新。② 在与他国进行协商、探讨共同开发的可行方案时，确定好共同开发海域的具体位置和范围是关键。只有在确定好范围的前提下，我国才能对南海海域的部分主权性权利进行让渡，共享资源进行开发。另一方面，我国应创新海洋科技，加大对海洋资源的开发力度。中国在坚持国际法和《联合国海洋法公约》规则的基础上，加大对海洋资源的实际占有和开采力度，依靠行使海洋产权的方式来维护海洋主权。③ 如果等到南海争议解决再进行油气资源开发，则为时已晚。只有加强在南海争议区域的存在感，切实增强主权权能，才能在协商谈判中增加筹码。并且，创新海洋科技是加快海洋资源开发的保障。目前，我国自主投资建造的第6代深水半潜式钻井平台"海洋石油982"成功下水，标志着我国深水钻井高端装备规模化、全系列作业能力形成。"蓝鲸1号"交付使用具有里程碑意义，该平台是目前全球作业水深、钻井深度最深的半潜式钻井平台，适用于全球深海作业，是世界上功能最完善的海上移动式试采装备。有关油气的竞争是未来全球范围内有关海洋争议的焦点。因此，我国海洋技

---

　　① 《习近平在中共中央政治局第八次集体学习时强调 进一步关心海洋认识海洋经略海洋 推动海洋强国建设不断取得新成就》，《人民日报》2013年8月1日第1版。

　　② 安应民等：《基于南海主权战略的海洋行政管理创新》，中国经济出版社2015年版，第104页。

　　③ 黄少安：《海洋主权、海洋产权与海权维护》，《理论学刊》2012年第9期。

术的突破创新对于维护海洋主权、增强维权能力具有重大意义。

新中国成立以来，中国一直致力于维护海洋主权，但随着国内国际以及区域形势的变化，这种维护主权的战略实践经历了几次调整，大概可以分成以下三个阶段：新中国成立以来以海防为重点，坚决捍卫海洋主权的阶段；改革开放以来增强主权权能，灵活发展海洋主权的阶段；新时代以来建设海洋强国，构建"威而不霸"的海洋主权阶段。中国建设和发展的是具有和平性质的海洋主权，但这绝不意味着中国会一味地妥协、任由其他国家侵犯海洋主权和海洋权益，在处理海洋主权争端时必须坚持"主权属我"的原则。海洋空间中的主权利益复杂，包括政治、军事、经济、生态等诸多方面的现实利益，在维护海洋空间的主权利益时有着与传统领土主权不同的处理方式。深化对海洋主权规律的认识，采取灵活的主权战略应对挑战，才有利于更好地维护我国的海洋主权和利益。

四、小结

海洋主权的发展历程遵循着与传统主权相似的轨迹，不论是海洋主权的理论还是实践，决定其内容与走向的根本因素是国家利益。在海洋空间的秩序构建中，最开始表现为海洋强国之间围绕海洋霸权所展开的争夺，在竞争中占据优势的一方能够对更加广阔的海洋空间行使海洋主权。海洋霸权的争夺从地理大发现开始，一直到第二次世界大战，持续了多个世纪。直到 17 世纪领海学说产生之后，海洋主权的范围才逐渐清晰起来，但在海外扩张与殖民主义的背景下，海洋空间的秩序依旧被海洋霸权支配，主权成为一种异化的理论原则，广大海上力量弱小的国家在海洋主权上并不具有平等的地位。制海权对一个国家具有重要作用，可以说，谁控制了海洋，谁就可以控制整个世界。

其中，地理位置、自然结构、领土范围、人口数量、民族特点和政府性质是影响海权的六个要素。

　　基于空间的角度分析，与陆地空间不同，海洋空间具有流动性、共享性的特点，这就使得各国除了领海以外，在其他领域中不能享有完全的、绝对的主权。因此，海洋权益这一概念在海洋空间中辐射范围更广，需要考虑到其他国家在海洋空间中的利益。另外，二者之间相互联系、相互作用。第一，保障海洋主权是国家享有海洋权益的前提。主权涉及国家的核心利益，近代以来国家主权的沦丧表明，只有获得主权独立才能获得国际社会的承认，进而争取国家的发展利益。同样在海洋空间中，如果没有独立而又强大的海洋主权，那么争取海洋权益将会举步维艰。第二，争取海洋权益能够更好地维护和发展海洋主权。主权是权力和权利结合的复合型概念，海洋权益概念的运用，增加了中国在海洋空间中与各国交流合作的变化性与协商性，对突破西方国家的海洋霸权，增强自身的主权权能具有重要的理论意义和实践意义。

　　一个国家在制定方针政策时，了解自身所处的时代至关重要。所谓时代，就是国家在特定历史时期所处的方位。只有定位准确，才能够沿着正确的道路前进，中国的海洋战略和海洋思想正是根据时代的改变而不断发展的。国家主权在经历了新中国成立以来的一段"危权"时期后，主权安全得到保障，因此增强主权权能，发展国家主权成为重点任务。第一，发展海洋经济，以海权带动陆权。领土是国家主权的基础，一个国家想要发展壮大，必须以领土作为根基。陆权与海权的关系十分密切，海权的发展对陆权建设具有重要的推动作用。第二，"搁置争议、共同开发"是对海洋主权理论的创新。"搁置争议、共同开发"最开始是20世纪70年代邓小平为解决中日钓鱼岛争端所提出的政治主张，后来也运用于解决南海问题。第三，以近海防御为重点，维护海洋主权。近海作战的目的是扩展我国沿海防御的战略纵深，并且突破美国对我国设下的第一岛链的封锁。因此，近海的范围不在近岸，也不在国际海域，而是维护我国海洋主权以及海洋权益的海域范围。

海洋空间中的主权利益复杂，包括政治、军事、经济、生态等诸多方面的现实利益，在维护海洋空间的主权利益时有着与传统领土主权不同的处理方式。由于外部和内部双重因素的制约，我国在新时代条件下海洋主权的理论和实践表现为建设海洋强国，构建"威而不霸"的海洋主权。这里的"威"是指与以往维护海洋主权所呈现出的相对被动的主权战略不同，中国的海洋主权发展与主权战略的制定应更加积极主动，要具有足够的威慑性。"威而不霸"表明，中国建设海洋强国所展现出的海洋主权是和平性质的，并非像西方国家一样长期推行的海洋霸权。新时代中国海洋主权的实践体现为以下三个方面。第一，建设海洋强国，构建威慑性海洋主权。第二，推动共建 21 世纪海上丝绸之路，彰显和平性海洋主权。第三，坚持"主权属我、搁置争议、共同开发"的方针，制定灵活务实的海洋主权战略。

第十一章　信息主权的实践研究

　　揆诸近现代历史，维护主权的独立与完整一直是保障国家安全的核心要务。在国家发展以及各国之间交往不断深化的过程中，主权领域由最初的领土主权拓展到了经济、政治和文化等领域。然而随着信息技术的迅猛发展，主权领域已不再局限于传统的物理空间，而是向虚拟的信息空间延伸。信息空间突破了传统物理空间的限制，它的去中心化特征和边疆的不确定性为维护国家的主权安全带来了新的挑战。习近平总书记指出："虽然互联网具有高度全球化的特征，但每一个国家在信息领域的主权权益都不应受到侵犯，互联网技术再发展也不能侵犯他国的信息主权。"① 由此可见，与以往时代的信息安全不同，信息技术的发展使得维护信息安全的难度空前加大，对于保障信息安全的战略制定需要站在信息主权的高度加以考量。从现实的逻辑来看，目前反对信息主权的声音依然存在，一些西方学者企图以"互联网是全球公域说""利益攸关方主导互联网说""新主权论说"等错误观点来否定信息主权。这些错误观点的产生实质上是美国为了维护自身在信息空间中的霸权地位，抢占和掠夺信息资源所导致的。基于此，通过对于信息主权概念及范围的厘定，深入分析倡导信息主权的必要性，

---

　　① 习近平：《弘扬传统友好 共谱合作新篇——在巴西国会的演讲》，《人民日报》2014 年 7 月 18 日第 3 版。

有助于我们更好地认识与把握信息主权，从而为维护国家的信息主权提供理论资源与方向指引。

一、信息主权概念的界定

（一）信息的内涵

自有人类社会以来信息就已存在，起先是个体为保证生存而获取自然信息，随着人与人之间交往的扩大，社会群体开始利用文字、纸张等媒介来生产、加工和传播社会信息。信息在人类认识世界和改造世界的过程中所发挥的重要作用不言而喻，话语和文字是人类沟通的桥梁，但仍要以接收有效的信息为前提。尽管信息在我们的生活中无处不在，可是对于"信息是什么"这个问题人们未必能回答准确。

信息的内涵十分丰富。首先，信息的本质是对事物运动及其特征的表达。掌握了信息，也就深化了对事物的理解与认识，从而能够顺利地开展生产和社会实践活动。其次，信息是经过加工的数据。原始数据本身不具有意义，只有将其加工成为信息，才具有符合特定人群需要的意义。数据与信息时常能够互相转换，例如，一个人的日常生活轨迹的记录对普通群众来说是信息，但对信息安全部门来说，个人的生活轨迹记录只是一种数据，需要进行分析加工才能成为有用的信息。可以说，数据的本质是信息，因为数据的功能便是记录事物的运动及其特征。最后，信息作为一种资源与人类的利益紧密地联系在一起。中国自古就有"知己知彼，百战不殆"的战略思想，其强调的正是信息作为一种重要的战略资源能够对战争的走向产生决定性的影响。由于信息技术的变革，信息的传播速度加快并且信息的传播范围逐步扩大，信息资源在军事、经济和政治等领域都具有重要的价值。然而在以往的时代，信息资源的重要性并不能与土地、矿产等资源比肩。信息时代的到来，尤其是互联网技术的发展与普及，使得信息资源不再局限于纸质媒介或其他传统的物质载体，而是广泛存在于信息空间之中。维护信息安全的难度空前加大，信息资源能够超脱物理的边界从而被其他国家窃取、掌握和利用，进而对国家安全产生极大的威胁。因此，我们并不能再以传统的视角来进行研究，信息主权概念的提出是站在国家主权的角度来重新审视信息安全。同时也是基于时代变迁与生产力的发展，主权概念本身演变与发展的结果。

（二）信息主权的概念

研究信息主权的概念有两个问题是必须提出来的。第一，信息主权诞生的标志是什么？只有对信息主权诞生的标志有清晰的界定，说明信息主权的存在，对信息主权概念的探讨才具有意义。第二，信息主权的诞生依赖于什么样的社会历史条件？只有说明它赖以诞生的社会历史条件，才能为信息主权概念的阐述提供科学的依据。从历史与现实两个维度进行考察，信息主权是在 20 世纪 90 年代以来，以互联网为代表的信息技术飞速发展的情况下诞生的。它赖以诞生的历史条件主要有两个，一是国家、社会群体或个人广泛进入信息空间之中进行交往与活动[①]，二是由于信息技术在国家之间发展程度的不同，信息强国利用这种不平衡性对其他国家的信息资源进行窃取和掠夺，使得其他国家的信息安全，乃至经济、政治和文化等领域的安全遭受到了严重的威胁。

从历史的维度看，主权并非一个静态的概念，而是动态发展的。

---

① 信息空间和网络空间的含义相近，都表示基于信息通信基础设施所产生的，一种虚拟化、数字化的空间，在多数情况下可以等同。但二者强调的侧重点不同，信息主权反映的是这种虚拟空间的本质属性，即信息属性。因此，笔者在本文中统一采用信息空间这一概念来进行研究。

主权的第一天然属性为人民主权，其内涵经历了君主主权、资本主义的人民主权到社会主义人民主权的转变，人民主权为国家主权提供合法性与正当性。主权的第二天然属性为领土主权，第二次世界大战以后，以美国为首的西方国家由领土入侵转为其他领域的入侵，继续进行殖民掠夺。因此，主权的内容从领土主权扩展为经济、政治和文化等其他领域。信息时代的到来使主权的内涵再一次得到了丰富和拓展，信息资源成为信息时代各国竞争和维护国家利益的重要因素，对信息领域的重视程度自然要提升到国家主权的高度。其中，以互联网为代表的信息技术的飞速发展是信息主权诞生的标志。从传统的印刷媒体、无线电技术到卫星技术，信息技术的发展使得国家主权的边界不断弱化，直到互联网技术的出现加剧了各国之间的"信息势差"，国家的信息安全从对内和对外两个方面遭受到严重威胁，因此信息主权作为维护各国在信息领域争取自身权益的依据而产生。

从现实的维度看，信息主权是由于国家、社会群体和个人广泛参与到信息空间的活动之中而产生的，尽管信息空间没有边界，但一切在信息空间中的活动都需要依赖于一定的物质基础设施。然而，信息主权不仅存在于信息空间之中，随着信息化时代的到来，传统物理空间中的国家领土构成部分不可避免地卷入了信息化的社会构成，这些重要的信息资源构成了一个完全独立的国家主权对象，即物理空间中的信息主权，如各民族的基因信息、生物物种信息以及自然资源分布信息等都涉及国家安全与发展的重大利益。信息社会的高度发展使得物理空间中信息安全问题越发凸显，物理空间中的信息安全同样对国家利益产生深刻的影响。因此，一些观点认为信息主权仅仅是指"国家主权在网络活动中的体现"[1]并不恰当，完整意义上的信息主权是跨

---

① 任明艳：《互联网背景下国家信息主权问题研究》，《河北法学》2007年第6期。

越两个空间而形成的新兴国家主权领域，它跨越了两个人类生存空间，但具有一个共同的本质，即信息属性。

综合上述两个方面，结合主权对内和对外两个基本属性，我们可以将信息主权定义为国家主权在信息领域的自然延伸，它包括物理空间和信息空间两个部分的内容。信息主权对内意味着国家对在其领土之中的一切信息活动所产生的信息资源的绝对掌控，对外意味着各国能够独立自主地从事信息领域的活动，任何国家不得干涉或侵犯其他国家在信息领域中的权益。

二、信息主权的适用范围

（一）信息主权内容分类的重要意义

信息主权适用于物理空间和信息空间两个空间之中，那么，这两个空间中的信息有何不同？通过梳理相关研究发现，学者们对信息主权的探讨大多集中于信息空间之中，那么物理空间中的信息主权是否有其独特的价值？或者说，区分两个空间的信息主权有何意义？

不论在哪个空间中，信息都有其共同的本质，即信息是对事物及其规律的表达。因此，只要是信息，都会具备事实性、价值性和扩散性等基本特点。此外，两个空间中的信息时常能够互相转换。例如，现实世界中对某一热点事件进行记录并发布在社交网络上，物理空间中的信息便转化为信息空间中的信息。这时，信息的特点已经发生改变，物理空间中信息的产生需要依赖于相应的物质载体，然而在信息空间之中，信息变成了一种逻辑化的数字表达形式，它脱离了物质载体但依然能够表达意义。因此，信息的特点被放大了，比如，信息空间中信息的扩散性得到了提高，在信息社会人们真正做到了不出门而知天下事。

信息空间中的信息一部分是现实物理空间的真实映射，还有一部分是基于映射信息所产生的信息。例如，网络病毒在现实世界并不存在，然而它是基于程序代码所产生的。程序代码是将人的语言通过输入端输入二进制编码，转化成机器可以执行的程式，然后再通过输出端转码回人可以理解的语言显示出来。程序代码可以理解为人类语言的映射，而网络病毒正是通过这种映射产生。因此，信息空间中信息的产生需要以物理空间中的信息为基础。

通过以上对于两个空间中信息的分析，我们可以清楚地看到强调物理空间中信息主权的重要价值。首先，信息空间中的信息很多是基于物理空间中的信息得来的。例如，GPS 导航中的地图信息就是物理空间中的地形信息，通过加工上传至信息空间后所得到的。因此，我们要把控好信息产生的源头，不仅要着眼于信息空间中的信息，也要保证物理空间中重要的信息资源不被轻易窃取并上传到信息空间中，增强其保密性和可控性。其次，区分两个空间中信息主权的意义在于，两个空间中的信息有着不同的特点和表现形式。基于此，我们应对不同空间中的信息资源按照其运行特点，有针对性地加以掌控、利用和保护。最后，还有一个问题需要说明，既然物理空间中的信息存在已久，那么为何信息主权的概念是在信息空间产生并发展到一定程度的情况下才被提出？信息空间的产生并没有使主权理论过时，它在发展到一定程度之后，成为各国发展、相互合作的新场所。围绕国家利益所发展的国家主权理论自然延伸到信息空间之中。在这之中，随着信息技术的发展，物理空间中信息资源的重要性也越发凸显出来，这些信息资源既可以被上传到信息空间之中，也可以在现实世界中通过科学技术手段被其他国家窃取、掌控。因此，两个空间中的信息安全都关系到国家利益与各国人民的利益，信息主权作为维护各国在信息领域公平有序发展的概念与原则，被越来越多的国家强调并重视。

（二）物理空间中的信息主权

随着传统物理空间中的国家领土构成部分不可避免地卷入了信息化的社会构成，这些重要的信息资源成为国家主权所关注的对象。物理空间中信息的种类千差万别，那么哪些信息需要纳入信息主权的内容之中？君主主权是在中世纪晚期，教权与王权的相互斗争中，为保障王权地位而创立。随后，为了维护民族国家的存续，欧洲各国签订了《威斯特伐利亚和约》，国家主权从理论变为实践原则，被各国认同和遵守。第二次世界大战以后，为了维护和保障国家的生存发展，经济主权、政治主权和文化主权的出现再一次丰富了国家主权理论。可见，国家主权理论的实质其实是国家利益的体现，国家主权理论变迁所围绕的核心始终都是国家利益。因此，我们需要以物质载体为划分方法，并以国家利益为依据，进而涵盖物理空间中信息主权的具体内容。在这里，笔者分别对基因信息、地理信息和国防信息等三类内容进行分析和梳理，它们都与国家利益和人民利益紧密地联系在一起，是物理空间中信息主权的重要内容。

基因信息。基因被称为人类的"生命说明书"，它存储着生命从孕育、生长直到衰老和死亡的全部信息。只要掌握了一个人的基因信息，那么他的种族、血型，甚至患某种疾病的风险有多高，都能被检测出来。随着基因检测技术的普及，越来越多的普通群众开始进行基因检测，但是相关法律保护的缺失和行业监管的缺位使得人民群众的基因信息面临着被泄露的风险，这有可能对个人的工作、医疗和生活造成严重的影响。更为严重的是，我国的基因信息长期面临着被其他国家窃取的风险，20世纪90年代以来，已发生多起基因信息流失的事件。例如，美国BMI公司曾以科学研究为借口，在我国采集了数十万人口的基因数据。甚至还有一部分国内公司或者科研工作者，在与国外机构合作中非法窃取国人的基因信息。[①] 没有任何一个国家或民族会允许基因信息外泄，如果通过掌握的基因信息来研制针对某一特定人群的基因武器，那么后果不堪设想。因此，强调基因信息主权，规定任何国外的组织和个人都不得在我国采集基因信息，这是对我国公众健康和国家安全的保障。

地理信息。地理信息是国家重要的信息资源，其中军事基地、铁路桥梁、军用和民用机场等地理信息对国家安全产生重要影响。设想一旦战争爆发，如果这些重要的地理信息被敌国掌控进而实施精确打击，则会严重威胁到国家安全和利益。并且，一些资源（石油、矿产等）开发领域的基础地理信息如果被窃取，则会使一国在该领域的国际竞争中处于不利地位。随着信息化时代的到来，地理信息安全的维护难度越来越大。一些国家和境外组织可能通过无人机测绘、GPS 定位和测绘间谍等方式窃取国家的地理信息。例如，随着新疆建设步伐的加快，一些测绘间谍假扮成科考或者旅游人员进入我国新疆地区，进行非法的地理信息数据采集，我国有关部门针对新疆地区的各种涉外非法测绘事件的查处不下十起。[②] 此外，个人的地理信息同样对国家安全产生重要影响。当前许多个人通信设备都自带定位服务，能够记录用户的活动轨迹。尽管所有通信公司都会承诺对用户个人信息保密，仅把获取的信息和数据用来提升产品服务，但仍有部分企业被曝将用户个人信息用于其他领域。例如，"棱镜门"事件曝光出为美国国家安全局开放服务器的九大公司中，苹果公司赫然在列。如果通过大数据等信息技术分析出手机用户为国家有关部门工作人员，那么个人地理信息的泄露将会危及国家安全。

---

① 何蓉：《中华人种基因安全保护战略研究》，《中国发明与专利》2017 年第 14 期。

② 杨世军：《坚守地理信息安全 维护国家主权尊严》，《新疆日报》2015 年 12 月 23 日第 2 版。

国防信息。国防信息指的是国家为保障国家安全，在进行军事活动以及与军事有关的经济、政治和文化等活动中所涉及的信息。随着信息通信技术的发展，国外间谍情报机构通过互联网聊天工具进行策反活动，利用策反对象收集和报送信息，这为我国国防信息的维护带来了困难和挑战。境外间谍主要采用"QQ""微信"等网络社交工具，或在各类社交、求职和征婚等多种类型的平台上进行策反活动。例如，2011 年，李某通过 QQ 与境外间谍结识，因受金钱的诱惑，李某长期订购我国境内的军事刊物报送给境外间谍，并长期对我国重要的军事基地进行定点观察，最终国家安全机关将其抓获。[①] 起初，境外间谍先是伪装成普通的身份接近并获取目标对象的信任，让其拍摄街景等地点并给予丰厚的报酬，随着报酬逐渐加大，目标对象抵挡不住金钱的诱惑，最终发展成为策反对象并为境外间谍提供我国的国防信息。可见，国防信息是信息主权中的重要内容，为维护国防信息主权，不仅需要从国家层面进行战略制定，还应对广大群众进行国防信息安全的教育，从群众层面保障我国的信息主权。

（三）信息空间中的信息主权

信息空间中的信息并不像物理空间中的信息一样具有特定的物质载体，因此对于信息空间中信息主权的内容则需要从另一个角度进行界定。信息作为一种资源，它在信息社会时刻影响着国家利益，强调信息空间中的信息主权，就意味着一国对于信息空间中的信息资源享有排他性占有的权力。因此，把信息作为一种资源，我们可以把信息空间中的信息主权划分为信息控制权、信息管理权和信息共享权。[②] 这

---

① 李刚:《境外间谍窃取军事秘密案破获》,《人民日报（海外版）》,2014 年 5 月 5 日第 4 版。

② 任明艳:《互联网背景下国家信息主权问题研究》,《河北法学》2007 年第 6 期。

三者是按国家利益的关联程度进行划分的，涉及国家核心利益的信息资源应实施信息控制权；在这一前提下，信息空间秩序的和谐与否往往会作用于现实世界，因此为保障国家利益应对本国信息空间中的信息进行管理；最后，信息共享权指的是在信息空间中的国际合作中，为达到共同发展的目的，一国可以对一些不涉及国家核心利益的信息资源进行共享。

传统的国家主权有着天然的排他性，但是随着信息时代的到来，人们逐步从传统的物理空间进入虚拟的信息空间，信息空间的去中心化特征与传统主权的权威性发生了冲突，这就使得信息空间中的信息主权需要被赋予新的内涵，从而化解这种矛盾。从法理的角度，信息主权作为一种所有权，它对信息资源具有占有、使用、收益和处分之权能，因此基于这一角度国家可以对信息主权的权能进行一定的让渡，当然这种让渡要以保证国家利益为前提。信息共享权正是在保证国家利益的前提下，对某些信息资源进行共享，以达到各国在信息空间中相互合作、共同发展的目的。

信息控制权。尽管信息空间没有边界，但信息空间中的信息有主权。信息空间中的信息主权指的是在基于本国领土上的信息通信基础设施所产生的信息空间中，国家对本国信息空间中的一切信息资源享有控制、管理和共享等权力。在这之中，涉及国家核心利益的信息资源应进行绝对的掌控，既不能让本国的信息资源随意流出或造成损坏，也不能让国外的信息随意渗透到我国的信息空间之中。一方面，涉及国家核心利益的信息资源（如军事、政治等机密信息）的流出或者破损，将会对我国的国家安全造成严重的威胁，因此必须立足于国家安全的视角对此类信息资源的控制和保护进行顶层设计，以维护我国在信息空间中的信息主权。另一方面，国外信息的渗透同样会严重损害国家利益。例如，美国作为信息强国经常会在信息空间中渗透资本主义的意识形态和价值观念，借助互联网以网络作品、影视、文字等方式渗透这些信息，从而对受众产生潜移默化的影响。这种影响的直接结果是影响或者改变受众的世界观与价值观，使社会的不稳定因素增加。长此以往，甚至有可能颠覆一国的政权，造成国家与社会的分裂。因此，需要对可能给我国意识形态和上层建筑造成危害的外来信息进行严格控制，以保护我国的国家安全不受侵犯。

信息管理权。信息管理权指的是一国有权对本国信息空间中的信息资源进行管理，从而达到保障国家信息安全和维护信息空间秩序和谐的目的。首先，国家有权力在信息空间中制定相应的法律法规，信息空间中的主体是现实生活中真实的个人，他们在信息空间中表达思想、交流观点，构成了真实存在的社会关系。信息空间并不是法外之地，国家需要建立起完善的法律法规，对信息空间中的主体进行交流的媒介——信息进行管理。其次，国家有权对违法有害信息进行处置，并追究从事生产和传播违法有害信息的主体的法律责任和违法行为。例如，近些年来，我国的网络实名制逐渐完善，社交软件和各类论坛中的用户注册都需要提供个人的身份信息认证，这对于阻止网络谣言和违法有害信息的传播起到了积极意义。最后，信息管理权要求国家对个人的信息进行管理和保护。任何个人或组织都不得非法窃取或出售他人的个人信息，对他人的信息权益造成损害。"信息法益是产生于信息空间中的、应受法律保护的社会新的利益表现形式。信息法益从整体上可划分为财产性法益和权利性法益。"[①] 随着信息空间中的违法犯罪活动日益复杂化和多样化，我国应不断丰富和完善相关的法律法规，从而保护个人在信息空间中的合法权益不受侵犯。

信息共享权。信息共享权指的是各国在信息空间中的相互交流与

---

① 高德胜:《信息犯罪研究》，吉林大学学位论文，2008 年，第 79 页。

合作中，一些信息资源可以共同开发、共同享有。但是涉及国家核心利益的信息资源具有排他性和竞争性，因此不能够共享，这是信息共享的前提。信息共享权的另一层含义是指各国能够平等地参与到信息空间的治理中，对于关键性信息资源的分配有平等探讨、参与的权利。信息共享权与传统的主权概念并不冲突，国家主权有对内和对外两种基本属性，对内方面国家主权具有排他性，而对外方面国家主权体现的是一国身份的象征，标志一国能够独立自主地参与到国际事务中。信息共享权是信息主权对外向度的体现，为各国能够在信息空间中平等参与、共同利用奠定了国际合作的基础。习近平总书记指出："网络空间是人类共同的活动空间，网络空间前途命运应由世界各国共同掌握。"① 当前，各国在信息空间中还面临着黑客攻击、有组织的网络犯罪和网络恐怖主义等一系列共同的困难与挑战。面对这些时刻威胁着各国安全的难题，没有哪一个国家能够置身事外，需要各国共享信息资源，以促进这些难题的解决。为此，各国应加强信息空间中的国际合作，寻找各国在信息空间中的利益共同点。

三、倡导和践行信息主权的必要性

主权是一个动态的、发展的概念。国家利益促使主权理论产生，而主权理论又在国家的发展和国际交往中为维护国家利益发挥着重要的作用，主权理论正是在这种相互交织的关系中不断演进和发展。信息主权是信息时代下国家主权在信息领域的自然延伸，强调信息主权的概念，标志着信息资源具有重要的国家战略意义。一方面，信息主

---

① 习近平：《在第二届世界互联网大会开幕式上的讲话》，《人民日报》2015 年 12 月 17 日第 2 版。

权表明了国家能够独立自主地管理和使用本国的信息资源，发展本国的信息通信基础设施和信息产业。另一方面，信息主权也为国家在信息领域的国际合作中提供法理依据，为各国能够平等、有序地参与到信息领域的相关事务中提供了保障。

然而在具体的实践中，尽管物理空间中的信息主权毋庸置疑，但在过去并没有引起足够的重视，从而导致了许多宝贵信息资源的流失。不过随着近些年来公众信息安全意识的不断增强，国家出台了《反间谍法》《中华人民共和国国家安全法》《中华人民共和国人类遗传资源管理条例》等一系列法律法规，有效地维护了我国在物理空间中的信息主权。与物理空间中的信息主权不同，信息空间中的信息主权一直争议不断，反对信息主权的出发点也有多种，如"互联网是全球公域说""利益攸关方主导互联网说""新主权论说"等[1]。基于此，笔者将从国际、国家与社会三个角度对倡导与践行信息主权的必要性进行分析，说明信息主权重要的理论与实践价值。

（一）倡导信息主权有利于提升我国在信息空间中的国际话语权

在现实世界中，国家是国际交往中的权利主体，各国在国际法上地位平等。然而在信息空间之中，主权国家在信息空间中并没有话语权，信息空间的治理完全是由利益攸关方主导。利益攸关方由政府、私营部门和公民社会组成，但在具体实践中利益攸关方的成员多数为美国的企业，这就间接决定了美国对于信息空间的主导权。[2]利益攸关方看似平等，实际上遵循的是弱肉强食的丛林法则，美国可以通过这种方

---

① 方滨兴:《论网络空间主权》，科学出版社 2017 年版，第 365 页。
② 方滨兴:《论网络空间主权》，科学出版社 2017 年版，第 128 页。

式制定出对自身有利的规则，为信息霸权行为披上合法的外衣。并且，凭借着在信息技术上的优势，美国多次在信息空间中实施超越主权的行为，侵犯信息弱国的权益。例如，在 2013 年由斯诺登曝光的"棱镜计划"中表明，美国对于全球的信息进行监控，这些被攫取的信息资源为美国在政治、军事等领域做出了巨大的贡献。可见，从海洋、陆地再到天空，美国对于霸权的追求从来没有停止过，如今美国把对于霸权追求的行为再一次实施到了信息空间之中，企图任意掌控和掠夺信息空间中的信息资源。把信息主权的原则引入信息空间之中，可以使得主权国家在信息空间的治理中发挥更大的作用，争取自身在信息领域中的权益。第 49 次《中国互联网络发展状况统计报告》显示，截至 2021 年 12 月，我国网民规模为 10.32 亿。作为互联网大国，我国在信息空间中产生和传播的信息资源数量巨大。倡导信息主权，为我国从信息大国走向信息强国奠定基石，使我国在信息空间的治理中发挥更大的作用。

（二）倡导信息主权有利于保障国家安全和政权稳固

国家安全包括政治、军事、国土等 11 种安全，在这之中，信息安全与其他各类安全都有紧密的联系。可以说，在信息时代条件下没有信息安全，就没有国家安全，信息安全必须站在国家主权的高度加以保护。具体来讲，信息主权的维护直接关系到国家经济、政治和文化等各领域的安全。在经济方面，信息是否保密和可控对于企业和国家经济的发展具有直接影响。信息一旦泄露，将会对国家的经济利益造成巨大的损失，这正是物理空间中信息主权遭到破坏的体现，进而影响到了经济安全。在政治方面，以美国为首的信息强国经常会利用各种信息媒介进行西方意识形态和价值观的传播，这对我国的社会主义意识形态提出了巨大的挑战，如果处理不好，甚至会影响执政的根基。

习近平总书记指出，要从维护国家政治安全、文化安全、意识形态安全的高度，加强网络内容建设，使全媒体传播在法治轨道上运行。[①] 在全媒体大趋势下，信息无处不在、无时不有。这就要求我们应该在信息的传播中坚持正确的方向引领，宣扬社会主义意识形态。在文化方面，美国经常利用影视、文字和音乐等媒介传递美国的文化信息，以至于有些青少年只知美国的超级英雄与个人英雄主义，而对我国的历史文化与典故知之甚少。文化是一个民族的灵魂，我们应提高信息产品的竞争力，加强信息的传播渠道，从而弘扬我国的优秀传统文化。基于此，捍卫信息主权，表明国家能够独立自主地控制和管理本国的信息资源，既要重视物理空间中的信息主权，也要坚守在信息空间中维护信息主权的立场。

（三）倡导信息主权有利于维护社会的和谐稳定

公民权利是国家主权的基础，国家主权保障公民权利的实现。公民的表达自由是国家尊重并保护的基本权利，它能够反映人民的意愿，也有利于对公权力进行有效的监督。然而这种表达自由并不是绝对的自由，它需要遵守法律法规和公共道德，以不妨碍国家利益和社会稳定为前提。然而随着互联网的普及，信息空间中的去中心化特征分散了国家权力对于信息的管控，各种错误的信息和有害的言论在信息空间中广泛传播，进而反作用到现实世界，这将会引起社会的不安和动荡。互联网的出现最大限度地促进了人们的表达自由，任何个人都能够发布信息、表达观点。但与此同时也出现了不利的一面，由于信息空间中的信息不需要借助任何物质载体就能够表达意义，因此与现实

---

① 《习近平在中共中央政治局第十二次集体学习时强调 推动媒体融合向纵深发展 巩固全党全国人民共同思想基础》，《人民日报》2019 年 1 月 26 日第 1 版。

的物理空间相比，人们有时不是在表达事实，而是更多地创设"事实"。借助这种创设的"事实"，信息空间中的某些个人或群体把具有危害性的信息拼凑其中，从而实现自己的意图。例如，"西方豢养了大量网络职业黑写手，在新媒体上诋毁我国政治制度和建设成就"[①]。针对这些问题，则需要信息主权的介入，对信息空间中的信息进行有效的管控和引导。与其他信息技术不同，互联网从创设时起就存在着主权国家先天缺位的情况，然而随着人们广泛地进入信息空间之中，人们建立起了一个虚拟却真实存在的社会。这个虚拟社会是现实世界的映射，因此同样需要主权的介入。信息主权代表着国家对本国的信息享有控制和管理的权力，这既包括物理空间中的信息，也有信息空间中的信息。国家需要通过行使信息主权对信息进行管理、引导和保护，从而保证社会的稳定和谐。

总的来说，信息主权是国家主权在信息领域的自然延伸，信息时代下没有信息主权，就没有国家主权的独立与完整。信息主权包含着物理空间中的信息主权和信息空间中的信息主权两部分内容。物理空间中的信息主权按不同的物质载体可以划分为基因信息、地理信息和国防信息等内容。信息空间中的信息不依赖于物质载体，但作为一种资源，信息空间中信息主权的内容可以划分为信息控制权、信息管理权和信息共享权。倡导和践行信息主权，对提升我国在信息空间中的国际话语权、保障国家安全和政权稳固与维护社会的和谐稳定等方面具有重要意义。在信息时代，只有深刻认识、把握信息主权，坚定捍卫信息主权的基本立场，才能为我国信息安全的维护和在信息领域的发展奠定基石。

---

① 王传利：《新媒体背景下的网络舆情与意识形态安全》，《人民论坛·学术前沿》2019 年第 7 期。

四、维护中国信息主权的基本举措

（一）加快互联网基础设施建设，打破互联网霸权格局

1. 互联网技术是一把双刃剑

互联网推动了生产力与生产关系的变革，在传统的农业社会和工业社会中，获取物质资源与从事物质生产活动是其中的主要标志。而在信息社会，信息成为比传统的物质和能源更为重要的资源，是推动生产力发展的重要生产因素。互联网不仅深刻地改变着世界，也深刻地改变着中国。进入 20 世纪，在党的统一领导下我国的网信事业发展迅速，网络已经走进了千家万户，融入人们的日常生活之中。人们运用互联网从事信息经济活动创造出了巨大的价值与财富，信息经济逐渐在国民经济中占据主导地位。正因如此，对信息资源的运用和掌控已经涉及国家和人民的根本利益。

互联网不仅影响和改变了人们的生产生活，而且改变了世界的政治经济格局。第二次世界大战以后，美国凭借政治、经济和军事优势在全球范围内推行霸权主义，侵犯和控制他国主权，从而获取利益。随着信息空间的产生并发展成熟，美国再一次把霸权主义推行到信息空间中。然而，与传统的物理空间不同的是，信息空间是虚拟的人造空间，因此信息空间的维持和发展依赖于关键的信息基础设施和信息资源，而这些一直被美国把持。由于互联网领域发展的不平衡，不同国家的信息鸿沟正在被逐渐拉大，而美国对互联网拥有的管理权使它在信息空间中的霸权地位得以巩固，并以此为基础侵犯他国的信息主权。例如，2003 年伊拉克战争期间，美国停止对伊拉克的域名解析，让伊拉克从互联网消失；2004 年 4 月，美国给利比亚断网，让利比亚从互

联网上消失了 3 天；而在非洲一些地区，由于当地国家没有自己的服务器，这就需要使用美国和欧洲的服务器，美国实际掌握了这些国家和地区在信息空间中的路由权。[①] 当然，除非战争时期，美国并不会随意运用停网的方式去侵犯他国的信息主权。在非战争时期，美国更多的是以更加隐蔽的方式发动信息战，运用其掌握的互联网管理权对其他国家进行网络监控，以获取目标国家的政治、经济、科技和军事情报，而这些信息情报大多涉及国家的核心机密。信息主权是国家主权的重要组成部分，与国家的政治主权、经济主权和文化主权联系密切，信息主权产生的影响可以说是牵一发而动全身。习近平总书记指出："互联网技术再发展也不能侵犯他国的信息主权。"[②] 互联网技术对一个国家的安全与主权安全所产生的冲击是前所未有的。它同其他科学技术一样是一把双刃剑，互联网在改变人们生活的同时，也产生了更多新的挑战。

2. 加快互联网基础设施建设，应对来自互联网技术的威胁

ICANN（互联网域名和地址分配机构）是 1998 年在美国注册成立的一个非营利性民间组织，多年来一直代表美国行使着互联网管理权。ICANN 掌握着一种关键的互联网信息资源和一项关键的互联网基础设施。信息资源是互联网域名和地址资源。域名相当于手机通讯录里联系人的姓名，地址则相当于电话号码。关键基础设施是根服务器，负责提供域名解析，使域名和相对应的 IP 地址匹配。互联网域名和地址是国家拓展网络空间的基础资源，而根服务器则为这一资源提供可靠的服务。国际社会早已对美国控制互联网有所警惕，互联网应由国际共治的呼声越来越高。为了应对国际上各国对互联网霸权发起的挑战，

---

① 杨剑：《数字边疆的权力与财富》，人民出版社 2012 年版，第 211 页。

② 习近平：《弘扬传统友好　共谱合作新篇——在巴西国会的演讲》，《人民日报》2014 年 7 月 18 日第 3 版。

美国于 2016 年向 ICANN 移交了管理权。但这只是为了掩人耳目，事实上 ICANN 依然要受到美国当地司法的管辖。美国这样做只是为了避免国际的声讨，把互联网的管理权私有化，企图永久性地掌控互联网，推行网络霸权。

目前来看，互联网国际共治的模式在短期内无法实现，所以中国应加快互联网基础设施建设，从而应对来自互联网技术的威胁。关键基础设施包括域名系统、操作系统、大型数据库等，这些基础设施是捍卫我国信息主权的基石。例如，根服务器掌握在美国等极少数国家手中，如果西方国家对华发动信息空间战，注销我国的顶级域名，将会使我国处于极其被动的位置。随着时间的推移，互联网核心技术必定会向外围国家扩散，其中一些稀缺资源也会变得丰富和充裕起来。但是，随着信息技术的不断发展，围绕新资源的争夺还会继续。中国只有在核心技术的竞争中处于优势地位，才能保障信息主权的稳固。

（二）建设网络强国，捍卫信息主权

党的十八大以来，党高度重视网信事业建设，在党的统一领导下我国网信事业取得了令世人瞩目的成就。我国的信息化水平稳步提高，为广大群众带来了水平更高的信息化服务能力，使人民有了更多的获得感和幸福感。以我国的移动支付为例，目前，中国在移动支付领域已经遥遥领先于其他国家，扫码支付几乎随处可见，很多外国人来到中国都惊叹中国信息技术的发展。然而，在取得一系列成就的同时也要清醒地认识到，我国是网络大国并非网络强国，信息化高速发展的背后带来的是网络安全的隐患。党的十八大以来，党高度重视网络安全和信息化问题，习近平总书记发表了一系列关于网络安全和信息化的重要论述。习近平总书记指出："网络安全和信息化是一体之两翼、驱动之双轮。"① 从习近平总书记的论述中可以看出，首先，网络安全和信息化是一个统一的整体，二者缺一不可。其次，没有网络安全就没有国家安全，因为在信息社会的发展过程中，忽略了网络安全的建设，将导致重要的信息资源面临被其他国家窃取的风险，将会对信息主权和国家安全造成威胁。因此，建设网络强国，是维护我国的信息主权和保障信息化发展的必由之路。下面将从技术、军事、法律等三个方面论述建设网络强国，从而捍卫信息主权的具体举措。

1. 加强信息技术支撑，打造捍卫信息主权的国之重器

核心信息技术是捍卫信息主权的国之重器，只有做到核心技术掌握在自己的手中，才能掌握竞争和发展的主动权。以大数据技术为例，大数据相关技术主要包括数据采集、数据存储、数据分析以及数据可视化处理。目前，国内多数大数据工具还是基于国外核心技术开发。一些互联网中的大数据，大部分掌握在外资企业的手中，他们运用强大的数据处理分析技术进行分析，这些数据不仅会提高国外企业的竞争力，如果发动信息战，这些泄露的数据还将变成攻击我们最有力的武器。党的十八大以来，我国对大数据技术高度重视，从顶层设计到行业应用，采取了一系列措施加强信息技术的支撑。2014 年 3 月，大数据首次写入政府工作报告；2017 年 12 月，习近平总书记在中共中央政治局第二次集体学习时指出，推动实施国家大数据战略，加快完善数字基础设施。②

2. 强化军事力量，筑牢保卫信息主权的基石

要维护信息主权，就必须建设网络强国；建设网络强国，必须有

---

① 王传利：《新媒体背景下的网络舆情与意识形态安全》，《人民论坛·学术前沿》2019 年第 7 期。

② 《审时度势精心谋划超前布局力争主动 实施国家大数据战略加快建设数字中国》，《人民日报》2017 年 12 月 10 日第 1 版。

强大的信息军事力量作为保障。在信息空间中各主权国家享有自卫权，但这并不代表军事力量仅限于保护己方的军事信息系统上，一方面要保护本国的关键信息基础设施，另一方面当敌国发动信息战时，我国要有进行快速反击和打击地方信息网络设施的能力。如今，世界各国都越来越重视信息军事力量建设。美国是最早组建和发展网络部队的国家，早在 1991 年第一次海湾战争中，美军运用网络手段攻击伊拉克，致使伊拉克防空电脑控制系统失灵。在 2003 年的伊拉克战争中美国对网络信息战的运用更加成熟，在战争前夕，伊拉克许多军政要员都在他们的邮件中收到了美国的"劝降信"，动摇了伊拉克方面的"军心"。除此之外，美国历届政府都会出台文件对信息军事力量进行顶层设计。2002 年，布什签署"国家安全第 16 号总统令"，美国开始制定网络空间行动战略，随后海军、陆军和空军的网络部队相继组建。2005 年，美国国防部出台《国防战略报告》，将网络空间定义为与其他空间同等重要的第五空间，网络部队的建设进程加速。奥巴马上台后，分别于 2011 年和 2015 年推出《网络空间行动战略》和《国防部网络战略》两份战略报告，为网络部队建设指明了方向。特朗普上台后出台了网络安全战略报告，美国国防部发布 2018 年版《国家军事战略》概要，提出实行"一体化军事战略"，美军开始进行集成化的战略转型。2021 年拜登政府上台后，"以意识形态分歧为由，拉拢盟友对中国的国际数字经济合作进行抵制和围堵"[①]。此外，欧洲各国如英国、德国，还有俄罗斯等国家都在积极建设自己的网络部队。

面对这种情况，只有积极建设我国的信息军事力量，才能在未来的信息空间发展中保障我国的信息主权不受侵犯。为此，我国应该以

---

① 王天禅：《美国拜登政府网络空间国际战略动向及其影响》，《中国信息安全》2021 年第 6 期。

"总体国家安全观"为指导，来建设信息国防体系和军事力量。我国信息主权的威胁不仅局限于信息空间领域，更渗透到经济、政治、文化等各领域，建设军民融合的信息防御体系是我国信息国防建设的重点。以军队为主导，政府和企业通力配合，共同构建军队积极的信息防御体系。例如，民间互联网企业通过云计算等技术，对手中掌握的海量信息资源进行情报分析，将发现的威胁目标或者潜在威胁因素及时汇报给军方，从而能够及时对威胁做出应对。此外，由政府协调，对信息技术和信息资源进行统一整合，推动关键要素的双向流动转化。不断改进军队的信息基础设施，补充信息军事力量的人才资源，提升我军的信息技术水平和运用信息技术的能力，从而真正做到网络信息体系中的军民融合，共同捍卫我国的信息边疆和信息主权。

（三）完善法律规范，构建安全有序的网络空间

法律是维护主权的重要保障，我国的信息主权同样需要制定与之相适应的法律法规，保护我国的信息安全和网络安全。自从我国 1994 年正式接入国际互联网以来，我国颁布了多项相关的法律法规。如 2002 年通过的《全国人民代表大会常务委员会关于维护互联网安全的决定》，将利用互联网侵犯信息主权的一系列行为如通过互联网窃取、泄露国家秘密、情报或者军事秘密等，纳入刑事责任中。2004 年通过了《中华人民共和国电子签名法》，为维护电子交易各方的合法权益，保障电子交易安全创造了良好的法律环境。然而，随着信息技术的不断发展，维护我国信息设施和信息资源安全的难度加大，原有的法律法规已经滞后于网络空间的发展。与欧美国家在网络治理和网络立法的情况相比，我国网络空间法律治理体系仍需建设完善。

第一，在立法层面加强维护信息主权的能力。以总体国家安全观为指导，近些年我国逐渐完善了相应的法律法规，逐步构建起安全有序

的网络空间。在 2015 年颁布的《中华人民共和国国家安全法》中，我国首次以法律的形式提到了网络空间主权的概念。随后，在 2016 年我国通过了《网络安全法》，该法对于维护我国的信息主权具有标志性意义，代表我国网络空间的治理进入顶层设计的阶段。与此同时，我国还出台了一系列有关网络安全和网络治理的部门规章，如 2017 年发布的《互联网新闻信息服务管理规定》和《互联网域名管理办法》，2019 年的《区块链信息服务管理规定》。从维护信息主权的角度来看，我国已经开始构建起维护信息主权的法律体系，但仍存在一些问题，如与《网络安全法》相配套的下位法尚不充足，对威胁信息主权的新型因素缺乏惩治措施等。因此，未来我国仍应继续完善法律法规，构建安全有序的网络空间，为维护信息主权提供良好的环境。

第二，在执法层面加强维护信息主权的能力。一方面，加强网络执法人员队伍建设。对危害信息主权的不法行为，网络执法人员应及时出击，依法对违规和不法行为进行查处。另一方面，升级网络执法装备。针对网络风险监控，执法人员可以通过云计算等技术，对手中掌握的海量信息资源进行情报分析，将发现的威胁目标或者潜在的威胁因素及时进行分析，从而能够有效针对威胁采取相应措施。

第三，守法层面加强维护信息主权的能力。在信息时代，新闻舆论作为一种信息资源，其在传播过程中产生的影响无法估计，甚至能影响到国家的政权。可以看到，21 世纪以来中东北非地区爆发的一系列颜色革命中，境外社交媒体发挥的煽动民众心理的作用是十分强大的，可以看到西方国家在媒体舆论中的控制作用。这些侵犯他国信息主权、超越国家实体边界的舆论控制与信息引导，不能不引起主权国家的警惕。加强网络安全普法教育，使公民在网络中不随意散播谣言和错误言论，增强公民的责任意识。同时，如果在网络中遇到敌对势力的干扰和破坏，应学会运用法律途径解决问题，及时上报给网络监管部门。通过开展网络安全教育，为维护信息主权提供广泛的社会支持。

五、小结

随着信息技术的迅猛发展，主权领域已不再局限于传统的物理空间，而是向虚拟的信息空间延伸。信息空间突破了传统物理空间的限制，它的去中心化特征和边疆的不确定性为维护国家的主权安全带来了新的挑战。由于信息技术的变革，信息的传播速度加快并且信息的传播范围逐步扩大，信息资源在军事、经济和政治等领域都具有重要的价值。维护信息安全的难度空前加大，信息资源能够超脱物理的边界从而被其他国家窃取、掌握和利用，进而对国家安全产生极大的威胁。信息主权是国家主权在信息领域的自然延伸，它包括物理空间和信息空间两个部分的内容；信息主权对内意味着国家对在其领土之中的一切信息活动所产生的信息资源的绝对掌控，对外意味着各国能够独立自主地从事信息领域的活动，任何国家不得干涉或侵犯其他国家在信息领域中的权益。

信息空间的产生并没有使主权理论过时，它在发展到一定程度之后，成为各国发展、相互合作的新场所。围绕国家利益所发展的国家主权理论自然延伸到信息空间之中。国家主权理论的实质其实是国家利益的体现，国家主权理论变迁所围绕的核心始终都是国家利益。因此，我们需要以物质载体为划分方法，并以国家利益为依据，进而涵盖物理空间中信息主权的具体内容，其中包括基因信息、地理信息和国防信息等三类内容。信息作为一种资源，它在信息社会时刻影响着国家利益，强调信息空间中的信息主权，就意味着一国对于信息空间中的信息资源享有排他性占有的权力。

　　随着信息时代的到来，人们逐步从传统的物理空间进入虚拟的信息空间，信息空间的去中心化特征与传统主权的权威性发生了冲突，这就使得信息空间中的信息主权需要被赋予新的内涵从而化解这种矛盾。尽管信息空间没有边界，但信息空间中的信息有主权归属。信息空间中的信息主权指的是在基于本国领土上的信息通信基础设施所产生的信息空间中，国家对本国信息空间中的一切信息资源享有控制、管理和共享等权力。一方面，涉及国家核心利益的信息资源的流出或者破损，将会对国家安全造成严重的威胁，因此必须立足于国家安全的视角对此类信息资源的控制和保护进行顶层设计，以维护我国在信息空间中的信息主权。另一方面，国外信息的渗透同样会严重损害国家利益。信息管理权指的是一国有权对本国信息空间中的信息资源进行管理，从而达到保障国家信息安全和维护信息空间秩序和谐的目的。信息共享权指的是各国在信息空间中的相互交流与合作中，一些信息资源可以共同开发、共同享有。

　　维护信息主权对于国家安全与发展具有特殊的战略意义。首先，倡导信息主权有利于提升我国在信息空间中的国际话语权。其次，倡导信息主权有利于保障国家安全和政权稳固。最后，倡导信息主权有利于维护社会的和谐稳定。在未来，我们可以通过加快互联网基础设施建设，打破互联网霸权格局；加强信息技术支撑，建设网络强国；完善法律规范，构建安全有序的网络空间等举措进一步维护国家信息主权。

第十二章　外层空间权力的实践研究

外层空间与海洋空间、信息空间具有相似性，都是随着技术的发展被人类逐渐开拓的新领域。关于外层空间是否具有主权目前学界存在较大争议。笔者试图从理论与实践两个维度表明，外层空间是有待发展的主权空间。当前，我国亟须树立外层空间主权意识，从国家战略的高度长远规划，为外层空间这个待发展的主权空间积蓄力量。

一、外层空间概述与外层空间主权争议

（一）外层空间概述

外层空间与太空的含义相同，是指空气空间以外的空间区域。外层空间是一个物理概念，在外层空间中，包含着各类天体以及悬浮物质，它们都按照宇宙中飞行动力学的相关规律运动着。与传统的陆地空间和海洋空间不同，迄今为止人类对地球上的大部分空间区域都已探索完成，但外层空间具有广延性，受技术发展水平的限制，当前人类在外层空间中能够实现载人往返的距离仅为地球和月球之间。但这不会阻挡人类探索太空的脚步，目前，人类仍在研究和发射太空探测器，对各类行星和宇宙进行更加广泛的探索。一直以来，外层空间和领空之间的划界问题存在着争议，主流的"空间论"有按照空气构成

划分和航空器向上飞行的最高高度划分两种主张。然而，由于技术水平不同，并且各个国家之间存在不同的需求和情况，很难达成客观一致的标准。

领空与外层空间在国际法上具有不同的法律地位，因此两者之间的划界问题一直是争论的焦点。领空是一个国家领土主权的重要组成部分，与领土和领海是并列的关系，国家对本国的领空具有绝对的管辖权。联合国大会通过，现已有 129 个国家签署的 1967 年的《外层空间条约》（简称《外空条约》）是第一个全面规范外层空间活动的国际法律法规，在外层空间和平秩序的构建中发挥着基石性作用。条约明确了不得占为己有原则，即任何国家不得对外层空间提出主权要求，各国可以自由进入和利用外层空间的任何区域。可以看出，划界问题关系到两个空间不同的法律适用范围，这直接影响到各国国家利益的实现。国家掌控和享有对该国领空的全部权益，但任何国家作为主权实体进入外层空间后，需要把权力进行让渡，在协商合作的前提下获取外层空间中的权益。例如，在 1976 年，巴西、哥伦比亚、刚果等八个赤道国家共同签署了《波哥大宣言》，宣言中认为地球同步轨道作为一种有限资源，随着空间技术的发展，其重要性越发突出。因此，《波哥大宣言》要求赤道各国对其上空的地球同步轨道享有永久主权。虽然与《外空条约》中的原则相悖，但从《波哥大宣言》中可以看出国际法的发展规律，即根据国家利益的变化，国家权力不断向新的领域延伸，这一政治现实也在不断推动着国际法的改变和发展。从《波哥大宣言》中可以看出，外层空间和领空的界限并不是固定不变的，随着空间技术的发展，国家权力将由领空逐渐向外层空间渗透。

（二）外层空间的主权争议

外层空间是继传统的陆、海、空之后，人类的又一个新的活动与发展空间。随着空间技术的发展，越来越多的国家和私人个体加入外层空间的活动中，这对外层空间的格局与秩序产生了深刻的影响。人类对外层空间的探索始于冷战时期，1957 年，苏联成功发射了第一颗人造卫星，这被国际社会普遍认为是人类进行外层空间活动的起点。苏联人造卫星发射成功引起了美国的恐慌，外层空间作为战略制高点，将其武器化必然会给敌对国家带来毁灭性的打击。因此，美苏两国在积极研发空间技术的同时，防止外层空间的军备竞赛成为冷战时期外层空间的关注重点。在这一背景下签订的《外空条约》规定了自由探索和利用、不得据为己有、限制军事化等原则，为外层空间和平秩序的构建发挥了重要作用。然而，冷战结束后，美国凭借在外层空间中拥有的绝对技术优势，极力谋求太空霸权。21 世纪以来，美国历届政府都会出台外层空间战略，其独霸外层空间的企图进一步加剧了军事冲突的可能，违背了《外空条约》的和平宗旨。除此以外，外空资源开发也对《外空条约》产生了极大的冲击，小行星采矿成为现实，使不得占为己有原则产生了根本性的动摇。种种现象表明，经过了 50 多年的发展，《外空条约》的部分原则和内容已经无法适应外层空间实践的需要，私营公司的航天活动、月球及其他外空资源的分配、外空环境的维护都需要新的条约去规范。

　　然而，在外层空间新一轮的竞争中，外层空间主权始终是一个不能回避的问题。主权是国家权力的集中体现，也是规范国际秩序的基石。传统空间领域的实践表明，国家行为所及之处，主权也必将如影随形。在《外空条约》已不能完全适应外层空间国际政治现实发展的情况下，外层空间可能成为各国争夺的新疆域。基于这种情况，是否需要把主权原则重新纳入外层空间的国际法律规范之中？并且，在传统空间领域中，主权原则的行使方式也有所不同。在海洋空间中，《联合国海洋法公约》规定了各国对领海具有完全的主权，而在经济专属区和大陆架上具有主权权利和管辖权，这一规定是由海洋主权和领土主权的关系，以及地域性差别所决定的。距离领土主权关系的远近决定了主权的效力和各国之间海洋行为的法律关系。对外层空间而言，如果国家在外层空间中的主权权利得到承认，那么如何对主权理论进行改造，从而规范国家在外层空间中的行为是值得思考的重要课题。

目前，关于外层空间是否具有主权仍然存在较大争议，观点主要集中在以下两个方面。一方面，承认确实存在外层空间主权。王国语认为，"在外空的主权"和"对外空的主权"是两个不同的概念，"对外空的主权"实质体现为在外层空间的领土主权，但任何国家不具有对外层空间的所有权，这显然不利于外层空间的和平开发，将会导致矛盾的激化。事实上，各国对外层空间是"共用"，而非"共有"，各国在外层空间中能够行使主权权利。除了外层空间本身以外，各国对其中的人、物（外空活动的载体）和行为都具有管辖权。因此，"在外层空间的主权"是实际存在并具有正当性的。[①] 王昭认为，在现实政治逻辑和法理层面上都能够说明主权存在于外层空间中。从现实政治逻辑层面，国家为了获取外层空间中的利益，必然要把国家权力延伸到新的领域，这为外层空间主权的产生提供了基础；从法理层面，《外空条约》对主权限制的规定，实际上预先承认了国家主权权利存在于外层空间中，外层空间并不是主权无法延伸的领域，而是在该领域中需要对国家的主权权利进行限制。[②] 萨拉·布伦斯对火星殖民做出了设想，认为虽然历史上关于主权的争端很多，但也有一些例子表明，主权国家通过合作从而实现了共同目标，而不是在边界和控制方面产生矛盾。"合作主权"的概念甚至表明，在一个日益相互依存的世界里，国家间

[①]　王国语：《外空、网络法律属性与主权法律关系的比较分析》，《法学评论》2019 年第 37 期。

[②]　王昭：《〈外空条约〉中"不得据为己有"原则面临的困境》，辽宁大学学位论文，2019 年。

的合作是主权概念本身的一个关键因素。因此，在火星建立的人类共同生活的行星公园中，不存在主权。但除此以外的外层空间中，应当允许有限制的主权存在。①

另一方面，一些学者认为外层空间是主权无法延伸的领域。例如，徐能武认为，通过主权原则进行空间产权的划分，各国对空间产权有了清晰的界定，这促进了各国对地表和大气层的有效利用。但外层空间远离人类所居住的地球，并且不像领土、领海和领空有着明确的界限，因此主权原则无法延伸到外层空间。②冯国栋认为，外层空间与海洋空间有着高度的相似性，外层空间与公海一样都属于全球公域，应该为全人类平等开放，各国自由探索和利用，因此需要在外空中排除主权主张。③维吉尔·波普分析了《外空条约》关于土地产权的不占有原则对天体的影响，认为外层空间的土地属于主权范围之外，但其生存有赖于主权实体的认可。唯一有权管理和认可外星不动产的主权实体是整个国际社会通过联合国的名义，为人类的利益托管外星不动产。因此，任何国家对外层空间不具有主权。④

根据以上文献梳理可见，承认外层空间存在主权的观点认为，主权是国家权力的集中体现，基于国家权力向外层空间延伸的事实，主权也必然延伸到外层空间中。但与领土主权不同，外层空间主权更强调主权的权利维度，即要对主权进行限制，强调合作、包容和协商等内容。否认外层空间存在主权的观点认为，外层空间属于全球公域，并不像

---

① Sara Bruhns, Jacob Haqq-Misra. "A pragmatic approach to sovereignty on Mars", in Space Policy, 2016, 38, pp.57-63.

② 聂明岩:《"总体国家安全观"指导下外空安全国际法治研究》，法律出版社 2018 年版，第 3 页。

③ 冯国栋:《论外空自由的法理内涵与权利边界》，《法商研究》，2016 年第 33 期。

④ Virgiliu Pop. "Appropriation in outer space: the relationship between land ownership and sovereignty on the celestial bodies", in Space Policy, 2000, 16（4），pp.275-282.

领土主权一样具有明确的界限，因此无法用主权原则进行外层空间权属的界定。

二、外层空间是有待开发的主权空间

长期以来，公海、南极领域和外层空间被界定为全球公域，《联合国海洋法公约》《南极条约》《外空条约》等条约均从国际法的层面规定了这些地区为全人类共同所有，其中的资源和财富是全人类共同的财产，同时都明确指出任何国家不能对被定义为全球公域的领域提出主权要求。因此，全球公域这一去主权化特征的概念为各国在外空领域行使主权权利，维护外空资产和利益带来了理论障碍。然而，从理论逻辑和实践逻辑两个维度详细考察全球公域的内涵，可以发现这一概念本身存在的矛盾和割裂。外层空间并不属于全球公域，而是由新技术的发展所产生出的全新的主权空间。

（一）外层空间主权的理论逻辑与实践逻辑

从理论逻辑层面看，公域指的是法律概念中的公有地或者无主地，而公有地和无主地的核心是产权问题。公有地的前提是所有权明确，为主权者所有。无主地意味该物不属于任何人，可以被占有变为私人财产。如果把全球公域解释为公有地，说明外层空间的所有权明确，但现实情况是各国都不能独享外层空间的所有权，并且由于没有超主权者的存在，外层空间的所有权也不归属于联合国。相反，如果把全球公域解释为无主地，则会根据占有权利推定规则，导致各国对外层空间资源展开激烈的争夺。占有权利推定规则指的是在产权不明确的情况下，如果被一方长期占有并使用一段时间后，该物的产权便会得到承认，归占有人的一方所有。可以看到，"公有地的问题在于产权不够明晰,当其被视为无主地时,便存在被私有化的可能"①。全球公域的去主权化特征与公域本身的公有地所有权明确相矛盾,而全球公域的财富为全人类共同所有也与无主地的竞争性不相符。因此,把公域这一原本在国内领域的概念放到国际领域中是不适用的,外层空间不应界定为全球公域。

从实践逻辑层面看,《外空条约》是冷战的产物,在美苏两国进行军备竞赛的背景下,把外层空间界定为全球公域,实质上是为了缓和美苏两国的军事冲突,禁止外空的武器利用,从而在外空中对主权进行了限制。然而,随着1991年苏联解体,外层空间的民用价值和经济价值越发凸显,外空技术的民用功能甚至在很大程度上超过了军事功能。限制主权的原则与现今各国大力研发空间技术,谋求在外层空间中的主权权利不相符。因此,全球公域与主权原则的冲突不可避免。并且,美国作为全球公域概念的推行者,也在外层空间的实践中对这一概念进行了否定。2015年,美国通过的《外空资源开发法案》为本国私人实体开发、占有外空资源提供了可能。这种通过国家行为体以国内立法的方式进行授权,赋予私人实体以太空资源的产权或所有权的做法,实际上就是变相地为美国谋求外层空间天体和资源主权。2018年3月,特朗普政府公布了《国家太空战略》,该战略的重要目标之一是进行太空军建设,通过研制太空飞机、加强天基防御导弹系统建设和组建太空司令部等方式,进一步加强美国在太空的战略威慑。这表明,在必要时美军将把太空资产的保护延伸到私营太空资产。在美国以往的太空战略中,都表示遵守《外空条约》的各项原则,但在特朗普政府出台的外空战略中,根本找不到关于天体不得占为己有的表述。② 美国政

---

① 郑英琴:《全球公域的内涵、伦理困境与行为逻辑》,《国际展望》2017年第9期。

② 何奇松:《特朗普政府的太空战略》,《国际问题研究》2019年第2期。

府近些年的外空实践表明，外层空间并不是全球公域，特朗普政府将《外空条约》涉及限制主权的原则模糊化，为未来美国进一步谋求外层空间中的天体和资源主权留有余地。

总的来说，无论是理论逻辑还是实践逻辑，外层空间都不应被理解为全球公域，而是有待发展的主权空间。从海洋主权和信息主权的发展史来看，只要国家行为体介入一个新的领域中，国家主权就必将如影随形。地理大发现以后，围绕海洋主权和海洋自由的争论一直持续到了 20 世纪，历经三次联合国海洋法会议的反复商讨和研究，终于在 1982 年通过了《联合国海洋法公约》。在《联合国海洋法公约》中，主权原则仍然是维持海洋秩序的重要原则。而信息空间诞生后，信息空间是全球公域的观点一度占据了主流。随着信息技术的发展以及国家行为体在信息空间活动的深入，信息主权的概念逐渐被各国接受。外层空间与海洋空间、信息空间具有相似性，都是随着技术的发展被人类开拓的新领域。然而，对外层空间的探索方兴未艾，外层空间仍是有待发展的主权空间。

（二）制约外层空间主权发展的主要因素分析

目前来看，制约外层空间主权发展的因素主要有以下几点。第一，各国空间技术水平的差异。有些国家的空间技术很早就达到了能够探索宇宙的水平，但有些国家连自己的领空权都无法有效捍卫，目前为止世界上只有少数国家能够担负起进行外空活动的昂贵费用。"主权的基本范畴只有在国家之间有相互交往的需求，同时又不愿被一个国家主导时才会表现出来"[1]，就外层空间而言，各国在外层空间的交往活动才刚刚起步，但中国、俄罗斯、欧盟、日本、印度等国航空事业的发展，

---

[1]　王逸舟：《树立世纪之交的新主权观》，《瞭望新闻周刊》2000 年第 29 期。

将会进一步制衡美国主导外层空间、谋求太空霸权的企图。因此，主权原则的外层空间的发展有赖于空间技术的进步，随着各国航天事业的壮大，为了保护各国在外层空间的各种资源和权利，主权原则将会进一步落实到外层空间中。

第二，传统主权理论无法满足外层空间发展的需要。主权是一个动态的、发展的概念，必须随着历史的发展不断演进，赋予其新的内涵。一方面，纵观主权理论的发展史，其实已经进行过多次变革。从资产阶级革命的推动下诞生的人民主权，到 20 世纪末全球化的发展对主权理论进行的革新，可以看出主权理论展现出的持久生命力，其生命力源于它在国际社会中维系民族国家关系所起到的基石性作用。另一方面，从空间发展的角度来看，在海洋空间中各国一直对海洋主权有着巨大的分歧。因此，在尊重海洋空间与陆地空间差异基础上，《联合国海洋法公约》按照距离各国领土的远近，对主权原则进行了新的调整，以适应各国在海洋空间中的利益需求。除了 12 海里的领海主权外，还规定了各国对专属经济区和大陆架的主权权利。外层空间与海洋空间也存在着巨大的差别，并不能根据领土主权的距离对外层空间主权进行划分。因此，在外层空间中需要对主权理论进行新一轮的完善和调整，从而适应外层空间本身的发展规律和各国在外层空间进行交往的政治规律。

第三，外层空间国际关系的发展受大国制约。无论是传统的陆地空间，还是自近代以来人们不断探索和开发的海洋空间，主权原则始终是维持国际关系稳定的基石。但需要注意的是，主权原则在国际关系发展到一定程度时才被各国接受。最典型的例子是在殖民主义时期，殖民地国家的主权被全盘剥夺，这一时期的主权实际上是殖民国家的特权，成为欧洲列强进行殖民掠夺的借口和依据。直到第二次世界大战后，殖民地国家纷纷取得独立，主权原则才真正得以实现。长期以来，中国始终坚持为了和平目的探索利用外层空间，努力实现外空包容性发展。外层空间目前的国际关系发展才刚刚起步，而美国作为外层空间的霸主，正在凭借此前积累的优势进一步谋求绝对的优势和霸权，这对构建和平有序的外层空间秩序极为不利，外层空间主权原则的发展也必将受到影响。一方面，美国不断增强外层空间的军事实力，使其能够保证对敌对目标进行空间打击，这对其他国家在外层空间的主权权利构成了威胁。另一方面，美国以国内立法的方式解决外层空间资源开采的问题，通过企业的私有权力将外层空间的所有权占为己有，这种做法实质上是美国政府把外层空间资源私有化，从而变相地谋取永久性的外层空间天体和资源主权。在这种背景下，世界各国需要发展自身的外层空间技术，打破美国主导的外层空间霸权秩序，让主权原则继续在外层空间中发挥作用，构建相互尊重、平等互惠的外层空间国际关系。

尽管外层空间主权的发展受多种因素的制约，但不可否认的是，外层空间的主权已经存在，各国的外层空间实践也证明了这一点。目前，外层空间是有待发展的主权空间，各国的主权范围既包括已经确定的人、物和其他利益载体，也包括还未确定的、尚未取得共识的外层空间土地及各种资源。因此，在外层空间的各种资源和土地权属不确定的情况下，中国需要加大科技研发与探索力度，通过和平研发探索的方式，为中国发展获取必要的动力和资源。与此同时，也为日后中国对外层空间部分土地主权的实现打下基础。

三、维护与发展外层空间主权的中国对策

外层空间是由人类空间技术的发展所开拓的新领域，然而人类对外层空间探索的最初目的与军事利用密切相关。随着空间技术的

日益成熟，太空日益成为大国军事战略的制高点。并且，由于受大国外层空间军事化的威胁，一些中小国家也加入其中，展开对外层空间军事化相关的开发研究。从目前各国在外层空间中的实践活动可以看出，外层空间的军事化已经是无可争议的事实。外层空间的军事化使各国在外层空间中的主权受到了严重威胁，试想一旦太空战争爆发，各国外层空间主权范围内的卫星和各类航天仪器将成为直接的打击目标。

2019 年，中国国防部发布的《新时代的中国国防》白皮书强调："太空是国际战略竞争制高点，太空安全是国家建设和社会发展的战略保障。"[①] 维护外层空间安全不仅是为了保障外层空间主权，也是维护国家安全和国家主权的重要一环。外层空间是国际战略竞争的制高点，在外层空间占据优势的国家能够利用太空武器对其他国家的天基、地基、海基作战系统进行打击，具有强大的威慑力。并且，军事监测卫星可以对地面的战略目标进行监视，在情报搜集、国防预警和指导作战上发挥重要作用。可以说，探索外层空间的正当权利是否能够得到有效的保障直接影响到国家政治、经济、社会、国防等各领域安全。因此，维护与发展外层空间主权，有利于保卫我国的太空资产、维护国家安全与利益，也是中国走向航天强国，进而实现社会主义现代化强国不可缺少的环节。维护与发展外层空间主权，中国需要明确外层空间安全建设的理念；加快我国空间技术的创新与研发；构建军民融合的外层空间安全体系。加大对外层空间的开发和探索力度；还要以"人类命运共同体"理念为指导，努力构建和平互惠的外层空间国际关系，反对太空霸权。

---

① 新时代的中国国防，中国政府网，http://www.gov.cn/zhengce/2019-07/24/content_5414325. htm.2019-07-24.

（一）明确外层空间安全的建设理念

理论是实践的先导，外层空间不同于传统的陆地空间，外层空间的安全建设要有明确的理论指导。一方面，维护外层空间安全，重点是保障已经确定的主权客体。正如前文所述，国家在外层空间的主权既包括人、物和其他利益载体，也包括外层空间土地这种有别于传统国土的可发展领土。但前者是既成事实的主权客体，而后者是有待发展的主权客体，两者不能一概而论。基于目前空间技术的程度和各国在外层空间的利益博弈，外层空间土地及其所属资源在权属上仍存在较大的争议，对这种可发展领土达成共识仍需要一段相当漫长的时间。因此，国家维护外层空间安全的战略重点仍需放在已确定的主权客体上，如航天员、航天仪器、各类军事与民用卫星和其他的太空资产。对于有待发展的外层空间主权客体，应当以行使使用权和收益权的方式，对其进行积极的开发和利用，以便在未来对外层空间部分土地和资源主权的实现准备条件和积蓄力量。另一方面，外空军事化与外空武器化是两个不同的概念，国家在增强外层空间军事实力的同时，仍需在防止外空军备竞赛及武器化上继续加强国际沟通与合作。从定义来看，外空武器化指的是在外空部署和使用武器的趋势，外空军事化是比外空武器化更宽泛的概念，其含义既包括外空武器化，也包括对外空进行军事利用，从而增强己方以地球为基地的传统军事上的作战效能。[①]由于外层空间的无边界特性，外空武器化对外空安全的影响并非局部性的，而是全局性的。例如，一国利用外空武器对敌国的外空资产进行攻击，会导致外层空间中产生大量的空间碎片，这些空间碎片难以

[①]　蒋圣力：《外层空间军事对抗的国际法探析》，《北京航空航天大学学报（社会科学版）》2018 年第 31 期。

在短时间内有效清理，必然会威胁到其他国家的外层空间安全。因此，我国既需要坚持防御性的国防基本路线，增强维护外层空间安全的实力，也要在国际上努力防止外空军备竞赛及武器化，只有这样才能够维护好中国探索外层空间的正当权益。

（二）加快我国空间技术的研发与创新

维护外层空间的安全离不开技术的支持，自主研发与创新空间技术是我国维护外层空间战略的立足点。以卫星技术为例，可以说，从1957年苏联发射第一颗人造卫星的时候，太空便被赋予了军事化的意味。直至今天，卫星技术的影响已经扩大到人类的生产和社会生活，对国家的经济、政治、社会、国防都有着重要的影响。卫星技术作为典型的空间技术，对国家安全至关重要。我国在之前的很长一段时间里，一直高度依赖美国研发的全球卫星定位系统（GPS），GPS全球精确定位与提供地理情报的强大能力，给我国造成了极大的安全隐患。为了确保国防安全，我国必须自主研发与创新，打破空间技术受制于人的局面。在这方面，我国自主研发的北斗卫星导航系统为维护国家安全提供了重要的技术保障。2018年年底，北斗三号基本系统建成并开始提供全球服务，这样就避免了在突发战争中受制于人的情况，对于保障国家安全具有重要意义。除此以外，我国在坚持空间技术的自主研发与创新的基础上，还要从国际方面深度参与空间技术的交流，尽可能借鉴其他国家在外层空间的探索与研发方面的优秀成果，从而推动我国的空间技术的发展与进步。

四、小结

外层空间是继传统的陆、海、空之后，人类的又一个新的活动与发展空间。在美苏两国积极研发空间技术的同时，防止外层空间的军备竞赛成为冷战时期外层空间的关注重点。21世纪以来，美国历届政府都会出台外层空间战略，其独霸外层空间的企图进一步加剧了军事冲突的可能，违背了《外空条约》的和平宗旨。在外层空间新一轮的竞争中，外层空间主权始终是一个不能回避的问题。对外层空间而言，如果国家在外层空间中的主权权力得到承认，那么如何对主权理论进行改造，从而规范国家在外层空间中的行为是值得思考的重要课题。

事实上，各国对外层空间是"共用"而非"共有"，各国在外层空间中能够行使主权权利。除了外层空间本身以外，各国对其中的人、物（外空活动的载体）和行为都具有管辖权。因此，"在外层空间的主权"是实际存在并具有正当性的。在现实政治逻辑和法理层面上都能够说明主权存在于外层空间中。从现实政治逻辑层面，国家为了获取外层空间中的利益，必然要把国家权力延伸到新的领域，这为外层空间主权的产生提供了基础；从法理层面，《外空条约》对主权限制的规定，实际上预先承认了国家主权权利存在于外层空间中，外层空间并不是主权无法延伸的领域，而是在该领域中需要对国家的主权权利进行限制。实际上，各国在外层空间的政治与经济实践表明，国家在外层空间拥有主权。

长期以来，外层空间被界定为全球公域，其中的资源和财富是全人类共同的财产。全球公域这一去主权化特征的概念为各国在外空领域行使主权权利，维护外空资产和利益带来了理论障碍。然而，外层空间并不属于全球公域，而是由新技术的发展所产生出的全新的空间。从海洋主权和信息主权的发展史来看，只要国家行为体介入一个新的领域中，国家主权也必将如影随形，外层空间仍是有待发展的主权空间。

目前来看，制约外层空间主权发展的因素主要有以下几点。第一，各国空间技术水平的差异。第二，传统主权理论无法满足外层空间发展的需要。第三，外层空间国际关系的发展受大国制约。

因此，中国需要加大科技研发与探索力度，通过和平开发探索的方式，为中国发展获取必要的动力和资源，也为日后中国外层空间部分土地主权的实现打下基础。其一，明确外层空间安全的建设理念。一方面，维护外层空间安全，重点是保障已经确定的主权客体。另一方面，外空军事化与外空武器化是两个不同的概念，国家在增强外层空间军事实力的同时，仍需在防止外空军备竞赛及武器化上继续加强国际沟通与合作。其二，加快我国空间技术的研发与创新。维护外层空间的安全离不开技术的支持，自主研发与创新空间技术是我国维护外层空间战略的立足点。

第十三章　极地主权的实践研究

　　南北极的主权问题由来已久，21 世纪以来，由于气候变化和科学技术的发展，极地地区的战略地位迅速提升，其丰富的资源成为国际社会关注的焦点。新的形势和变化加剧了各国在南北极的主权争夺，同时这种争夺又使极地问题变得更加复杂化。极地问题具有很强的综合性特点，除了主权问题以外，极地区域还包括安全、政治、经济、环境、资源等问题。这些问题均与主权问题有着密切的联系，在极地主权问题上各国是否能够达成共识，或者能否完善相关的法律机制和参与机制，直接影响极地各类问题的顺利推进和解决。

　　中国作为发展中的大国，在极地地区拥有广泛的国家利益。而极地地区的主权争端将直接影响中国国家利益的实现。因此，中国采取什么样的思路和对策去应对极地的主权争端是一个具有重要现实意义的课题。这个课题包括两个方面的内容，一方面是中国在极地地区需要树立什么样的主权思想，在极地主权争端中，中国应扮演什么角色。由于地理环境的影响，南极和北极的主权问题存在很大的差异，这种差异是什么？应该用什么样的主权思想去应对？另一方面，是中国在极地地区需要采取何种战略举措。极地主权问题是一个历史性问题，同时也是一个涉及各方利益的复杂的现实政治问题。因此，极地的主权争端在短时间内无法解决甚至缓解。在这样的背景下，如何建设极地强国，保障中国在极地地区国家利益的实现，需要中国采取积极、有效的战略举措加以应对。

一、极地主权问题的历时性考察

（一）北极主权争端的历史轨迹

20 世纪初，环北极国家展开了对北极地区的主权争夺。随着科学技术的发展和气候变暖带来的北极环境的改变，各国都越来越意识到北极地区具有优越的战略位置和丰富的自然资源。北极地区的主权争端日趋激烈，争端的历史轨迹以科学技术发展和环境气候的变化为线索，显示出从最开始的北极领土主权和岛屿主权争夺，到北极航道主权和大陆架主权争夺的变化趋势。

首先，北极领土和岛屿主权争端。从 16 世纪到 20 世纪初前后 400 多年的时间里，众多国家纷纷进入北冰洋，开辟北极航线。由于北极航线的开辟，北极区域的领土主权也陆续得到确认。1907 年，加拿大参议员普瓦里耶提出的"扇形原则"可以看作北极主权争端的标志。他主张位于东西两条国境线之间，直至北极点的所有土地应属于邻接这些土地的国家。[1]"扇形原则"的理论被后来的苏联采纳并得到大力支持。1926 年，苏联中央执委会通过《关于苏联在北冰洋的陆地和岛屿领土的宣言》，采纳"扇形原则"，以行政命令宣称北极点和苏联东西两点之间的三角区域属于苏联的领土范围，并诉诸武力排除他国在该地区的经济与科考活动。然而，"扇形原则"在国际法上缺乏理论依据，北极周边一些国家提出这种原则均未得到国际社会的承认。

直到 20 世纪初，北极地区的领土和岛屿主权都已基本确定。其中

---

[1]　曾望：《北极争端的历史、现状及前景》，《国际资料信息》，2007 年第 10 期。

有两个岛屿主权争端的解决具有代表性。第一个是格陵兰岛，该岛是世界上面积最大的岛屿。丹麦和挪威两国一度因该岛发生过争执，1933年两国将争端提交给国际法院进行仲裁，最终丹麦获得了对格陵兰岛的主权。第二个是斯瓦尔巴德群岛，在该群岛及其周边海域蕴藏着丰富的煤、铁、石油和天然气等自然资源，以及丰富的动植物和鱼类资源。在斯瓦尔巴德群岛及其周边海域从事经济活动的国家众多，但由于该岛主权没有得到确认，所以时常引发纠纷和争议。1920年2月，美国、丹麦、挪威等19个国家签订了《斯瓦尔巴德条约》，条约明确规定了该岛的主权归挪威所有，但各成员国均有在该岛自由进行科考和商业活动的权利，并且明确斯瓦尔巴德群岛永远不得为战争目的所利用。[①]到目前为止，北极地区明显的岛屿主权争端还有汉斯岛未能得到解决。汉斯岛的主权争端属于加拿大和丹麦两国，该岛的面积仅有1.3平方公里，由于并不涉及第三方国家，所以汉斯岛的主权争端虽然没有得到解决，但并不会对北极主权争端的发展趋势产生较大的影响。

其次，北极航道主权争端。通常认为，北极航道包括东北航道、西北航道和穿越极点的中央航道。中央航道处于北冰洋高纬度地区，航行条件尚未成熟，并且北极点附近属于公海区域，各国对中央航道的法律地位没有太多争议。北极航道的主权争端主要集中在东北航道和西北航道。东北航道起点为东北亚各港口，经过俄罗斯和挪威的北部海域，最终抵达欧洲。由于东北航道的大部分航线紧邻俄罗斯，所以俄罗斯主张北极航道的大部分区域是其内水，此举引起了以美国为代表的其他国家的反对。早在20世纪20年代，苏联就运用"扇形原则"支撑东北航道是其内水的主张，由于"扇形原则"缺乏国际社会的支持，

[①]　丁煌：《极地国家政策研究报告》（2015—2016），科学出版社2016年版，第99页。

苏联又采用"直线基线法"①和"历史性权利"②等方式证明其在东北航道所拥有的主权。苏联解体后，俄罗斯继续颁布一系列法律法规来支持对东北航道的内水化。然而，"直线基线法"有被俄罗斯滥用的嫌疑，"历史性权利"也不能涵盖东北航道的所有海峡。因此，俄罗斯对东北航道主权性质的主张引起了北极沿岸各国的不满和反对。③

西北航道的主权争议主要集中在加拿大和美国两个国家。西北航道西起白令海峡，穿过加拿大北部北极群岛海域进入北大西洋，是连接大西洋和太平洋之间最短的航线。对于西北航道的主权争端，加拿大认为西北航道是其历史性内水，其具有完全的主权。而美国则认为西北航道是用于国际航行的海峡。1969年的"曼哈顿"号事件和1985年的"极地海"号事件在西北航道的主权争端中有着非常大的影响。两起事件分别是美国的商船"曼哈顿"号和装有武器的破冰船"极地海"号在未征得加拿大同意的情况下，强行通过西北航道。两起事件都引起了加拿大国内的激烈反应，加拿大迅速采取了一系列行政和法律措施，维护其对西北航道主权性质的内水主张。虽然加拿大和美国的综合国力相差悬殊，但进入21世纪以后，美加两国在西北航道的竞争并未减少。两国不论是在战略层面还是在现实投入层面都花费了很大的精力，可以预见，未来关于西北航道的竞争仍会有增无减。④

北极航道的主权争端十分激烈，首先是体现在减少航程和节约成本上，而更重要的是对全球经济和贸易格局的影响。当今世界发达国家大多集中于北半球，随着北极航道航行条件的改善，亚、欧、美三大洲的国家将会拥有安全、便捷和低成本的运行航线。北极航道可谓潜藏着巨

---

① 直线基线法是选择一些适当点连接形成直线基线，来确定领海基线的方法。
② 历史性权利是指因历史原因享有的权利。
③ 杨显滨：《北极航道航行自由争端及我国的应对策略》，《政法论丛》2019年第6期。
④ 丁煌：《极地国家政策研究报告》（2015—2016），科学出版社2016年版，第210—222页。

大的商机，更是未来的贸易和战略重心所在。对中国来说，北极航道涉及中国在北极地区重要的航行利益，随着中国参与北极事务的增多、在北极地区的战略利益越来越大，在北极航道的主权争端问题上，中国应积极参与问题的解决，并保障和争取自身的权益。

最后，北极大陆架划界争端。进入 21 世纪以后，北极大陆架划界争端成为北极地区主权争端的焦点问题。北极大陆架划界直接关系到各国在北极地区资源和各种权益的分配，对环北极国家在极地地区利益的实现具有重大影响。根据 1982 年《联合国海洋法公约》对大陆架的规定，俄罗斯、挪威、丹麦等环北极国家纷纷提交了大陆架划界申请案。其中，俄罗斯分别于 2001 年和 2015 年向联合国大陆架界限委员会（CLCS）提交了大陆架划界申请案。在 2001 年的申请案中，大陆架界限委员会认为俄罗斯提交的资料不足，未能解决现存的技术性争议，所以没有给予通过。而到目前为止，对于 2015 年的申请案，大陆架界限委员会还没有给出审议结果。导致俄罗斯大陆架划界申请案不能通过的主要原因是其北极中央区域划界方案存在的争议，按照俄方的观点，该区域最为重要的罗蒙诺索夫海岭，是俄罗斯大陆架的有效延伸。如果此观点成立，那么俄罗斯将获得包括北极点在内的大片海底区域的丰富资源。由于考虑到环北极国家各方利益之间存在矛盾，划界案还存在诸多法律和政治上的争议。因此，不仅是俄罗斯，很多北极国家在 200 海里以外大陆架划界争议中也陷入类似的僵局。

除俄罗斯以外，丹麦目前累计向大陆架界限委员会单独提交了五份划界案。其中，挪威于 2014 年提交的格陵兰岛 200 海里外大陆架划界案格外引人注目。该申请案主要涉及格陵兰岛以北大面积的北冰洋核心区域，把包括北极点在内的整个罗蒙诺索夫海岭都算在了丹麦大陆架划分范围内。显然，丹麦在外大陆架划界提案中要求的面积过大，以至于对申请案的审议造成了一定困难。目前，2014 年，丹麦提交的外大陆架划界案仍未进入正式的审议程序。当然，在 200 海里外大陆架划界案中也有成功的案例。挪威在 2006 年提交划界案申请后，其审议进程十分顺利，并且在 2009 年就通过了大陆架界限委员会的审议。与其他环北极国家不同，挪威提交的海区范围几乎不存在与相邻国家的纠纷，并且挪威不认为其大陆架延伸到北极点，所要求的海区范围相对合理，为委员会降低了审查难度。①

总的来说，对北极存在的主权争端进行考察和梳理后，我们可以看到北极领土和岛屿主权的争端已经基本解决，目前北极主权争端主要集中在北极航道的主权争夺和北极 200 海里外大陆架划界的问题上。由于全球气候变暖，夏季北极航道的无冰期将会越来越长，北极航道的主权争夺也会越发激烈。而在北极外大陆架划界的问题上，有很多阻力不利于该问题的解决。一是北冰洋中心海域海底的地形复杂，地质属性的认定工作有着很大难度。二是北极国家出于各自利益的考量，在大陆架划界问题上形成了相互牵制的局面。尽管大陆架划界问题和北极航道的问题进展缓慢，但并不会减少包括中国在内的北极域外国家对北极主权争端的关注。北极主权争端的变化，将影响到北极域外国家在该地区的活动范围以及权益的实现。中国在北极航道中最重要的利益是航行利益，而就大陆架划界问题来看，不论该问题如何解决，北冰洋也不会被北极域内国家完全瓜分，北冰洋海底仍有一部分属于国际海底区域，非北极国家在此部分区域内仍享有《联合国海洋法公约》所规定的各项权益。因此，中国对北极主权争端应高度重视，积极参与北极治理，促进北极主权问题得到公正、合理解决。

---

① 章成：《北极地区 200 海里外大陆架划界形势及其法律问题》，《上海交通大学学报（哲学社会科学版）》2018 年第 26 期。

（二）南极主权争端的历史轨迹

南极洲是世界第七大洲，也是地球上最后一座被人类发现、目前仍没有固定居民的大洲，南极洲由环绕南极点的大陆、陆缘冰原和群岛所构成。自 20 世纪以来，多国对南极部分地区提出领土主权的诉求，南极主权开始成为各国间争论不休的重要问题。具体来说，南极主权争端的历史轨迹可以分为三个阶段。

第一阶段：主权纠纷阶段（1908—1959）。生产工具的革新使社会生产力得以发展。19 世纪末 20 世纪初，在电气革命的影响下，资本主义生产的社会分工进一步细化、社会化程度进一步强化，阶级差距愈益拉大。与此同时，生产力的提高对可支配的社会资源提出了新要求，资本主义世界的"后起之秀"们要求对全球的各类资源进行重新划分，南极大陆也是其重新划分资源的重要目标。18 世纪 60 年代，工业革命赋予经济发展新动力，资产阶级和无产阶级的对立日渐显著。生产力的发展对市场提出了新的扩张要求，加之英国在大航海时代形成巩固的海权，谋求南极大陆主权是保证其海上航线和海峡管理权的重要举措。因此，英国于 1908 年成为首个宣布对南极大陆拥有正式主权的国家具有历史必然性和物质条件基础。基于"扇形原则"，英国南极主权地区包括所有群岛和南纬 50° 以南延伸到极地的所有扇形地区内的陆地。然而，英国在南极大陆声称的主权所有地区与智利和阿根廷存在领土重叠，九年后对这一问题进行过修正。1946 年，新西兰、澳大利亚、法国、挪威、智利、阿根廷六国宣布了各自对南极领土的主权范围。与此同时，1938 年 7 月，美国罗斯福政府秉持"有效占领"的原则，积极寻求在南极洲的利益。二战后，丰富的海洋生物资源和矿产资源使得世界各国更加积极寻求在南极地区的利益。1947 年前后，美国派出大量武装人员和科学家参与海军南极发展计划。1821 年，俄国海军上将别林斯高晋（V. Bellingshausen）率领"东方"号和"和平"号战舰来到南极。1950 年，苏联政府发表外交声明，表明参与解决南极问题的态度。在这一阶段，美、苏两国都声明将保留以后自己提出领土要求的权利，这些主张遭到了一些未对南极正式提出领土主张的国家的反对。这一时期的南极主权争端主要体现为直接而混乱的领土要求，南极地区政治关系十分紧张。

第二阶段：间接资源争夺阶段（1959—2004）。第二次世界大战结束后，大多数的欧洲和亚洲国家深受战争破坏。然而，美国的工业实力和军事实力显著提升，与此同时，苏联发展迅速。在战后世界格局变化的影响下，美国的南极政策逐渐从探险家的冒险转变为基于地缘政治开展领土争夺，其主要目标是在美苏争霸背景下主导南极治理秩序的形成。1955 年，苏联计划在南极建立永久性考察站。在"国际地球物理年"（1957—1958 年）期间，苏联宣布将参加这一时期的南极考察活动，体现了苏联对南极大陆主权的诉求。为了与之相抗衡，确保美国及其盟国在南极洲的相关利益，美国在这一期间制订了"第二号低冷行动（the Operation Deepfreeze Ⅱ）"探险计划，建立了以阿蒙森－斯科特考察站（位于南极扇形中心的南极点）为代表的七个南极考察站，展示出美国对于南极洲领土主权的深刻意图。为了在"国际地球物理年"之后建立和完善南极治理的政治秩序和政治机构，美国于 1959 年与各国召开国际南极会议，提出了南极中立化方案。1959 年 12 月 1 日，阿根廷、澳大利亚、比利时等国签署《南极条约》（下称《条约》），主张冻结南极的领土主权。《条约》签署后，在客观上各国促成了一系列有关保护南极资源的国际条约，维护南极地区和平。此后，世界各国在南极洲的诉求逐渐由领土主权转变为资源开发利用和科学研究考察。但是，各个国家并未放弃对南极洲所有权的争取，这一阶段，世界各国不再提出直接主权诉求，而是通过在南极设立考察站用以占地的同时，加紧争夺南极资源。

第三阶段："合法"抢夺资源阶段（2004年至今）。实际上，《条约》并未能真正地处理各个国家在南极大陆的主权问题，尤其是条款Ⅳ对"主权搁置"的模糊性表达，使得世界各国对"主权搁置"出现了"土地无主"或是"土地共管"①的不同理解。因此，个别缔约国利用法律漏洞，绕开《条约》义务，加速对南极资源的占有。《条约》只主张冻结领土主权，并未对附属于领土的诸如大陆架等方面的权利进行界定，于是有多国根据《联合国海洋法公约》向联合国大陆架界限委员会提出大陆架划界申请。澳大利亚（2004年11月15日）、新西兰（2006年4月19日）、阿根廷（2009年4月21日）、挪威（2004年5月4日）、英国（2009年5月11日）陆续向该委员会提出申请。在方案提交截止期限（2009年5月13日）前，共有五国提交了南极外大陆架划界申请。这一阶段，在《条约》冻结南极领土主权的背景之下，各国又再次掀起"资源抢夺战"。

由此可见，自然价值和战略价值是南极治理的核心要义，对南极利益的博弈方式由起初直接的划界圈地转变为通过利用国际条约的漏洞争取相关利益，手段更为隐蔽，对南极资源的争夺更加直接。

（三）极地主权争端的动因探析

首先，自然资源是引起各国加入南极主权争夺的重要因素。特殊的地理环境使得极地地区常年被冰雪覆盖、天寒地冻。极地蕴含丰富的自然资源。北冰洋水域下的石油和天然气，约占世界未开发油气资源1/4。南极海域下具有大量的油气资源和铁、铀、贵金属等矿藏资源。

---

① ［美］沙普利著：《第七大陆——资源时代的南极洲》，张辉旭等译，中国环境科学出版社1990年版，第97页。

此外，极地还有丰富的海洋生物资源，这一资源产生的经济利益使得世界各国对极地主权的争夺愈益激烈。

最初，个别国家基于先占原则对极地地区的领土进行划分。领土是构成国家的要素之一，领土主权是指国家在其领土内实现排他性国家功能的权力，其中包括对领土内自然资源的利用和使用权利。诸多国际法问题大都与领土有关。以南极为例，尽管南极海拔高、气温低，不适宜人类居住，各国却极力"制造"常住人口，为其在南极的资源"争夺战"赋予合理性。近年来，对南极资源的争夺较以往更具复杂性和隐蔽性。

其次，科研利益的驱动。一方面，南极冰盖和北极海冰的变化深刻地影响着全球气候变化。极地地区是宇宙场、地磁场和环闭地磁场的相互作用地，是气象要素的重要活动基地。极地地区影响着大气环流，也影响着气候变迁。另一方面，地球其他区域的变化影响着极地气候。新西兰惠灵顿维多利亚大学研究团队发现，南极增温主要是由热带驱动的。因此，在极地科考上抢占先机，有助于各国在气候、环境、科技等科研领域实现突破。

再次，战略价值的影响。以北极为例，全球变暖将会使北极地区航道状况发生改变，加之世界各国的能源需求不断增加，造船技术不断进步，北极航道的战略意义和经济价值进一步凸显。普京在 2018 年度国情咨文中表明，2025 年，北部航运航线的货流量将增至 10 倍，达到 8000 万吨。俄罗斯北方舰队的活动范围覆盖整个北极圈。届时，北冰洋便可成为北美洲、北欧地区和东北亚国家之间的快速通道。2021年 3 月 16 日，美国陆军发布《重获北极优势》的报告，报告指出，控制关键航道将成为争议的新领域。美国的北极永久性军队均驻扎在阿拉斯加。这一"黄金水道"一旦通航，极有可能弱化巴拿马和苏伊士运河的经济价值，打破世界贸易的平衡态势。

最后，极地争夺日益白热化，源自极地相关国际法机制存在缺陷。

南北极问题不仅是科学问题，更是政治和法律问题。频发的极地争端促使人们深入反思现行的国际法机制。当今已不再是以武力开拓疆土、以强权肆意强占领土的时代。各国需要在国际法框架内寻找实现本国利益的途径和手段。

对南极来说，《南极条约》所确立的南极中立化、非军事化、非核化以及科学研究自由等诸多原则被国际社会普遍认可。但是，现有的南极法律体系框架未能较好解决南极主权争端问题。一是《南极条约》与其他国际条约和国内立法存在冲突。如一些国家以《联合国海洋法公约》为依据，对南极大陆架主权提出要求。二是领土主张国与非领土主张国之间存在矛盾。其中，最具法律争议的条款内容是以"先占"为由的主权主张。究其根本，是要进一步明确南极自身的性质，是"无主之地"还是"人类共同财产"？如若这一基本原则没有得到明确，那么以资源分配为目的的南极主权争端可能还会上演。

目前，各国北极主权争端的根源是国际法制度的缺位。尤其是对于北冰洋周边国家专属经济区到底如何划分，目前尚无公认的国际法可循。和平解决各国在北冰洋的权益分配问题，目前可行的路径是在联合国的协调下，借鉴《南极条约》模式，建立起相应的北极国际法机制。在此方面，北极曾经有三个国际条约的先例，即《斯瓦尔巴条约》《八国条约》《北极环境保护战略》。要想在北极地区各个既得利益国家之间达成妥协，需要克服多重困难，寻求最广泛的共同利益。

二、极地主权争端对中国极地利益的影响

（一）中国在极地地区的国家利益

所谓国家利益，是指满足或能够满足国家基本生存发展各方面需

要并且对于国家整体发展具有一定积极作用的事物。因此，衡量国家利益，安全和发展是不可或缺的两个重要方面。从安全的角度来看，极地地区的安全问题并不会对中国造成直接的安全威胁。但是在科技高度发达、各国联系日益紧密的今天，世界任何一个角落出现问题都会"牵一发而动全身"，因此，极地地区安全对于中国具有间接的安全意义。从发展的角度来看，极地地区拥有丰富的矿产资源、生物资源等自然资源以及气候、环境等极具科研价值的科研资源，对于推动我国发展有着极为重要的促进作用。因此，中国在极地地区是存在多方面的国家利益的。虽然中国介入极地地区事务的时间较之其他大国稍晚一些，中国在极地地区国家利益占我国总体国家利益的比重也略显不足，但是从涉及的领域来看，目前我国在极地地区存在经济、政治、生态、环境、资源、运输、战略、科研、安全等多方面利益。因此，中国在极地地区的国家利益仍然有待深入拓展和挖掘。

1. 中国在极地地区的经济利益

中国在极地地区存在的经济利益主要可以分为两个方面，第一个方面就是通过合理利用极地的自然资源所能带来的直接经济利益；第二个方面就是极地科研考察所蕴含的潜在经济价值。

从极地地区资源所能带来的直接经济利益来看，极地地区蕴藏有丰富的石油、天然气、可燃冰、煤炭等能源资源，同时还拥有相当丰富的钻石、黄金等矿产资源。而中国作为世界上最大的发展中国家，无论经济结构和产业结构如何优化，中国对于能源和矿产资源的消耗量在短时间之内都不可能缩减。事实上，根据统计，中国的石油进口量早在 2012 年就已经达到了 58%。而且随着中国现代化进程的不断推进，中国对于各类进口能源和矿产资源的依赖度也在逐年增加。因此，极地地区丰富的矿产和能源资源在一定程度上能够为中国未来的发展提供经济支持。与此同时，极地地区还拥有丰富的渔业资源和淡水资源，能够在很大程度上增进我国维护粮食安全和水安全的能力。

从极地地区科研考察所蕴含的潜在经济价值来看，极地地区科研考察能够极大地拉动国内相关产业的技术发展和结构升级。事实上，近些年的极地科考越来越依赖于科学技术的力量。各个领域的科学考察研究都需要配备极为先进的设备才能实现。而这种科考装备的迭代升级一方面标志着我国在极地地区科学研究实力的提升，另一方面标志着我国装备制造业及其相关产业的提质升级。大量经过南极严酷环境检验而改造升级的产品走进了千家万户，为人民群众实现幸福生活提供了有力的保障。此外，极地地区科学研究所产生的科研成果在经过检验之后也会在国内形成完整的产业链，进一步拉动国内产业的发展。由此可见，极地地区的科学考察及其相关产业的发展在一定程度上将有助于我国实现创新驱动发展的战略规划，实现我国经济的转型升级。

2. 中国在极地地区的政治利益

习近平总书记曾指出，随着全球性挑战增多，加强全球治理、推进全球治理体制变革已是大势所趋。这不仅事关应对各种全球性挑战，而且事关给国际秩序和国际体系定规则、定方向；不仅事关对发展制高点的争夺，而且事关各国在国际秩序和国际体系长远制度性安排中的地位和作用。① 因此，随着中国经济社会的不断发展和国家综合国力的不断提升，中国参与国际事务的能力也在逐渐增强。中国正在从一个地区大国走向世界强国的行列，积极参与全球治理是实现中国世界身份转变的必由之路。极地地区作为全人类的共同财富，积极参与极地治理是中国作为一个负责任的大国所应尽到的责任。中国在极地治理中的话语权和参与权理应得到认可，参与极地治理的制度建设和议程

---

① 《习近平在中共中央政治局第二十七次集体学习时强调 推动全球治理体制更加公正更加合理 为我国发展和世界和平创造有利条件》，《人民日报》2015 年 10 月 14 日第 1 版。

设定路径也理应得到保障。

首先，中国在极地地区的政治利益体现为维护极地地区现有的治理格局。在极地治理过程中，有两个极为敏感的问题很难得到解决。一个是部分国家对于极地地区的主权声索，另一个是对于极地地区资源的开发利用，而这两个问题又是交织在一起的。从目前的情况来看，无论是南极还是北极地区都尚未形成能够为世界各国所认可的国际法体系。但是《南极条约》的签订使得在南极地区的主权声索被冻结，《斯瓦尔巴德群岛条约》的签订也为构建覆盖全北极范围的和平条约提供了借鉴的范本。因此，虽然目前有关极地治理的国际法体系尚不完整，但是维护现有的条约体系和治理格局对于维护极地地区的和平稳定具有一定的积极作用，也有利于维护其他非直接相关国在极地地区的合理权益。

其次，中国在极地地区的政治利益体现为极地事务中的参与权和话语权。从北极治理角度来看，中国作为北极事务的重要利益攸关方，1925 年就参与签订了《斯匹次卑尔根群岛条约》，2013 年成为北极理事会正式观察员。从南极治理角度来看，虽然中国参与南极治理的时间略显滞后，但是 1985 年也已经成为《南极条约》协商国之一。然而在过去的很长一段时间里，中国在参与极地事务的话语权方面仍然受到很大的制约。一方面是因为中国所处的地缘位置并不与极地地区直接接壤，参与极地事务治理的时间也略显滞后，从而导致在治理身份方面存在一定的困境。另一方面是因为目前极地地区尚未形成系统完备的治理机制，也使得中国等在极地地区没有直接相关利益的域外国家，在参与极地治理事务时存在诸多的限制，进而导致中国在很多问题上话语权不足。

3. 中国在极地地区的科研利益

科学研究和考察活动是目前中国在极地地区最主要也是最重要的

活动。极地地区本身蕴藏着十分丰富的科学资源，是衡量地球环境是否健康的重要指标；是研究大陆板块运动及地质变化的重要平台；也是进行天文观测，研究日地相互作用的重要基地；更是研究全球环境变化的天然试验场。诸如臭氧层空洞、全球气候变暖、海平面抬升等全球环境变化的现场监测工作都是在极地地区完成的。因此，极地地区的科学价值不仅仅在于对极地本身的科学认识，而是在于通过在极地地区进行研究，能够为探索人类所面临的全球性问题的解决方案提供科学指引。

首先，中国在极地地区的科研利益体现为基础科学的发展。目前，世界各国在极地地区的科学考察研究涵盖了地球科学、天文科学、生命科学和极端环境技术与工程等多个研究领域，不仅涉及的学科门类繁杂，而且在南极科考的过程中会出现多门学科的交叉研究，从而能够有效地催生出许多新的研究领域和传统研究领域中的新研究方向，大大地推进了我国基础科学的发展进程。例如，中国在南极格罗夫山地区进行的陨石采集等科考活动极大地填充了我国在陨石研究领域的空白，为我国设定深空探测目标、实现科研成果提供了重要的研究对象，并在一定程度上推动了我国现代地球科学、天文科学等基础科学领域的进步。

其次，中国在极地地区的科研利益体现为应用科学的发展。极地地区的气候条件极端恶劣，而且南极和北极的地理环境完全不同。南极是一块完整的大陆板块，而北极则是由诸多岛屿和浩瀚的冰封海洋所组成的地区。这样迥异的地理环境和复杂多变的气象条件对于极地科考的测量设备、探矿设备、运输装备乃至后勤医疗等方面都提出了极为严苛的要求。而中国想要成为极地科学考察事务的主要参与者和策划者，不仅需要在各个基础科学领域居于世界前列，具备领先世界大多数国家的科研实力，也需要在各个应用技术领域处于领先地位，能够为科研团队配备先进耐用的极地专用设备。而各种极地应用技术领域的发展和突破又会对国内的应用科学发展起到带动作用，从而推动我国的工程技术实现提质升级。

4. 中国在极地地区的安全利益

习近平总书记曾指出，当前我国国家安全内涵和外延比历史上任何时候都要丰富，时空领域比历史上任何时候都要宽广，内外因素比历史上任何时候都要复杂，必须坚持总体国家安全观，以人民安全为宗旨，以政治安全为根本，以经济安全为基础，以军事、文化、社会安全为保障，以促进国际安全为依托，走出一条中国特色国家安全道路。① 极地地区本身虽然对于中国安全不构成直接的威胁，但是从其外延来看，对于中国国家安全的意义又十分重大。无论是极地地区对于全球气候的影响，还是对于太空观测和探索方面的影响，抑或是航道及战略安全方面的影响都使得极地地区的安全价值变得无法估算。因此，积极维护中国在极地地区的安全利益，对于我们丰富国家安全的内涵和外延，拓宽国家安全的时空领域，理解国家安全的内外因素，走出中国特色国家安全道路有着极为重要的意义。

首先，中国在极地地区的安全利益体现在传统安全领域，包括军事安全、航道安全、资产人员安全等。其中，军事安全是目前极地地区亟待解决的安全问题之一。早在冷战时期，由于美苏两国的战略竞争，美国和俄罗斯就在北极部署了大量的军事设施。2007 年，俄罗斯科考人员在北极点海底插旗事件更是加剧了以美国、俄罗斯为主要代表的"北极国家"在北极地区的军事部署行动。中国作为近北极国家，美俄两国在北极部署的大量军事设施无疑会对中国的国家安全造成极

---

① 《习近平主持召开中央国家安全委员会第一次会议强调 坚持总体国家安全观 走中国特色国家安全道路》，《人民日报》2014 年 4 月 16 日第 1 版。

为不利的影响。此外，由于《南极条约》对于科学研究的性质并未做出明确的规定，使得目前南极科考站潜在的"军事用途"也越发凸显，南极科考站逐渐被赋予了"双重功能"。因此，为了确保中国在极地地区的国家利益不受损，中国应当极力保障极地地区非军事化和非武器化，尽可能避免不必要军事冲突的出现。与此同时，极地地区部署的军事化设施对于中国的航道安全、科考人员安全、科考设施安全也构成了潜在的威胁。

其次，中国在极地地区的安全利益体现在非传统安全领域，包括气候安全、环境安全等。极地地区是地球的主要冷源，肩负着调节全球气候的重要作用。因其对于全球气候变化的敏感度，极地地区也是衡量全球气候变化是否健康的重要标识物。中国作为近北极国家，北极地区的气候变化对于我国的气温环境、降水分布等所产生的影响是极为深远的。南极虽然远在天边，但是全球气候的联动效应也使得南极的气候变化能对中国的气候天气产生预示甚至是遥控的作用。而极地地区的气候变化在深刻影响我国气候安全的同时，也会对我国的环境安全造成极大的影响。无论是极地地区冰盖融化造成的海平面上升，还是气候环境变化所导致的海洋酸化、水循环紊乱等都会对我国的自然生态系统造成极大的影响。因此，中国必须高度重视极地地区的气候变化和环境变化，将极地地区的气候安全利益和环境安全利益纳入国家安全范畴。

（二）极地主权争端威胁中国国家安全和国家利益

极地地区因其丰厚的自然资源、独特的地理位置已经逐渐成为足以影响人类社会生存和可持续发展的新疆域，也日益成为世界各大国竞争利益和国际影响力的新领域。从总体来看，世界各国在极地地区的利益争夺主要集中在各个主权声索国以及主权声索国与其他国家之间。因此，从某种意义上来说，目前极地地区的主权问题才是使得世界各国在极地地区频频出现分歧的根本原因。但是具体而言，北极地区和南极地区的主权问题又有其特殊性，所产生的主权争端也不尽相同，对于中国国家安全的威胁程度更是有所差别。因此，对于极地主权争端威胁中国国家安全这一问题的理解要从南极和北极两个地区的主权争端差异出发，分别对两个地区对中国国家安全的威胁类型、威胁程度进行综合考量，进而才能提出针对性的解决方案。

1. 北极地区军事安全化趋势直接威胁中国国家安全

北极地区地处地球的最北端，主体部分是广袤的北冰洋，四周则被亚洲、欧洲和北美洲环绕。其独特的地理位置使得北极地区的战略价值十分重大。当今世界具有较大国际影响力的国家大多都在北半球，而北极点无疑是距离世界各国最近的中心点，加之北极地区连通"三洲两洋"，厚厚的海冰又能为核潜艇等水下军事装备提供天然的反侦察屏障，使得通过北冰洋运输军事力量变得更加隐蔽和快捷。因此，早在美苏冷战时期北极地区就已经被部署了大量的军事化设施，而近些年"北极国家"频繁的军事活动更是加剧了北极地区军事安全化的趋势。从目前的形势来看，北极地区的争端主要集中于以美国为首的北约各国同俄罗斯之间的地缘竞争。而中国作为世界上最大的社会主义国家，在阵营划分上天然同与美国为首的北约各国对立。因此，虽然中国在北极地区并没有进行任何军事及政治活动，但是以美国为首的北约各国已经将北极地缘政治竞争的敌对方身份强加在中国身上。因此，北极地区持续深化的军事安全化趋势将对中国的国家安全和国家利益构成直接的威胁。

首先，北极地区军事安全化会对中国的经济安全造成潜在威胁。2017年，国家主席习近平和俄罗斯总理梅德韦杰夫提出了中俄之间开展北极航道合作，共建"冰上丝绸之路"的倡议。"冰上丝绸之路"也是接下来一段时间中国参与北极开发和合作的核心，旨在通过共建"冰上丝绸之路"开发北极航道、能源以及其他商业投资。从本质上讲，"冰上丝绸之路"倡议的提出是基于中俄两国的经济利益，对北极航道的经济价值和北极地区的能源安全价值进行开发和利用，并不包含任何的军事属性。但是在以美国为首的北约各国对于中俄两国进行"敌我"角色塑造的现实情况下，中俄两国之间展开的任何形式合作都有可能被过度解读为对美国等国国家安全的威胁，进而就会导致中国被卷入"北极国家"之间的地缘博弈之中。中国希望利用北极航道开展货物及能源运输的战略规划也必然会遭到影响，进而就会影响到中国在北极地区的经济安全利益，威胁中国的国家安全。

其次，北极地区军事安全化会对中国的国防安全造成直接威胁。虽然"北极国家"之间的军事互动大多是针对内部成员，但是北极地区特殊的战略位置以及中国作为近北极国家的身份使得任何一个国家在北极地区做出的军事部署都将直接威胁到中国的国防安全。近年来，美国和俄罗斯持续加大在北极地区的军事力量投入。据不完全统计，俄罗斯已在北极地区建设超400个军事基础设施，并且已经部署了一支常规部队、空天防御部队和电子战部队以及海岸防卫系统。而美国在积极增派航母、核潜艇等战略武器赴北极活动，同周边北约国家举行联合军演以外，还在环北冰洋地区部署了大量的军事基地。2020年，美国发布《空军北极战略》，明确提出了空军在美国北极战略中的地位与作用，强调美国将寻求在邻近北极圈地带增建港口与机场、加强极地任务相关装备与战术研发、提升通信能力和情报监侦能力，通过整合在北极地区的军事资源，进一步提升该地区基地群的使用效益。由此可见，在美俄两国的战略规划中，北极地区是未来的战略要地。而美俄两国在北极地区的军备竞争态势的不断激烈化，不仅会损害两国之间本就已经脆弱不堪的信任度，还有可能进一步引发其他北极国家及近北极国家的战略恐慌，极易产生外溢效应。而北极地区的地区战略平衡一旦被打破，势必会牵连到世界各国。而中国作为近北极国家，处于地理和军事技术的双重弱势，一旦爆发战争，势必会严重威胁到中国的国防安全。

2. 南极地区条约规制含混导致中国国家利益失去保障

南极地区地处地球的最南端，是由一片广袤的南极大陆和周边海洋、岛屿所组成的区域，也是地球迄今为止唯一一个没有常住居民且尚未开发的地区。南极地区自 18 世纪末被人们发现以来，对于南极地区的主权争夺先后经历了几个历史阶段。就目前的情况来看，南极地区的主权争端由于受到《南极条约》及其相关条约体系的制约，相较于北极地区明显的地缘政治化和军事安全化趋势更具一定的潜藏性。世界各国对于南极地区利益的争夺总体仍处在条约规制的框架之中。但是由于条约体系的不健全，目前南极地区的政治生态仍然面临着诸多挑战，并且间接地威胁到了中国在南极地区的国家利益。

首先，南极地区出现的"领土化"趋势不利于中国获取正当利益。《南极条约》对于领土主张的冻结是维持南极地区稳定的重要保障。但是《南极条约》只是暂时冻结了各国对于南极地区的领土主张，却没有对如何解决这一问题做出安排。因此，随着领土冻结期（2041 年）和资源冻结期（2048 年）的逐渐临近，世界各国对于南极领土主权的争夺也逐渐浮出水面。在目前的形势下，世界各国争夺南极领土主权主要是依靠建立科考站、特别管理区、海洋保护区等增强南极地区的"实质性存在"的方式。而根据国际相关条约的规定，在南极设立的特别管理区和特别保护区旨在保护南极地区具有重大科学价值、历史价值、环境价值等价值的区域，允许保护区和管理区的管理国实行更为严格的准入标准和保护措施，从而在某种客观意义上形成了一国对其他国家的领地排他性。中国同世界绝大多数国家开展南极活动的根本前提是南极地区可以被世界各国自由进出和和平利用。因此，任何形式的"领土化"都会对包括中国在内的绝大多数国家在南极地区的正当利益造成损害。

其次，南极地区潜藏的"军事化"风险威胁中国在南极地区的国家安全。《南极条约》对于南极地区的另一项规定就是"非军事化"。根据《南极条约》的内容，南极大陆应当永远用于和平目的，禁止在南极建立任何形式的军事基地和军事设施。事实上，"非军事化"的规定在一定程度上为维护南极地区的和平稳定做出了重要贡献。但是随着现代科学技术的不断发展，"军事化"同"非军事化"之间的界限也越发模糊，进而导致部分国家在南极地区的活动很难用"非军事化"规定进行规制，从而导致南极地区出现了潜在的"军事化"风险。2024年1月，伊朗海军司令沙赫·拉姆·伊拉尼宣布伊朗海军将挺进南极。南极地区一旦爆发军事冲突，势必会损害到中国在南极地区的经济、政治、科研和安全利益。

三、中国关于极地治理的政策与主张

维护极地公域的边界、保障共同开发利用极地资源的权利是中国极地主权思想的主要内容。北极方面，中国在地缘上是"近北极国家"，是促进北极发展的重要力量。1982年，联合国颁布《联合国海洋法公约》（下称《公约》）。中国尊重相关国家在北极的主权，与此同时，中国享有《公约》等国际条约规定的科研、航行和资源勘探与开发等自由或权利。2018年1月，《中国的北极政策》明确指出，中国作为北极事务的积极参与者、建设者和贡献者，本着"尊重、合作、共赢、可持续"的基本原则，致力于北极科研、环保、资源开发利用、治理和国际合作、和平稳定。北极地区和南极地区作为全球公域的重要组成部分，蕴含着丰富的自然资源和科研潜力，同时也面临着私域化的不利形势，应该积极构建海洋命运共同体，避免"公地悲剧"的发生。南极方面，中国坚决维护南极条约体系的稳定，是南极全球治理机制的维护者、参与者和建设者。2017 年 5 月，《中国的南极事业》强调，中国将坚定不移地走和平利用南极之路，将与国际社会打造南极"人类命运共同体"。因此，从人类命运共同体的角度出发，中国的主张是在尊重国际法和相关国家在极地合法权益的同时，为极地主权争端的解决提供中国智慧和中国方案，维护全人类的共同财富；从总体国家安全观的角度出发，中国积极参与建设，使中国能够在极地主权争端日趋复杂的背景下有能力维护自身在极地的合法权益。

（一）基本定位：极地是各方合作的新疆域，不是相互博弈的竞技场

极地具有巨大的战略意义和科研意义。当前，世界各国在极地地缘政治的博弈出现新变化。一方面，随着全球变暖与冰川融化，北极夏季海冰融化速度加快，能源开发、航道利用、生态保护等问题日益成为北极开发利用的重要议题。另一方面，基于国际法，南极主要是指南纬 60° 以南的地区，然而，这部分地区的国际法属性尚未明确，附属于南极大陆的大陆架与周围海域等方面的权利，《南极公约》尚未界定。南极呈现的是生存安全防护型地缘政治竞合走势，北极呈现的是开发进取型地缘政治竞合走势。[①]2020 年 6 月 9 日，特朗普政府签署了《关于保护美国在北极和南极地区国家利益的备忘录》，该备忘录呼吁五个联邦机构审查、评估和执行极地安全破冰船采购计划，以支持美国在北极和南极地区的国家利益。2021 年 12 月，白宫科技政策办公室

---

① 张江河、张庆达：《对极地地缘政治走势的新探析》，《吉林大学社会科学学报》2021 年第 61 期。

发布了《2022—2026 年北极研究计划》，增强环境情报搜集、解释和应用到决策支持的框架是该计划的主要目标之一。与此同时，美国陆军发布了《夺回北极主导权》的北极战略，美国陆军正在考量在阿拉斯加建立一个作战训练中心，目的在于"恢复北极的主导地位"[①]。2021 年 8 月，俄联邦武装力量在北极举行近 10 年最大规模演习。此外，俄首次组织 3 艘战略核潜艇在 300 米半径区域，同时从 1.5 米厚冰层下破冰上浮。[②] 当前，全球极端天气频发，世界范围内单边主义盛行，零和思维逐渐在国际交往过程中占据上风，世界进入新的动荡变革期。极地作为全体人类的共同财富，秉持共同利用、平等开发、相互合作的原则，方能发挥出极地资源最大的效用。和则两利，斗则两伤。如果在极地探索开发方面继续沿袭零和博弈思维，极地可能会成为地缘政治的附属品和意识形态对立的工具。在探索未知宇宙和保护人类赖以生存的家园的视角下，中国在极地开发、利用和合作的过程中始终秉持着"人类命运共同体"的理念，致力于将极地打造为国际合作的新疆域。

和平利用、开发极地是中国的一贯主张。2017 年 1 月，习近平主席指出，要秉持和平、主权、普惠、共治原则，把深海、极地、外空、互联网等领域打造成各方合作的新疆域，而不是相互博弈的竞技场。[③] 同年 7 月，习近平主席与梅德韦杰夫提出开展北极航道合作，共同打造"冰上丝绸之路"。中国作为南极条约协商成员国和北极理事会观察成员国，有责任也有义务参与国际极地事务，和平探索和利用极地，通过极地治理推动全球治理发展。2014 年 1 月 2 日，中国"雪龙"号

---

① 美陆军北极新战略背后的博弈，人民网，http://m.people.cn/n4/2021/0330/c24-14915781.html.2021-03-30.

② 俄强化北极地区军事存在，新华网，http://www.news.cn/mil/2021/12/08/c_1211478241.htm.2021-12-08.

③ 《习近平谈治国理政第二卷》，外文出版社 2017 年版，第 541 页。

科考船上的"雪鹰12"直升机，成功将被困南极冰海一个多星期的俄罗斯"绍卡利斯基院士"号科考船上52名乘客转移到澳大利亚"南极光"号破冰船上。2020年12月，中国第37次南极考察队利用"雪龙2"号船载直升机"雪鹰301"成功协助澳大利亚戴维斯站完成队员撤离。极地作为全球公域的组成部分，不属于任何一个国家，是全体人类的共有财产，为全球合作提供了广阔的平台。与此同时，由于人类的介入和地缘政治因素，极地地区的脆弱性与敏感性日益显著。在全球治理过程中，中国时刻彰显着以天下为己任、同舟共济的大国担当，不是以武力谋安全，而是以合作促安全。过度的军事手段只能使世界陷入安全困境，唯有合作方能构建有效、可行的极地治理秩序。

（二）动力源泉：发展中国家积极参与制定极地治理规则

提升发展中国家在极地治理中的话语权和规则制定权，是构建合理、科学、有效极地治理机制关键所在。中国作为海洋大国，正朝着建设海洋强国的目标努力，面对世界海洋战略形势的深刻变化，提出了构建"海洋命运共同体"的倡议。极地全球治理是指包括国家、国际组织等在内的多元主体，根据各种极地治理规则并通过各种机制对极地利用、保护和改善等行为进行规范和管理的统称。发展中国家要团结协作，积极探索、开发、利用极地资源，进而在规则制定和治理过程中展现智慧。极地地区和极地资源是人类共同的财富，构建完善、合理的海洋全球治理体系离不开发展中国家的积极参与。2016年9月27日，习近平主席指出："要加大对网络、极地、深海、外空等新兴领域规则制定的参与，加大对教育交流、文明对话、生态建设等领域的合作机制和项目支持力度。"[①] 贡献中国方案，提高规则制定的话语权是

---

① 《习近平谈治国理政第二卷》，外文出版社2017年版，第450页。

提升中国极地治理能力的关键所在。作为全球贸易、航运和造船大国，中国于 1973 年加入国际海事组织（IMO），于 2021 年 12 月连续第 17 次当选为 IMO 的 A 类理事国，中国将积极参与到极地规则的制定和修订工作之中，提出合理的主张和建议。①

提升发展中国家在公域治理中的代表性和话语权是构建世界政治经济新秩序的内在要求。新兴市场国家和发展中国家的快速崛起对极地治理提出了新的要求，南极地区和北极地区作为世界公域，应该给予发展中国家更多空间和机会。习近平主席在 2018 年金砖国家工商论坛中指出："不管是创新、贸易投资、知识产权保护等问题，还是网络、外空、极地等新疆域，在制定新规则时都要充分听取新兴市场国家和发展中国家意见，反映他们的利益和诉求，确保他们的发展空间。"②

（三）重要立场：尊重现有法律和规则，同时积极维护极地深海利益

党的十八大以来，以习近平同志为核心的党中央提出"总体国家安全观"的重要概念，极地安全是总体国家安全体系中的组成部分。据美国《星条旗报》报道，美空军于 3 月 8 日首次将一架 B-1B 战略轰炸机降落在挪威博多空军基地，这也是美国首次在北极圈内降落战略轰炸机。③ 近年来，中国和平开发和利用极地资源的权利和能力以法律的形式确定下来。《中国国家安全法》第三十二条指出："国家坚持和平探索和利用外层空间、国际海底区域和极地，增强安全进出、科学考察、

---

① 韩佳霖、张爽：《极地规则制定进程对我国参与国际海事事务的启示》，《中国航海》2015 年第 38 期。

② 《习近平谈治国理政第二卷》，外文出版社 2020 年版，第 448 页。

③ 美国持续加大在北极地区的军事存在，人民网，http://military.people.com.cn/n1/2021/0317/c1011-32053449.html.2021-03-17.

开发利用的能力，加强国际合作，维护我国在外层空间、国际海底区域和极地的活动、资产和其他利益的安全。"①

中国作为世界上最大的发展中国家，在推动极地治理规则制定方面具有自身的理念和认知，中国始终秉持着互相尊重、协同合作、绿色可持续的政策理念。2021 年 11 月 29 日，李克强总理在亚非法协第五十九届会议上的讲话中指出："要充分照顾彼此关切，积极参与深海、极地、外空、网络、数字等新兴领域的新机制新规则建设，保障亚非人民共享发展成果的权利。"自 20 世纪 60 年代以来，《南极条约》在解决领土主权要求问题的基础上，"冻结"了各国国家在南极洲的领土主权要求。然而，为了避免《南极条约》演变成为一个为某些灰色地带提供有效掩护的反国际秩序的弹性空间，主张对南极洲进行科学研究活动，并非意味着极地地区成为国际治理的"真空"地带。

1982 年 12 月 10 日，第三次联合国海洋法会议通过了《联合国海洋法公约》（以下简称《公约》），对领海、毗邻区、专属经济区、大陆架等内容做了规定。一方面，由于发展中国家的数量只占参会国家一半；另一方面，以《公约》为核心的国际海洋法制度并不完善。因此，南北两极地区的法律秩序仍在形成与发展的过渡期，相关国家的权益归属处于待定状态。因此，以中国为代表的发展中国家应该在推动极地科学研究的过程中密切关注气候变化对中国和世界产生的影响，不断完善中国的极地法律体系，积极开展国际海底资源勘探开发活动，享有"人类共同继承财产"的相应份额，也积极履行义务保护极地地区的环境和生态系统。

---

① 《中华人民共和国国家安全法》，人民出版社 2015 年版，第 8 页。

四、极地主权争端背景下中国的战略思考

极地主权问题是一个历史性问题，同时也是一个涉及各方利益的复杂的现实政治问题。因此，极地的主权争端在短时间内无法解决甚至缓解。在这样的背景下，如何建设极地强国，保障中国在极地地区国家利益的实现，需要中国采取积极、有效的战略举措加以应对。具体来说，我国建设极地强国的现实路径包括以下两个方面，分别是以人类命运共同体为指导，积极参与极地治理；持续提升中国极地综合实力，保障中国在极地的合法权益。

（一）以人类命运共同体为指导，积极参与极地治理

极地治理的研究始终绕不开对国家利益的讨论，从国家主权法律关系角度讲，国家利益是主权法律关系主体与客体相互影响和作用的核心内容，是主权运作体系的基本指向；主权又是国家意志的体现，在维护国家利益中发挥着理论基石的作用。国家利益所到之处，主权必将如影随形。极地公域长期面临着主权化的挑战，正是因为极地地区普遍存在着各国的国家利益。梳理海洋主权和信息主权的发展历史可以发现，西方国家凭借先进的科学技术最先开始对陆地空间以外新型空间的探索，新型空间发展初期主权理论成为西方国家构建霸权秩序的掣肘因素而被反对。就极地问题而言，虽然极地公域的概念代表了极地的宝贵财富归全人类共有，但在无意间也为西方发达国家对极地进行主权化占有提供了可乘之机。极地主权争端反映的是西方发达国家现实主义的权力观，即一切以自身利益为出发点，追求利益和权力的最大化。以现实主义的权力观指导极地治理不利于解决主权争端，也不利于打破极地治理中的强权政治和霸权行为。人类命运共同体理念

是对以资本主义强权统治为根本特征的全球治理体系的时代重构，以人类命运共同体理念为指导，为解决极地治理难题提供了新的思路。

倡导以人类命运共同体理念为指导的极地全球治理模式具有以下特点。首先，人类命运共同体理念倡导极地全球治理主体平等。以北极为例，中国尊重北极国家在北极域内享有的主权，北极域外国家在北极不享有领土主权。但北极公域为全人类共有，其治理不应由北极国家独掌话语权，世界各国都有参与北极事务的权利。其次，人类命运共同体理念倡导极地全球协商治理。从各国提交给南极研究科学委员会和南极条约协商国的工作文件数量来看，西方发达国家提交的文件数量远多于非西方国家。① 协商的目的是合作共赢，在人类命运共同体理念的指导下，要不断完善发展中国家在极地治理中的参与机制。最后，人类命运共同体理念倡导公平的极地全球治理责任。在目前极地全球治理体系下，西方国家总是奉行"双重标准"，将极地治理责任和行动要求推脱给广大发展中国家，人类命运共同体理念倡导在极地治理过程中，国家与非国家行为体都应承担起各自的职责。就中国而言，随着中国极地综合实力的提升，中国应表明自身在极地治理中的责任，以责任为切入点有利于推进中国同各国的极地交流与合作。

以人类命运共同体为指导，积极参与极地治理。一方面，中国应加强同其他国家在极地地区的多边合作。从北极的角度，中国应加快推动"冰上丝绸之路"的顺利实施。2017 年，中俄双方正式提出"冰上丝绸之路"，并达成合作意愿。我国"冰上丝绸之路"建设不仅包括北极国家，还包括非北极国家共同参与北极事务。关于"冰上丝绸之路"，学者们从不同角度进行分析，普遍认为"冰上丝绸之路"建设不仅有

① 王文、姚乐：《新型全球治理观指引下的中国发展与南极治理——基于实地调研的思考和建议》，《中国人民大学学报》2018 年第 32 期。

利于中国争取合法的北极权益，还有利于北极国家的经济与贸易发展。从南极的角度，中国应加强同拉美国家的南极合作。拉美国家在极地实践中有天然的地缘优势，然而同西方发达国家相比，拉美国家在技术和资金支持上有所不足，这是中国同拉美国家就南极治理展开合作的契机。中国与拉美国家的南极合作拥有广阔的发展前景，在科学研究、环境治理、商业旅游、基础设施建设等方面具有巨大的发展潜力，加强同拉美国家的多边合作，有利于提升中国在极地的话语权和影响力。另一方面，中国应积极为极地治理规则构建提出中国智慧和中国方案。当前，西方国家主导的极地治理规则对中国和其他发展中国家参与极地治理造成了一定的障碍。随着中国综合实力的提升，国际影响力不断增强，中国不仅要做现有极地治理规则的接受者，还要做极地治理规则的建设者和引领者。以人类命运共同体理念为指导，为极地治理提出中国智慧和中国方案。中国参与极地治理规则的构建一是要协调改善现有规则的矛盾和不足，例如，要协调《联合国海洋法公约》和《南极条约》国际规则之间的冲突。二是要加强极地治理规则的平等开放，抵制极地霸权，让更多国家能够参与到极地事务的管理中。

（二）持续提升中国极地综合实力，保障中国在极地的合法权益

我国参与极地事务，一方面，要以人类命运共同体理念为指导，把极地公域看作全人类的共同财富，为极地发展和全人类利益做出贡献。另一方面，要以总体国家安全观为指导，看到极地主权争端的长期性、隐蔽性，以及极地主权争端有可能对我国国家利益产生的不利影响。因此，为了确保中国的极地安全和极地国家利益的实现，我国必须持续提升极地综合实力。

第一，增加极地科研建设投入，完善极地科考基础设施。提升极地科研实力是增强中国在极地实质性存在的主要方式。当前，我国在

极地科学研究中的自然科学成果和社会科学研究成果数量均稳步增长。与极地自然科学研究的成果相比，极地社会科学研究的成果在质量上有待进一步提升，在国家极地安全、极地主权争端、"冰上丝绸之路"建设等方面的研究仍需加大投入力度。在完善极地科考基础设施方面，我国在南极已建立了 4 座南极考察站，第 5 座考察站罗斯海新站（后更名为秦岭站）于 2018 年选址并建设开工，2024 年 2 月建成并投入使用。目前，我国应加强探索和建立完备的极地医学技术体系和安全保障体系，使我国科研人员和工作人员能够在极地自然条件恶劣的情况下得到充分的医疗保障和安全保障。

第二，有序发展极地旅游。从国内需求来看，随着国内经济水平飞速发展，近十年来我国公民赴极地旅游人数逐年递增。南极方面，我国赴南极旅游人数由 2012 年排名第六升至 2017 年排名第二。[①]目前，北极国家和拉美国家在极地旅游业上实力突出。我国发展极地旅游应加强同北极国家和拉美国家的合作，学习借鉴极地旅游产业发达国家的先进经验，加大极地旅游基础设施建设，通过完善国内立法的方式规范极地旅游活动，保障我国赴极地旅游公民的人身安全和财产安全。

第三，优化国内极地事务管理模式，培养极地国际人才。一是提升极地管理机构级别。我国极地管理机构分别经历了社会主义建设时期、改革开放时期和新时代以来的三次调整。新时代我国极地管理机构如中国极地研究中心更突出科研考察属性，在极地安全保障、权益维护、极地资源利用等方面的作用有限，因此我国极地管理机构的级别仍需进一步提高。二是使极地管理主体多元化。目前，我国参与极地事务主要是国家行为，与西方发达国家相比，虽然有利于调动资源

---

① 王文、姚乐：《新型全球治理观指引下的中国发展与南极治理——基于实地调研的思考和建议》，《中国人民大学学报》2018 年第 32 期。

进行极地建设，但仍需要进一步鼓励和推动民间组织、企业社团、公民个体等主体加入，从而提升我国参与极地治理的活力。同时，应完善国家极地国际人才培养方式，为我国极地强国建设提供人才储备。

五、小结

中国作为发展中的大国，在极地地区拥有广泛的国家利益。而极地地区的主权争端将直接影响中国国家利益的实现。极地主权问题是一个历史性问题，同时也是一个涉及各方利益的复杂的现实政治问题。因此，极地的主权争端在短时间内无法解决甚至缓解。首先，北极领土和岛屿主权争端。由于北极航线的开辟，北极区域的领土主权也陆续得到确认，但到目前为止，北极地区明显的岛屿主权争端还有汉斯岛未能得到解决。其次，北极航道主权争端，集中体现在减少航程和节约成本上，而更重要的是对全球经济和贸易格局的影响。最后，北极大陆架划界争端，北极主权争端的变化，将影响到北极域外国家在该地区的活动范围以及权益的实现。

南极主权争端可以分为三个阶段：第一，直接的主权纠纷阶段（1908—1959 年）；第二，间接的资源争夺阶段（1959—2004 年）；第三，"合法"抢夺资源阶段（2004 年至今）。南极利益的博弈方式由起初直接的划界圈地转变为通过利用国际条约的漏洞争取相关利益，手段更为隐蔽。

引发南北极主权争端的动因众多，主要包括四个方面，分别为对自然资源的争夺、科研利益的驱动、战略价值的影响和极地相关国际法机制存在缺陷。中国在极地地区存在的经济利益主要可以分为两个方面，第一个方面就是通过合理利用极地的自然资源所能带来的直接经济利益，第二个方面是极地科研考察所蕴含的潜在经济价值。极地地区作为全人类的共同财富，积极参与极地治理是中国作为一个负责任的大国所应尽到的责任。中国在极地地区的政治利益体现为维护极地地区现有的治理格局，中国在极地治理中的话语权和参与权理应得到认可。科学研究和考察活动是目前中国在极地地区最主要也是最重要的活动，极地主权争端也会威胁中国国家安全和国家利益。其中，北极地区军事安全化趋势直接威胁中国国家安全，南极地区条约规制含混导致中国国家利益失去保障。

北极地区和南极地区作为全球公域的重要组成部分，对其主权问题的讨论首先应从其基本定位出发，明确"极地是各方合作的新疆域，不是相互博弈的竞技场"的原则。其次，应引导发展中国家积极参与制定极地治理规则。再次，明确"尊重现有法律和规则，同时积极维护极地深海利益"的重要立场。我国需要以人类命运共同体为指导，积极参与极地治理。与此同时，持续提升中国极地综合实力，保障中国在极地的合法权益。

侧记　"一国两制"：伟大的政治实践与法理阐释
——基于国家主权理论视角的分析

1982 年 1 月 11 日，邓小平同志首次提出"一国两制"的概念。这一史无前例的伟大构想勾画出一幅国家和平统一的"新蓝图"。作为一项基本国策，"一国两制"率先在香港、澳门实行，开启了当代中国乃至世界范围内一种崭新的国家治理实践。但是我们也必须清醒地认识到，"一国两制"作为一项前无古人的事业，其在实践过程中出现一些波折和困难也是难免之事。"一国两制"在香港的实施过程中出现的一些政治问题和政治现象也值得我们进行深入思考。从法理的角度，主权是人民所拥有的一种特殊的所有权，具有同所有权一样的主权权能。因此，在今后的国家治理工作中，国家需要更加侧重于"一国"核心地位的有效落实，合理地掌控和运用国家的主权权能，维护好国家的主权安全与核心利益，切实保障"一国两制"的顺利实施，促进发展中各种问题的有效解决。

一、历史："一国两制"的由来

"一国两制"是科学的和正确的指导方针。党的十一届三中全会以后，完成祖国统一的任务提到日程上来，邓小平同志提出了"一国两制"的科学构想，把原先设想的准备用在解决台湾问题的方针政策先用来解决香港和澳门问题。"一国两制"之所以是科学的和正确的指导方针，是因为它充分地体现了马克思主义的唯物辩证法和唯物史观。一方面，党中央考虑到香港与澳门长期实行资本主义制度的历史实际，从辩证发展的角度提出了在坚持"一国"的前提下可以保持两地的制度不变，"一国两制"打破了传统的国家在治理中的思维定式，为香港和澳门回归后的繁荣稳定提供了制度保障。另一方面，"一国两制"符合和平与发展的时代主题，更体现了包括香港和澳门在内的全体人民的共同意愿。"一国两制"的提出与历史发展的进程和国家发展的实际情况相一致，符合中华民族的根本利益。

"一国两制"是充满艰辛而又具有光明前途的伟大政治实践。"一国两制"背后的历史、政治、文化等因素复杂交错，因此香港与澳门回归后，"一国两制"的实施依然面临着许多困难与挑战。例如，英国在撤出前为香港回归后的发展设下重重障碍。20世纪90年代以后，英国开始在香港大搞民主改革，锐意扶植反中央的分裂势力，在香港回归祖国后这些反动势力长期得到西方国家的暗中支持，这对香港社会的和谐稳定造成了极大的威胁。在港英时期，英国长期推行去历史文化的殖民教育活动，加之受到西方价值观的熏陶，造成了一部分港人的国家观念和民族意识薄弱。尽管回归后港人的爱国情怀日益显著，可是身份认同的危机尚未得到完全解决，因而对部分香港民众的国家认同度造成了一定的影响。

虽然"一国两制"在实施过程中充满艰辛，但我们应看到它是一项指向光明未来的伟大政治实践。20多年来，"一国两制"在香港的实践取得了举世瞩目的成就，这绝非偶然，而是有其深刻的原因。"一国两制"是动态的、发展的指导方针，是迄今仍在实践中探索的方案。今后"一国两制"也会在符合香港居民利益和国家根本利益的前提下，针对现实问题适时发展。因此，"一国两制"才会行得通、办得到、得人心。

"一国两制"这一伟大构想的提出本身就是对传统国家主权思想的创新性发展。但是必须承认的是，我国在推进"一国两制"伟大实践的进程中，并未对"一国两制"形成和发展过程中暴露出的各种问题进行及时的理论探索，致使部分问题始终存在并最终演化成为香港事件的诱因。因此，对"一国两制"在实施过程中所要面对的困难和挑战，我们需要从应然的角度对为什么可以实施"一国两制"这个问题进行反思，从而寻找应对现实问题的解释和启示。

"一国"之所以能够"两制"，本身有着深刻的法理依据。传统的国家主权理论认为，主权是不可以被分割和转让的，然而"一国两制"并非对主权的分割和削弱。在这里主权可以理解为一种特殊的所有权。主权同民法概念中的所有权一样，都具备绝对性、排他性、永续性等特征，也具有同所有权一样的占有、使用、收益和处分的权能。人民是主权的拥有者，因此一个国家在确定主权这一特殊的所有权主体的情况下，"一国两制"其实是对一个国家的领土进行灵活制度化的安排，是主权权能针对固有的特定领土的使用与统筹。香港和澳门的高度自治权只是部分的主权权能，国家依然对两地拥有绝对的主权，"两制"的实行是以更加灵活的方式行使国家的所有权。因此，从法理的角度来看，国家必须发挥所有权主体的作用，正确处理主权权力和主权权能之间的关系，从而促进"一国两制"顺利推进。由此可见，"一国两制"是对传统主权理论的创新与发展，"一国两制"的实施保障了国家的主权、安全与发展利益。

二、现在："一国两制"的实施

香港回归祖国以后，"一国两制"的优势逐渐显现出来，在中央政府与祖国内地的帮助下，香港各界人士努力拼搏，取得了举世公认的成就。在经济方面，香港先后战胜了 1997 年和 2008 年两次严重的经济危机，巩固了其金融与贸易中心的地位。在两次危机中，中央政府和祖国内地成为香港抵御危机的坚强后盾，中央政府出台了包括金融合作、经济合作与基础设施建设等一系列措施，帮助香港渡过了难关。在民主政治发展方面，习近平总书记指出："香港同胞当家作主，自行管理特别行政区自治范围内事务，香港居民享有比历史上任何时候都更广泛的民主权利和自由。"①

香港在殖民地期间，英国政府对香港实行的是完全的独裁统治，港督掌握着一切大权，且只对英皇负责。可见，殖民地时期的香港毫无民主可言。1997 年香港回归以后，在遵循"一国两制，港人治港，高度自治"的前提下，依据《基本法》的规定，采用了行政主导的政治体制，立法会具有对特区政府进行监督的职责。这种行政主导的政治体制既尊重了香港居民对政治体制的认受惯性，又克服了西方"三权分立"模式下的效率低下、各部门之间相互掣肘、不能反映民意等弊端，使香港民众能够有序参与到民主政治的发展过程中来，从而真正实现港人的高度自治。

然而，"一国两制"在实施过程中也出现了一些新情况和新问题。从香港的几次大规模游行示威活动中可以看出，香港社会的部分民众对一些重大的政治和法律问题仍然缺乏共识。这种缺乏共识的原因主要表现在以下几个方面。首先，香港社会的部分民众受西方价值观影响，对民主的认识存在片面性。一些人对香港特首的选举和立法会议员的选举表示不满，认为现在的特首和议员都应立即通过"全民普选"的办法产生，这实质上是把民主程序与民主实质割裂开来，把普选当作衡量民主唯一标准的错误观念。事实上，民主化的过程应符合具体

---

① 《习近平谈治国理政第二卷》，外文出版社 2017 年版，第 434 页。

的历史实际，尤其是在社会历史情况复杂的香港，民主化过程更需要尊重其本身的发展规律和特点，因此不论是特首的选举还是立法会议员的选举，其过程都应循序渐进，普选绝非一蹴而就。

其次，香港社会的一部分人对《基本法》存在误读，错误认为"一国"和"两制"是同等的地位。例如，香港在 2003 年 7 月 1 日爆发的反对《基本法》第二十三条立法的大规模游行示威，有数十万人参与其中，部分人认为该立法可能会侵犯个人的权利和自由。实际上，《基本法》第二十三条对任何叛国、分裂国家、煽动叛乱等危害国家的行为做出了禁止性规定，对第二十三条进行立法的目的是能够更加有效地维护国家的主权安全。从数次的游行示威活动中可以看出，部分港人存在重权利而轻义务的现象，并且未能在观念上摆正"一国"与"两制"的关系。习近平总书记指出："'一国'是根，根深才能叶茂；'一国'是本，本固才能枝荣。"① 因此，在"一国两制"的实施过程中，要始终明确"一国"与"两制"并不是对等的关系，"一国"是国家主权的体现，因而是其他一切方案实施的前提，而"两制"只能是"一国"之下的"两制"，只有在保障"一国"的前提下，"两制"才能更好地发展。

最后，香港的民主政治发展长期受外来势力的影响。2019 年 6 月，香港各种激进示威者的暴力行动不断升级，其中推动香港事态升级的重要因素则是来自西方国家的渗透。长期以来，以美国为首的西方国家一直暗中为企图分裂中国的反动势力提供经济援助和政治策略。通过一系列"乱港"活动可以发现，这些"反中乱港"势力都受过专业培训，有着统一的着装和口号，在标语中写出英文以获得西方主流媒体的支持，这些都是西方国家向世界范围内输出颜色革命的典型手段。因此，面对香港问题我们要站在国家主权安全的高度加以应对，坚决

---

① 《习近平谈治国理政第二卷》，外文出版社 2017 年版，第 435 页。

遏制一切侵犯国家主权的企图和行动。习近平总书记指出："任何危害国家主权安全、挑战中央权力和香港特别行政区基本法权威、利用香港对内地进行渗透破坏的活动，都是对底线的触碰，都是绝不能允许的。"[①] 主权是全体人民意志的体现，在"一国两制"的实施过程中，我们要把"一国"原则和主权意识结合起来。香港是全体香港人民的香港，也是全体中国人民的香港，任何企图分裂中国的图谋都是不被允许的，颜色革命在中国注定会失败。

总的来说，从香港20多年来的发展过程中可以看出，"一国两制"在香港的实施取得了举世公认的成就。然而，在这之中出现的一些新问题和新情况也不容忽视，香港社会的部分民众在一些重大的政治和法律问题上缺乏共识，其中香港部分民众对民主的片面性认识和对《基本法》中"一国"和"两制"的关系存在误读，以及外来势力的影响和渗透都是阻碍香港民主政治发展的重要因素。从长远来看，香港的民主政治虽然遭遇了一定的困难和挑战，但其依然会在曲折中逐步发展从而走出困境。一些激进势力造成的破坏更使其失去了主流民意的认同，从而使香港民众认识到西式民主的虚伪性。在坚持"一国"原则与维护国家主权的前提下，一些政策在"一国两制"这个高度灵活的框架中会不断做出调整，发展中出现的一些问题也会在"一国两制"的实践过程中得到解决。

三、未来："一国两制"的胜利

香港和澳门的前途发展与祖国紧密相连，两地的繁荣稳定是实现中华民族伟大复兴中国梦的应有之义。然而，前进的道路不会一帆风

---

① 《习近平谈治国理政第二卷》，外文出版社2017年版，第435页。

顺，事物的发展规律呈现出在曲折中前进和螺旋式上升。香港在"一国两制"的实施过程中所出现的一些政治现象绝非偶然，它背后隐藏着复杂的历史、政治和文化等因素，想要使香港走出目前的政治困境，关键是要摆正好"一国"与"两制"的关系。"一国"是主权的体现，涉及国家的核心利益。只有在坚持"一国"原则，并且维护国家的主权、安全和发展利益的前提下，"两制"才能够顺利进行，才会有香港的繁荣与稳定。因此，推动"一国两制"的成功实践，需要构建中央政府、特区政府、香港社会这三者之间的高度政治互信，加强交流和沟通，尤其是特区政府与香港社会应维护中央在香港的"全面管治权"，树立起中央的权威并加强扩展香港社会对"一国"的承认和尊重，只有如此港人才能获得更大的自治空间。

正如第一部分所提到的，从法理的角度来看，主权是由人民所掌握的一种特殊的所有权，具有同所有权一样的主权权能。主权权能指的是国家为实现其目的和利益所采取的手段，体现的是代表国家意志的支配方式。香港和澳门所享有的高度自治权，正是国家主体为实现和平统一，保证两地健康稳定发展而对主权权能的统筹运用和做出的部分让渡。因此，切实维护和保障"一国"在"一国两制"实施过程中的核心地位，国家必须发挥所有权主体的作用，正确处理主权权力和主权权能之间的关系，从而保证"一国两制"的顺利实施。主权决定着主权权能如何实现，香港拥有的是高度自治权而不是完全自治权，国家需要以坚定的态度对危害主权所有权和国家根本利益的行为进行控制和处理。例如，在香港回归后的很长一段时间里，国家的教育主权未能在香港得到体现，国民教育的缺失是香港"泛政治化"问题严重的重要根源。面对这种情况，国家应积极干预介入，对反国家、反民族的违法教材进行严格的处理和管制，并加强对香港学生的历史教育和爱国主义教育，让教育主权在"一国两制"的实施过程中得到彰显。

不仅在教育方面，国家也应在香港的经济发展和社会民生问题上给予更多的关注。习近平总书记指出："发展是永恒的主题，是香港的立身之本，也是解决香港各种问题的金钥匙。"① 当前，香港社会中贫富差距扩大、房价非理性飙升、社会底层群众生计艰难等现象依然存在，在经济发展上也面临着产业空心化的难题。对此，国家应充分发挥"一国两制"的独特优势，调动内地与香港的经济发展形成互补，并且积极参与到改善香港的经济和民生问题中来。同时，国家应继续支持和推进香港在"一带一路"建设、粤港澳大湾区建设中发挥更大的作用，香港的利益和未来必将构建在"一国"之下的"两制"充分融合的基础之上。总的来说，在今后"一国两制"的实施过程中，一方面，中央政府需要更加侧重于"一国"核心地位的保障和稳固，合理地掌控和运用国家的主权权能，切实维护好国家的主权安全与核心利益。另一方面，加强中央政府与特区政府在各方面的交流合作，使中央政府和特区政府在香港的日常生活和政治生活中发挥更大的作用。"一国两制"的实践不会一帆风顺，但只要坚定信心，香港同胞和内地人民团结起来共同克服发展难题，"一国两制"的实践一定会在香港取得更加辉煌的成就。

四、小结

"一国两制"是对传统主权理论的创新与发展，是一种崭新的国家治理实践。自"一国两制"这一伟大构想提出以后，从制度构建到方针政策的实施，应看到我们并未给"一国两制"形成阶段的各种论述给予足够的系统化阐述。"一国"之所以能够"两制"，是有着深刻的法

---

① 《习近平谈治国理政第二卷》，外文出版社 2017 年版，第 436 页。

理依据的。传统的国家主权理论认为，主权是不可以被分割和转让的，然而"一国两制"并非对主权的分割和削弱，在这里主权可以理解为一种特殊的所有权。主权同民法概念中的所有权一样，都具备绝对性、排他性、永续性等特征，也具有同所有权一样的占有、使用、收益和处分的权能。人民是主权的拥有者，因此一个国家在确定主权这一特殊的所有权主体的情况下，"一国两制"其实是对一个国家的领土进行灵活制度化的安排，是主权权能所固有的领土使用和叠加。

　　然而，"一国两制"在实施过程中也出现了一些新情况和新问题。首先是从香港的几次大规模游行示威活动中可以看出，香港社会的部分民众对一些重大的政治和法律问题仍然缺乏共识。其次，香港社会的一部分人对《基本法》存在误读，错误认为"一国"和"两制"是同等的地位。最后，香港的民主政治发展长期受外来势力的影响。从法理的角度，主权是由人民所掌握的一种特殊的所有权，具有着同所有权一样的主权权能。主权权能指的是国家为实现其目的和利益所采取的手段，体现的是代表国家意志的支配方式。在今后"一国两制"的实施过程中，一方面，中央政府需要更加侧重于"一国"核心地位的保障和稳固，合理地掌控和运用国家的主权权能，切实维护好国家的主权安全与核心利益。另一方面，加强中央政府与特区政府在各方面的交流合作，使中央政府和特区政府在香港的日常生活和政治生活中发挥更大的作用。

后　记

党的二十大报告指出，"在国家核心利益、民族尊严问题上，坚持独立自主、决不退让，坚决维护国家主权、安全、发展利益"。国家主权是国际关系的基石，在全球治理体系和国际秩序深刻变革的情况下，新型的国际秩序与国际关系的构建需要始终遵循主权原则。百年未有之大变局下，快速发展的中国需要坚定维护发展中的国家利益。在实现中华民族伟大复兴的新征程上，维护国家主权是历史之应然、实践之必然。无论是应对人类共同挑战的需要，还是维护国家主权、安全、发展利益的需要，时代的变化与挑战都呼唤着国家治理视角下国家主权理论的创新和发展。本书综合运用政治学、法学等相关学科的知识理论，尝试从国家治理视角下对国家主权理论进行新的整体性构建，对国家主权的内容、逻辑结构、基本特征、基本功能、影响因素进行分析和阐述，具有较强的理论意义与实践价值。

本书的主要内容源于高德胜 2010 年的课题"中国国家主权理论研究"。全书基本理论建构和框架设计由高德胜完成，其中有特色的理论阐释如：主权权能理论，中国国家主权理论与实践的维权、固权、兴权三个发展阶段。书稿的统筹，各个章节协调以及与出版社沟通工作由季岩负责。

编写组成员广泛阅读了国内外相关文献，搜集了大量的实践案例。立足重点和难点问题，编写组多次召开研讨会，请教专家，解决写作问题。本书的出版，凝结了许多无私慷慨的关爱和帮助。在此，感谢国家社会科学基金重点项目"基于信息空间的国家主权理论研究"（16AKS006）的资助。感谢人民日报出版社对本书出版的大力支持，以及责任编辑为本书篇章体例、写作规范等事宜倾注的大量心血。

参与本书撰写的成员包括：高德胜、季岩、周笑宇、凌海霞、王亚蓉、贾晓旭、许芳菲、丁泓茗、李芷仪、王乐涵、吴肖兵、王博文。

具体写作分工如下：本书由高德胜负责全书的指导、立题、设计，季岩负责统稿和审订；高德胜、季岩、周笑宇负责前言的撰写；第一、二、三、四章由凌海霞、季岩等完成；第五章由丁泓茗、凌海霞完成；第六章、第七章和第八章由高德胜完成；第九章由吴肖兵执笔、王博文修正；第十、十一章由周笑宇、季岩完成；第十二章由周笑宇完成；第十三章由王亚蓉、李芷仪、丁泓茗、王乐涵完成；侧记由周笑宇、许芳菲、贾晓旭完成。

此外，我们深知本书的研究仍存在一些不成熟和有待完善的地方，书中的错误和不成熟之处，恳请广大读者予以批评指正！

高德胜　季岩